21世纪**信息管理与信息系统**系列教材

ERP实用教程

（第2版）

孙福权 编著

Enterprise
Resource Planning

人民邮电出版社
北京

图书在版编目（CIP）数据

ERP实用教程 / 孙福权编著. -- 2版. -- 北京 : 人民邮电出版社, 2016.9（2022.7重印）
21世纪信息管理与信息系统系列教材
ISBN 978-7-115-43427-2

Ⅰ. ①E… Ⅱ. ①孙… Ⅲ. ①企业管理－计算机管理系统－高等学校－教材 Ⅳ. ①F272.7

中国版本图书馆CIP数据核字(2016)第208012号

内容提要

本书结合相关 ERP 实践平台和丰富案例，侧重讲解 ERP 理论及应用。全书分为 4 篇，共 16 章。第 1～3 章为基础篇，内容包括企业信息化、ERP 的形成与发展、ERP 的基本概念。第 4～9 章为原理篇，内容包括财务与成本管理、销售管理、采购管理、库存管理、生产计划、生产作业控制。第 10～12 章为实施篇，内容包括 ERP 实施前期准备、ERP 实施、ERP 实施案例。第 13～16 章为扩展篇，内容包括业务流程重组、供应链管理、客户关系管理和其他相关问题。

本书可作为高等院校信息管理与信息系统、计算机、工商企业管理、电子商务等专业的教学用书，也可供企业管理人员和技术人员学习参考。

◆ 编　　著　孙福权
　责任编辑　武恩玉
　执行编辑　赵　月
　责任印制　沈　蓉　彭志环

◆ 人民邮电出版社出版发行　　北京市丰台区成寿寺路 11 号
　邮编　100164　　电子邮件　315@ptpress.com.cn
　网址　http://www.ptpress.com.cn
　固安县铭成印刷有限公司印刷

◆ 开本：787×1092　1/16
　印张：16　　　　　　2016 年 9 月第 2 版
　字数：408 千字　　　2022 年 7 月河北第 5 次印刷

定价：39.80 元

读者服务热线：(010)81055256　印装质量热线：(010)81055316
反盗版热线：(010)81055315
广告经营许可证：京东市监广登字20170147号

前言 FOREWORD

随着 ERP 在中国的普及，企业对于 ERP 中高端人才的需求越来越大，ERP 的高级实施顾问可谓是供不应求。针对这种人才需求状况，陆续有大专院校开始进行本科生及研究生层次的 ERP 人才培养。目前在我国已经有相当多的高校开设了 ERP 的相关课程，但是开设 ERP 课程的时间还不长，在教学中所使用的教材大体可分为两类：一类是理论型，对刚刚接触 ERP 的学生来说难度太大；另一类是实践型，往往是 ERP 的操作教程，缺少理论铺垫。

在这种情况下，我们针对研究生、本科生认知的特点重新编写了本书。本书的侧重点是 ERP 的理论及应用，在讲解过程中穿插了一些案例，并结合了相关 ERP 的实践平台。通过这些案例学生能够更深入地理解相关理论。

ERP 学科的特殊性，决定了 ERP 课程的教学相比其他专业课程的教学有很大的不同。ERP 虽然最终体现为一种软件产品，但是涉及管理工程、软件工程、网络工程多方面，在管理学方面又涉及库存管理、营销管理、生产计划管理、财务管理、设备管理以及人力资源管理等。本书考虑到 ERP 的这些特点，在编写过程中按照学生学习由浅到深的认知规律，将 ERP 的基本理论和应用分为基础篇、原理篇、实施篇和扩展篇。书中对于难理解的理论内容配以图形、案例，使整本书通俗易懂、难易适中，既做到面面俱到，又重点突出。

本书共 16 章。其中，基础篇由第 1 章、第 2 章和第 3 章组成，主要介绍企业信息化的基本概念及内容、ERP 的发展阶段及 ERP 中涉及的基本概念；原理篇由第 4 章～第 9 章组成，主要介绍 ERP 中有关供应链管理、财务管理、生产管理等业务流程及 ERP 平台各子系统的功能；实施篇由第 10 章～第 12 章组成，主要介绍 ERP 项目的基本知识、ERP 的实施内容与 ERP 的实施案例；扩展篇由第 13 章～第 16 章组成，主要介绍 ERP 中体现的管理思想。本书每章前都有核心要点及学习目标，每章后都附有课堂讨论题和思考题。

本书应广大读者的要求，在原版《ERP 实用教程》(作者：孙福权、王晓煜、吴迪、宋萍）基础上，结合目前应用实际特点进行重新编写，全书由孙福权统稿。

本书可作为高等院校信息管理与信息系统、电子商务、物流工程、软件工程、工商管理及相关专业研究生和本科生的教材或教学参考书，也可作为企业管理人员和技术人员的培训教材。

由于编者水平有限，编写时间仓促，书中难免有疏漏和不足之处，恳请有关专家和读者不吝赐教，以使本书后续版本臻于完善。

编者

2016 年 6 月

修订说明

随着信息技术、网络技术的不断发展，以及国内中小企业的需求，为了适应新形势需要，《ERP 实用教程》再次修订出版。

本次修订对本书全部章节做了认真的审读，本书阐述了 ERP 的基本理论和应用，是目前国内比较系统和成熟的优秀高校教材。本书充分体现了许多专家、学者的相关研究和项目实施成果。结合产品与行业的发展，本书做如下修订：在第 1 章增加了企业信息化在协同市场和协同管理多方面信息化需求的一张图，并加以说明；在第 2 章增加了 ERP 的应用趋势一节内容；原版本的 ERP Ⅱ内容，放入 ERP 的发展一节，并作为 ERP 发展历程的最新阶段来认识；在 ERP 产品一节，介绍了 SAP 推出的新一代产品 SAP ECC 的内容；对相关章节文字做了适当调整。

目录 CONTENTS

第1篇 基础篇

第2篇 原理篇

第3篇 实施篇

第4篇 扩展篇

第1篇

基础篇

本篇主要内容包括：

- 企业信息化
- ERP 的概念与作用
- ERP 的发展阶段
- ERP 的未来
- 典型 ERP 产品

第 1 章　企业信息化

核心要点

- 企业信息化的概念
- 企业信息化的内容
- 企业信息化的条件
- 企业信息化的作用

学习目标

通过本章的学习，读者应该能够掌握企业信息化的概念及内容，了解企业信息化的条件及作用。

1.1　企业信息化的概念

1.1.1　企业信息化简介

所谓企业信息化，就是有效利用信息技术和信息知识资源，对企业的各种生产经营活动进行全方位改造，充分开发、利用企业的人、财、物等资源及企业内外信息资源进行生产经营活动，以达到降低生产和管理成本、提高经济效益的目的。

经济全球化与全球信息化的迅猛发展，使得现代企业面对着极为严峻的竞争环境，企业之间的竞争焦点已经从单纯的产品和价格的竞争，逐步转向信息应用的竞争。企业的管理者，不仅要在制度、技术、管理上进行创新，更应当积极推进企业信息化建设。企业信息化实质就是企业经营管理全过程信息化，包括企业内部管理信息化和企业外部沟通信息化，其目的就是提升企业的核心竞争力。

可以从以下几个方面理解企业信息化。

（1）企业信息化就是运用信息技术，高度融合先进管理思想，充分利用 IT 技术的软件系统，对企业的各种经营活动和管理进行全方位改造，降低生产和管理成本，提高经济效益的过程。

（2）企业建设信息化的关键点在于信息的集成和共享，软件系统、计算机网络、数据库等信息技术仅仅是企业信息化的实现手段。

（3）企业信息化是一项长期的综合性系统工程。信息化建设是一项十分庞大的、人机合一的、有层次的系统工程，包括企业领导和员工理念的信息化、企业决策与组织管理的信息化、企业经营手段的信息化、研发与制造加工应用的信息化。

（4）企业信息化的实现包含人才培养、咨询服务、方案设计、设备采购、网络建设、软件选型、应用培训及二次开发等过程。

企业信息化在中国的发展，大致可以分为 4 个阶段。

第一阶段为起步阶段（开始于 20 世纪 70 年代），以单点散状应用为主要特点。计算机硬件和软件的应用仅限于企业内部各部门信息的数字化处理，企业内部各部门信息都是静态和孤立的。

第二阶段为初级阶段（20 世纪 80～90 年代），以单一系统独立应用为主要特点。在这一阶段，企业以部门内信息整合、信息共享为目标，基本建成各部门专用的信息系统。主要表现为：在生产领域，CAD / CAM、可编程控制器、分布式控制等系统得到应用；在管理领域，建立了以财务管理、办公自动化为核心的企业人、财、物、产、供、销的计算机辅助系统；在网络建设方面，企业建立了以信息发布为主的网站或网页。

第三阶段为中级阶段（20 世纪 90 年代～21 世纪初），则以企业内部系统集成为主要特征。在这一阶段，企业开始在内部统一和整合信息资源，以消除“信息孤岛”现象。同时，企业开始对组织结构、管理流程和业务流程进行全面再造。主要表现为：在生产领域，集成制造系统、柔性控制和柔性加工制造等技术得到广泛应用；在管理领域，企业进入管理信息集成阶段，MRP Ⅱ以及 ERP 等得到初步应用；在网络建设方面，企业建立了全局的基于 LAN 或 Intranet 的网络平台，企业的网站具有了互动功能，可以初步开展电子商务业务。

第四阶段为高级阶段（21 世纪以来），以协同电子商务为主要特征。在这一阶段，企业已经成为一个智能主体，能通过网络和系统集成实现与供应商和用户信息的互动交流，企业的内、外部信息资源得到全面整合，为企业的虚拟制造和个性化服务提供全面的支持。主要表现为：在生产领域，企业的设计、生产和制造过程全面实现了自动化和智能化，并可进行跨地域、跨时空的网上协同设计与制造；在管理领域，供应链管理、客户关系管理以及 ERP 得到全面应用，管理方式实现网络化；在网络建设方面，实现了企业内部网和企业外部网的整合，企业可利用网络平台全面开展 B2B、B2C 等电子商务活动，并通过电子商务与企业内部的 ERP 系统的结合，全程实现商务运营的电子化。

1.1.2 企业信息化的特征

企业作为国民经济的细胞，其信息化对整个国民经济的发展产生了深远的影响。同时企业信息化又是一个动态的不断发展的过程，它表现出了多种特征。

（1）企业信息化的本质特征。任何企业都必将拥有其特有的主营业务，其运作过程就是企业的主导流程，主营业务和运营过程是企业信息化的重点建设对象。同时，作为开展信息化建设的企业各级员工，在心理上和行动中都要全身心地投入，信息化管理要以人为本。

（2）企业信息化的形态特征。实现信息化的企业将在产品设计、工艺设计与生产加工、业务处理与决策管理等领域广泛开展计算机应用，实现设计自动化、生产加工自动化、办公自动化、决策自动化。

（3）企业信息化的过程特征。企业信息化由初级、中级发展到高级，即是从计算机单机应用、综合应用到网络应用的逐步提升，企业信息化具有连续不断可持续发展的特征。

（4）企业信息化的阶段特征。由于管理思想不断进步，同时信息技术的发展是永无止境的，因此，企业信息化并不存在终极目标。企业信息化实施是全方位的，企业将根据自身需要，在全面规划的基础上，抓重点、分层次、分阶段地推进企业信息化，因此企业信息化具有分阶段、连续不断的特征。

1.2 企业信息化的内容

对于不同的企业，企业信息化的内容也不尽相同。以制造业为例，企业信息化包括以下几个方面。

（1）生产过程信息化。企业生产过程的信息化是利用信息技术对生产信息资源进行充分开发利用，以提高生产效率的过程，涉及计算机辅助设计（CAD）、计算机辅助工艺过程设计（CAPP）、计算机辅助制造（CAM）等。

（2）经营过程信息化。主要是采购和销售业务的信息化，它是利用信息技术对企业供应商和客户进行信息管理与集成，从而提高企业采购管理效率，增加企业的市场份额。

（3）内部管理信息化。主要是指企业利用不断发展的信息技术，对其内部人事、财务等业务进行信息化管理，以达到提高企业管理效率的目标。

（4）决策信息化。利用信息技术给企业决策提供信息，包括决策支持系统、智能支持系统、数据整合与数据仓库。

随着现代信息技术的迅猛发展，企业生存和竞争环境发生了根本性变化，信息化建设已经成为企业提高竞争能力的最优选择。新经济时代的企业信息化面临全球化的挑战，企业出现协同市场和协同管理多方面信息化需求，如图 1-1 所示。

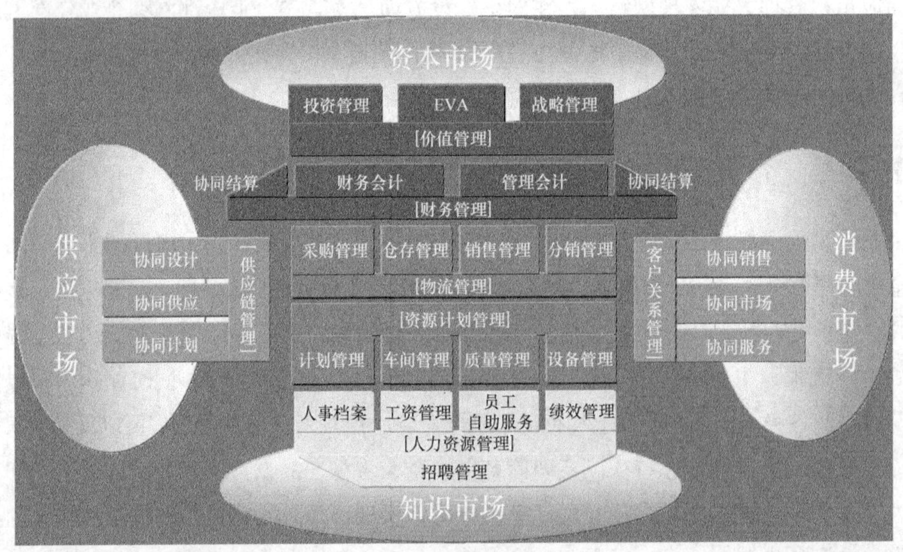

图 1-1　协同企业市场结构及信息化

（1）资本市场信息化。包括投融资、资本投资回报、战略管理（SEM）等价值管理系统（VBM）以及企业财务管理系统（FM）。

（2）经营管理信息化。即利用信息技术对企业供应市场和消费市场客户进行信息管理与集成（SCM、CRM），包括提高企业采购管理效率，增加企业的市场份额。

（3）企业资源管理系统信息化。对企业生产资源管理系统进行整合和管理，即企业资源管理系统（ERP），以提高企业的生产管理效率与效益。涉及的物流系统包括采购、销售、仓库、分销，生产计划管理包括计划、车间、质量、设备管理等。

（4）知识管理信息化。主要是指企业利用信息技术，对其内部人事（HR）、绩效等业务进行信息化管理（HRM）以及决策管理信息化，包括决策支持系统、知识系统管理（KM）。对于不同的企业，企业信息化的内容也不尽相同。

1.3 企业信息化的条件

企业信息化的建设需要企业投入相当大的人力、物力与财力，难度很大。因此企业领导不仅要有开发、应用信息系统的勇气和决心，还要根据自身需要，在全面规划的基础上，抓重点、分层次、分阶段地推进，从而满足企业当前以及未来战略性发展的需要。

1．更新观念，提高对企业信息化的认识

现代社会企业面对着极为严峻的国际竞争环境，企业要面对全球一体化的新市场，自觉走上信息化道路，尽快缩小在管理上的差距，实施企业管理现代化。作为企业的管理者，不仅要在制度、技术、管理上进行创新，更应当认识到信息技术和网络经济是代表先进生产力的重要方面。

2．结合企业实际，注重实效性

企业信息化的建设需要企业投入相当大的人力、物力与财力，难度很大。因此企业信息化的过程中，既要有信息化建设的紧迫感，也要一切从实际出发，结合企业实际，避免盲目性，尽量少走弯路，避免造成不必要的浪费。

企业在进行企业信息化建设时，必须对其进行包括技术、经济及财务等诸多方面的可行性研究，做出详细的投资计划。企业规模不同，信息化建设模式也不同，企业不同的发展阶段，其信息化建设模式也可能不同。

信息化建设可分阶段、分目标、有层次地推进，在循序渐进中实现信息化。信息化要总体规划，分步实施。

3．建设企业的管理和技术基础

要完善企业管理制度，改进企业管理。

企业信息化的过程，从项目立项、开发到投入使用以及维护，都需要企业自主管理和技术人员参与及负责，企业需要注重培养企业自己的信息化人才。

企业要有一定的管理和技术基础。企业管理制度要完善，管理机构设置要稳定合理。

1.4 企业信息化的作用

信息化管理已广泛应用于各类企业，对企业的组织、经营和管理都产生了深远的影响。

企业信息化由于采用了大量的现代信息技术，因而提高了企业物流、资金流及信息流的集成管理，为企业固有的经营思想和管理模式带来了根本性的变革。现代信息技术与先进企业管理方法的结合，使企业竞争战略管理不断创新，从而最终提高企业竞争力。归结起来，企业实施信息化有以下作用。

1．企业信息化改变了企业管理制度，引进了先进管理模式

企业信息化已经成为了企业发展的必然趋势，以信息为基础的组织形式是现代企业的唯一出路。如何快速地实现企业信息化，已成为企业适应市场环境变化、增强竞争力的关键所在。因此以计算机技术、网络技术为核心的企业信息化的实施，不仅是技术的应用，更多的是管理上的更新。企业信息化的实施，也就意味着企业引进了新的管理模式及新的管理制度。

2．企业信息化有效地降低了企业成本，提高了企业竞争力

信息技术的应用范围涉及整个企业的经济管理活动，它可以直接影响企业价值链中任何一个环节的成本，从而改善成本结构。

提高信息资源开发利用效率和扩大信息资源开发利用范围，使企业能够实现共享管理，降低管理成本，从而改变了企业的竞争方式，给企业提供了新的竞争空间。

3．企业信息化加强了高层管理的控制能力

企业信息化使上下级之间的沟通更为方便，实现组织扁平化，减少了中间管理层次，减少了决策执行和反馈环节，减少了信息在各个环节的停留时间。由此可以看出，企业信息化加强了高层管理的控制能力。

4．企业信息化促使企业自身不断创新

从表面上看，企业信息化似乎就是买设备、上信息系统，但事实上，它绝不是简单的以计算机网络代替手工劳动，而是一场全面而深刻的管理革命。企业信息化是一项复杂的系统工程，并且具有层次性、阶段性，企业在不同的发展阶段需要进行不同的信息化内容建设。因此，企业的信息化建设必须要注重战略与策略相结合，首先企业应当确定信息化建设的战略，合理进行企业的 IT 规划；然后企业再根据不同的发展阶段来分步进行信息化建设。在信息化的建设过程中，企业需要投入大量的人力和物力，还需要对原有的组织机构、管理体制、工作方式等进行变革。企业变革的过程同时就是创新的过程，信息化推动企业管理、技术的创新。

课堂讨论题

1. 企业信息化在国内的发展状况如何？
2. 讨论国内中小企业信息化的特点。

思考题

1. 简述企业信息化概念及特征。
2. 企业信息化的内容有哪些？
3. 简述企业信息化的作用。
4. 如果一个企业准备实施企业信息化建设，应该具备哪些条件？

第 2 章 ERP 的形成与发展

核心要点

- ERP 的内涵
- ERP 的发展
- ERP 的应用趋势
- 典型 ERP 产品

学习目标

通过本章的学习，读者应该能够掌握 ERP 的概念及管理思想、ERP 的发展阶段，了解 ERP 发展各阶段的原理、特点，认识 ERP 的未来发展趋势以及典型 ERP 产品的构成。

2.1 ERP 的内涵

2.1.1 ERP 的概念

ERP（enterprise resource planning，企业资源计划）起源于 20 世纪 80 年代末，它的正式命名是在 1990 年，美国 Gartner Group 公司在当时流行的工业企业管理软件 MRP Ⅱ 的基础上，提出了评估 MRP Ⅱ 内容和效果的软件包，这些软件包被称为 ERP。从最初的定义来讲，ERP 只是一个为企业服务的管理软件；在这之后，各国政府、学者、企业界人士都根据自己的角度和对 ERP 的认识程度，给出了许多有关 ERP 概念的不同的表述，以下是比较具有代表性的定义。

ERP 是指建立在信息技术基础上，以系统化的管理思想，为企业决策层及员工提供决策运行手段的管理平台。ERP 系统集信息技术与先进的管理思想于一身，成为现代企业的运行模式，反映时代对企业合理调配资源、最大化地创造社会财富的要求，ERP 成为企业在信息时代生存发展的基石。

另外，可以从管理思想、软件产品、管理系统 3 个不同层次给出 ERP 的定义。

1．从管理思想的角度定义

ERP 是由美国著名的计算机技术咨询和评估集团 Gartner Group 公司提出的一整套企业管理系统体系标准，其实质是在制造资源计划（manufacturing resources planning，MRP Ⅱ）基础上进一步发展而成的面向供应链（supply chain）的管理思想。

2．从软件产品的角度定义

ERP 是综合应用了 B/S 和 C/S 体系、大型关系数据库结构、面向对象技术、图形用户界面、第 4 代语言（4GL）、网络通信等信息技术成果，面向企业信息化（或数字化）管理的软件产品。

3．从管理系统的角度定义

ERP 是整合企业管理理念、业务流程、基础数据、制造资源、计算机硬件和软件于一体的企业资源管理系统。

2.1.2 ERP 的管理思想

ERP 的核心是管理思想和管理方法，如整体性、精益生产、敏捷制造等，关键是要实现对整个供应链的有效管理，ERP 的管理思想主要体现在以下 3 个方面。

1．对企业整个供应链资源进行管理的思想

现代企业的竞争已经不是企业与企业之间单独的竞争，而是一个企业供应链与另一个企业供应链之间的竞争，即企业不仅要依靠自身所拥有的资源，而且还必须把生产经营过程中的有关各方，如供应商、制造工厂、分销商、客户等纳入一个紧密的供应链中，才能在市场上获得竞争优势。ERP 系统正是适应了这一市场竞争的需要，实现了对整个企业供应链的管理。

2．精益生产、同步工程和敏捷制造的思想

ERP 系统支持离散型制造、连续型制造等混合型生产方式的管理。其管理思想表现在以下两个方面：首先是“精益生产（lean production，LP）”的思想，即通过不断地降低成本、提高质量、增强生产灵活性、实现无废品和零库存等手段确保企业在市场竞争中的优势；其次是“敏捷制造（agile manufacturing，AM）”的思想，当市场上出现新的需求，而企业的基本合作伙伴又不能及时满足新产品研发、生产的要求时，企业通过组织一个由特定的供应商和销售渠道构成的短暂或一次性供应链形成“虚拟工厂”，把供应商和协作单位视为企业自身的一个组成部分，运用“同步工程（simultaneous engineering，SE）”组织生产，将新产品用最短的时间打入市场，并且始终要求产品的高质量，时刻保持产品的多样化和灵活性，这就是“敏捷制造”的核心思想。

3．事先计划与事中控制的思想

ERP 系统中的计划体系主要包括企业战略规划、生产计划大纲、主生产计划、物流需求计划、能力计划、车间执行和控制计划、采购计划、销售计划、利润计划和人力资源计划等，更重要的是，这些计划功能与价值控制功能完全集成到了企业整个供应链系统中。同时，ERP 系统通过定义事务处理（transaction）相关的会计核算科目与核算方式，在事务处理发生的同时自动生成会计核算分录，保证物流与资金流的同步记录和数据的准确性、及时性和一致性。因此，企业可以根据财务资金现状，追溯资金的来龙去脉，进一步追溯发生的相关业务活动，便于企业实现经营过程中的事中控制以及实时做出决策。

2.2 ERP 的发展

ERP 理论是随着产品复杂性的增加、市场竞争的加剧以及信息全球化而产生的。ERP 理论的形成与发展大致经历了 5 个阶段：第 I 阶段——订货点方法（order point method）；第 II

阶段——基本 MRP，即物料需求计划（material requirement planning）；第Ⅲ阶段——闭环 MRP，即闭环物料需求计划（closed-loop material requirement planning）；第Ⅳ阶段——MRPⅡ，即制造资源计划（manufacturing resources planning，MRPⅡ），由于制造资源计划与物料需求计划均可简称为 MRP，因此为了区别于传统的物料需求计划，将制造资源计划简称为 MRPⅡ；第Ⅴ阶段——ERP 即企业资源规划（enterprise resource planning，ERP）。

在 ERP 的发展历程中，其所经历的各阶段具有“向上兼容性”，如图 2-1 所示。即第Ⅱ阶段与第Ⅰ阶段的关系是：基本 MRP 包含了订货点方法的所有功能，且是订货点方法的提升和扩展。同样，第Ⅲ阶段与第Ⅱ阶段的关系、第Ⅳ阶段与第Ⅲ阶段的关系、第Ⅴ阶段与第Ⅳ阶段的关系也是如此。

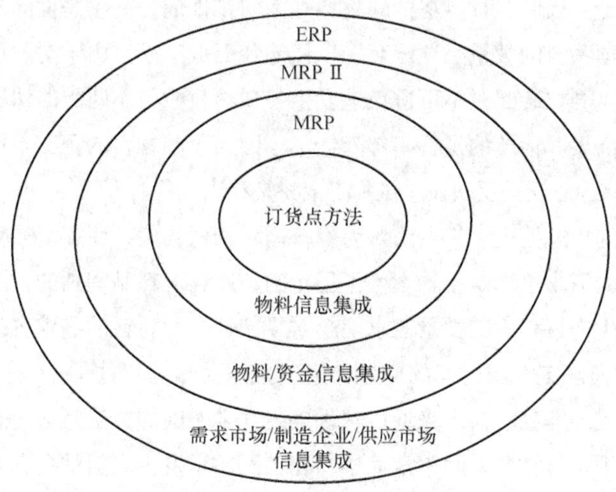

图 2-1　ERP 发展各阶段关系

2.2.1　订货点法

20 世纪 40 年代初期，西方经济学家通过研究库存物料随时间推移而被使用和消耗的规律，提出了订货点的方法和理论，并将其运用于企业的库存计划管理中。

20 世纪 30 年代初期，企业控制物料的需求通常采用控制库存物品数量的方法，即为每种需求的物料设置最大库存量和安全库存量，最大库存量的设置受企业的库存容量、库存占用资金等因素的限制，就是说物料的库存量不能小于安全库存量，如图 2-2 所示。由于物料的供应需要一定的时间（如物料的采购周期、加工周期等），因此不能等到物料的库存量消耗到安全库存量时才开始补充库存，必须有一定的时间提前量，即必须在安全库存量的基础上增加一定数量的库存。这个增加的库存量作为物料订货期间的供应量，应该满足这样的条件：当物料的供应到货时，物料的消耗刚好到了安全库存量。这种控制模型必须确定两个参数：订货点与订货批量。

这种模型在当时的环境下也起到了一定的作用，但随着市场的变化和产品复杂性的增加，它的应用受到一定的限制。订货点法应用的条件为：物料的消耗相对稳定，物料的供应比较稳定，物料的需求是独立的，物料的价格不是太高。

订货点法的应用具有以下特点。

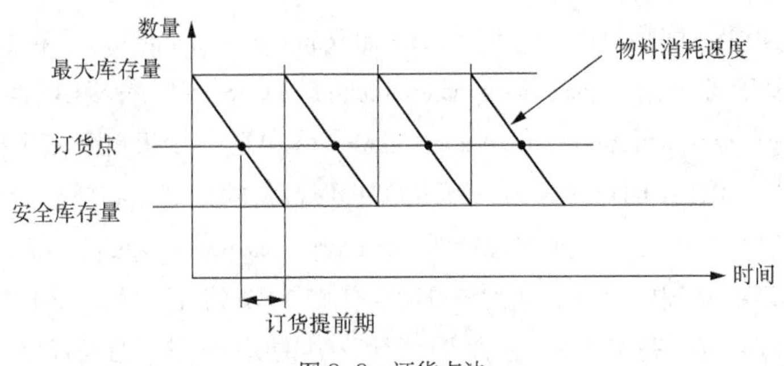

图 2-2　订货点法

（1）各种物料需求相互独立。订货点法认为物料项目之间彼此独立，可以分别独立地确定每项物料的订货点。因此订货点法中的物料是面向零件的，而不是面向产品的。但是，装配制造业却要求各项物料的数量必须配套，以便能装配成产品。由于对各项物料分类独立地进行预测和订货，则会在装配时不可避免地发生各项物料数量不匹配的情况。这样，虽然单项物料的供货率提高了，但总的供货率却降低了。因为每项物料的预测不可能都很准确，所以各项物料积累起来的总误差反映在总供货率上将是相当大的。

（2）物料需求的连续性。订货点法认为物料需求相对均匀，库存消耗率稳定。但装配制造业对产品零部件的需求恰恰是不均匀、不稳定的，库存消耗是间断的；即使对最终产品的需求是连续的，但生产过程中的批量需求引起对零部件和原材料的需求也是不连续的。这种现象提出了一个如何确定需求时间的问题。订货点法是根据以往的平均消耗来确定需求时间，但是对于不连续的非独立需求来说，这种确定需求时间的方法是毫无意义的。实际上，系统采用订货点法下达订货的时间常常偏早，在实际需求发生之前就会有大批存货存放在库里造成积压；而另一方面，却又由于需求不均衡和库存管理模型本身的缺陷造成库存短缺。

（3）提前期已知且固定。订货点法认为提前期已知且固定，但实际情况并非如此。对于一项指定了 8 周提前期的物料，其实际的提前期可以在 4～90 天的范围变化。把如此大的时间跨度确定成一个固定数字，用来作为提前期的已知数，显然是不合理的。

（4）库存消耗后应被重新填满。订货点法认为库存消耗后应该被重新填满。按照这种假定，当物料库存量低于订货点时，则必须发出订货通知来重新填满库存。但是如果需求不是连续的，那么这样做不但没有必要，而且也是不合理的。

2.2.2　基本 MRP

"何时订货"被认为是库存管理的一个大问题，然而真正重要的问题却是"何时需要物料"。订货点法通过触发订货点确定订货时间，再通过提前期来确定需求日期，其实是本末倒置的。

订货点控制法受到众多条件的限制，不能反映物料的实际需求，往往是为了满足生产需求而不断提高订货点的物料需要数量，从而造成库存积压，库存占用的资金大量增加，产品成本也就随之提高，使得企业缺乏竞争力。20 世纪 60 年代，IBM 公司的约瑟夫·奥利佛博士提出了把对物料的需求分为独立需求与相关需求的概念，在此基础上，形成了"在需要的时候提供需要的数量"的重要认识。理论的研究与实践的推动，发展并形成了物料需求计划理论，即基本 MRP。

MRP 是在弥补订货点法缺陷的基础上提出来的，MRP 是 material requirements planning 的缩写，译为物料需求计划，又称为基本 MRP，简称 MRP。

基本 MRP 与订货点法的区别体现在 3 个方面。

第一个方面：通过产品结构将所有物料的需求联系起来。通过考虑不同物料的需求之间的相互匹配关系，使各种物料的库存在数量和时间上均趋于合理。

第二个方面：将物料需求划分为独立需求和相关需求。如果某项物料的需求量不依赖于企业内其他物料的需求量而独立存在，则称为独立需求；如果某项物料的需求量可由企业内其他物料的需求量来确定，则称为相关需求。如企业中的原材料、零件、组件等都是非独立需求，而最终产品需求则是独立需求，独立需求有时也包括维修件、可选件和工厂自用件。独立需求的需求量和需求时间通常由预测和客户订单等外在的因素来决定；而相关需求的需求量和需求时间则由 MRP 系统来决定。

第三个方面：将时间分段概念引入物料的库存状态数据。如图 2-3 所示，时间分段就是给物料的库存状态数据加上时间坐标，即按具体的日期或计划时区记录和存储库存状态数据。这样，可以准确地回答和时间有关的各种问题。

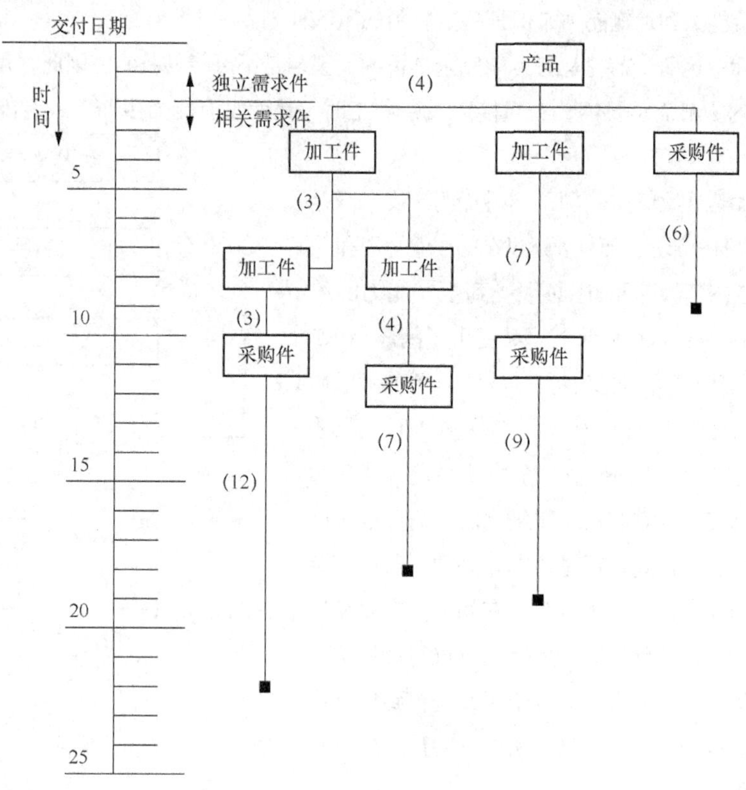

图 2-3　引入时间概念的产品结构模型

MRP 理论思想是：根据主生产计划（master production schedule，MPS）需要的物料种类、需要多少以及有多少库存来决定订货和生产。因此，MRP 是一种根据需求预测来测定未来物料供应、生产和控制的方法，MRP 提供了物料需求的准确时间和数量。

根据 MRP 理论思想，得到 MRP 的结构原理图，如图 2-4 所示。

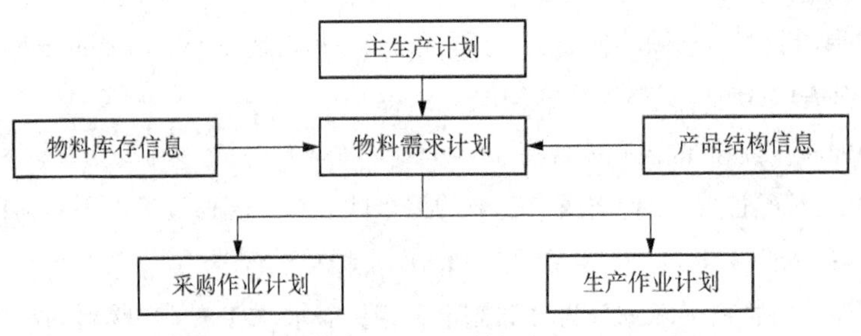

图 2-4　MRP 结构原理

根据结构原理图可以看出，MRP 的基本任务主要有两个：一是从最终产品的生产计划（独立需求）导出相关物料（原材料、零部件等）的需求量和需求时间（相关需求）；二是根据物料的需求时间和生产（订货）周期来确定开始生产（订货）的时间。

2.2.3　闭环 MRP

基本 MRP 基于以下两个应用前提：主生产计划是可行的，在已经考虑了生产能力是可能实现的情况下，有足够的生产设备和人力来保证生产计划的实现；物料采购计划是可行的，有足够的供货能力和运输能力来保证完成物料的采购计划。

但在实际中这两个前提是不可能完全具备的，甚至是不可能具备的。因此，用 MRP 方法所计算出来的物料需求日期，有可能因设备和工时不足而没有能力生产，或者因原料不足而无法生产。

MRP 只局限在物料需求方面，物料需求计划仅仅是企业生产管理的一部分，而且要通过车间作业管理和采购作业管理来实现，同时还必须受到生产能力的约束。于是，在 MRP 的基础上，又提出了闭环 MRP 系统。所谓闭环有两层含义：其一，它不单纯考虑物料需求计划，还把生产能力计划、车间作业计划和采购作业计划纳入 MRP，形成一个封闭系统；其二，从控制论的观点，计划制订与实施之后，需要取得反馈信息。因此，在计划执行过程中，必须不断调整能力数据，能力需求计划必须有来自车间、供应商和计划员的反馈信息，并利用这些反馈信息进行计划调整平衡，从而使生产计划方面的各个子系统得到协调统一，其工作过程是一个“计划—实施—评价—反馈—计划”的过程。

闭环 MRP 的结构原理如图 2-5 所示，下面对整个闭环 MRP 的过程进行概述。

（1）企业根据发展的需要与市场需求来制订企业生产规划。

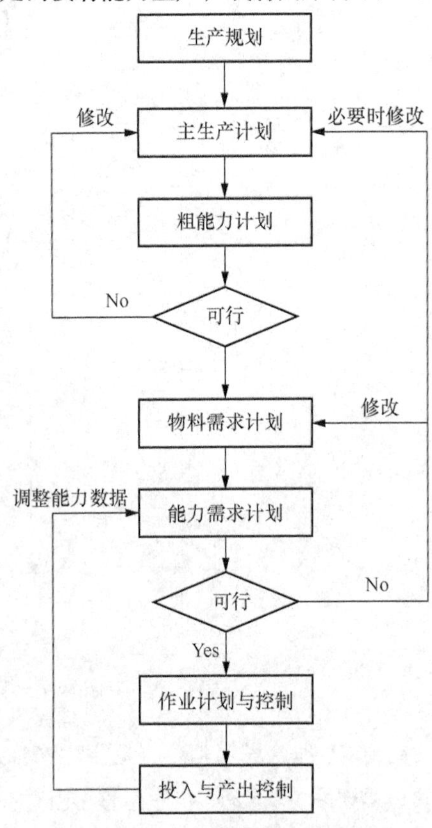

图 2-5　闭环 MRP 结构原理

（2）企业根据生产规划制订主生产计划，同时进行生产能力与负荷的分析，该过程主要是针对关键资源的能力与负荷的分析过程，只有通过对该过程的分析，才能达到主生产计划基本可靠的要求。

（3）企业根据主生产计划、企业的物料库存信息、产品结构清单等信息来制订物料需求计划。

（4）企业由物料需求计划、产品生产工艺路线和车间各加工工序能力数据生成对能力的需求计划，通过对各加工工序的能力平衡，调整物料需求计划。如果这个阶段无法平衡能力，还有可能修改主生产计划。

（5）采购与车间作业按照平衡能力后的物料需求计划执行，并进行能力的控制，即输入输出控制，并根据作业执行结果反馈到能力需求计划层。

因此，闭环 MRP 能较好地解决计划与控制问题，是计划理论的一次大飞跃，但它仍未彻底地解决计划与控制问题。

结合图 2-5 中的信息，可以分析出闭环 MRP 具有下述特点。

（1）根据企业的生产经营规划与市场需求（如合同、订单等）来编制主生产计划。

（2）无论是主生产计划还是物料需求计划的运行（或执行）都伴随着能力与负荷的平衡，从而保证各项计划是可靠的。

（3）采购与生产加工的作业计划与执行，既是物流的加工变化过程，又是控制能力的投入与产出过程。

（4）整个过程是能力的不断执行与调整的过程，能力的执行情况最终反馈到计划制订层。

2.2.4 MRPⅡ

闭环 MRP 的管理思想较为先进和实用，解决了企业物料供需信息集成的问题，对生产计划的控制也比较完善。但是其运行过程主要是物流的过程，并没有说明企业的经营效益，而生产的运作过程，产品从原材料的投入到成品的产出过程都伴随着企业资金的运动。

针对上述问题的提出，1977 年美国著名生产管理专家奥列弗·怀特（Oliver Wight）提出了一个新概念——制造资源计划（manufacturing resources planning），它的缩写也是 MRP，但内涵更加丰富，是广义的 MRP，为了与传统的 MRP 区别，将之称为 MRPⅡ。MRPⅡ与 MRP 的主要区别就是 MRPⅡ运用管理会计的概念，用货币形式说明了执行企业“物料计划”带来的效益，实现物料信息同资金信息的集成。

制造资源计划是对一个企业的所有资源编制计划进行监控与管理的一种科学方法。它是以物料需求计划（MRP）为核心，将 MRP 的信息共享程度扩大，使生产、销售、财务、采购紧密地结合在一起，共享有关数据，组成一个全面生产管理的集成优化模式。

制造资源计划（MRPⅡ）的结构原理如图 2-6 所示，MRPⅡ包括决策层、计划层以及作业层的有关计划，集成了应收、应付、成本及总账的财务管理。其采购作业根据采购单、供应商信息、收货单及入库单形成应付款信息（资金计划）；销售商品后，根据客户信息、销售订单信息及产品出库单形成应收款信息（资金计划）；根据采购作业成本、生产作业信息、产品结构信息、库存领料信息等形成生产成本信息；把应付款信息、应收款信息、生产成本信息和其他信息等记入总账。产品的整个制造过程都伴随着资金流通的过程。通过对企业生产成本和资金运作过程的掌握，调整企业的生产经营规划和生产计划，得到更为可行、可靠的生产计划。

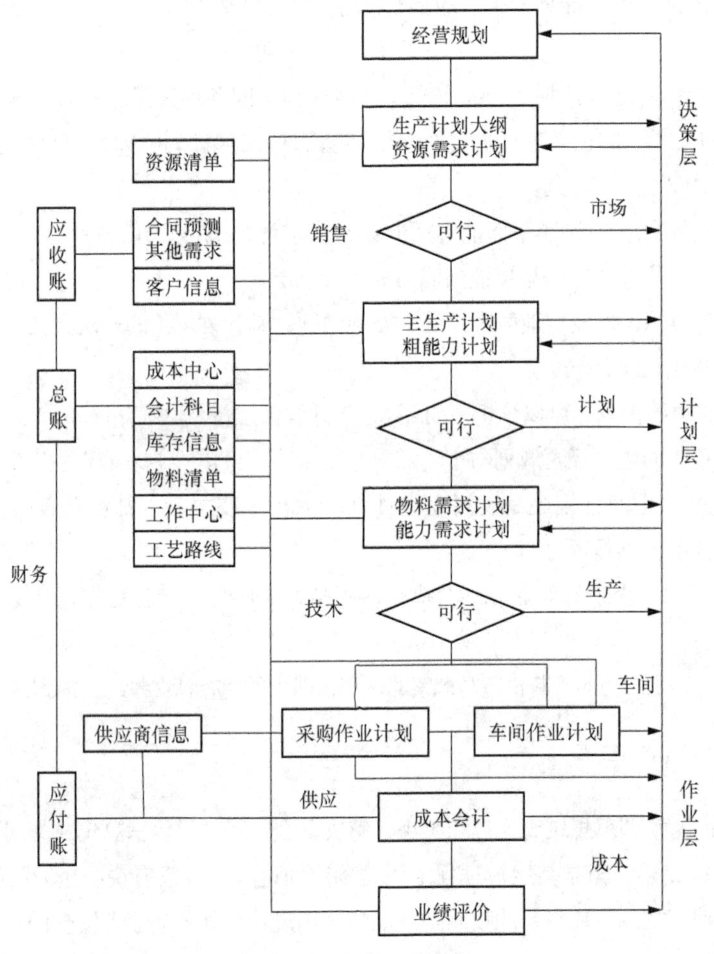

图 2-6　MRP Ⅱ结构原理

MRP Ⅱ的特点可以从以下几个方面来表述，每一项特点都包含管理模式的变革和人员素质或行为变革两方面，这些特点是相辅相成的。

1．计划的一贯性与可行性

MRP Ⅱ是一种计划主导型管理模式，计划层次从宏观到微观、从战略到技术、由粗到细、由抽象到具体并逐层优化，但始终保证与企业经营战略目标一致。它把通常的三级计划管理统一起来，计划编制工作集中在厂级职能部门，车间班组只能具体地执行计划、调度并反馈信息。各项计划下达前反复验证和进行生产能力平衡，并根据反馈信息及时调整，处理好供需矛盾，保证计划的一贯性、有效性和可执行性。

2．管理的系统性

MRP Ⅱ是一项系统工程，它将企业中所有与生产经营直接相关的部门的工作联结成一个整体，各部门都从系统整体出发、从企业全局出发做好本职工作，每个员工都知道自己的工作质量同其他部门职能的关系。那种条块分割、各行其是的局面被团队精神所取代，使整个企业在“一个计划”下成为一个有机的整体。

3．数据共享性

MRPⅡ是一种企业级管理信息系统，企业各部门依据同一数据信息进行经营管理，每种数据变动都能及时地反映给所有部门，做到数据共享。在统一的共享数据库支持下，按照规范化的流程进行管理和决策，改变了过去那种由于信息不通、情况不明，造成盲目决策、自相矛盾的现象。

4．动态应变性

MRPⅡ是一个闭环系统，它要求及时跟踪、控制和反馈信息变化的实际情况。在此基础上，管理人员可以随时根据企业内外环境条件的变化迅速做出响应，及时调整决策，保证生产正常进行。MRPⅡ可以使企业及时掌握各种动态信息，保持较短的生产周期，因而具有较强的应变能力和适应能力。

5．模拟预见性

MRPⅡ具有模拟预测功能。通过 MRPⅡ的模拟预测功能，可以解决“如果怎样……将会怎样……”的问题，可以预见在相当长的计划期内可能发生的问题，事先采取措施消除隐患。这将使管理人员从日常烦琐忙碌的事务中解脱出来，抽出更多时间致力于实质问题的分析研究，MRPⅡ还可提供多个可行方案以供领导决策。

6．物流、资金流的统一

MRPⅡ可以由生产活动直接生成财务数据，把实物形态的物料流动信息直接转换为价值形态的资金流动信息，保证生产和财务数据一致。财务部门及时得到资金信息用于控制成本，通过资金流动状况反映物料和经营情况，随时分析企业的经济效益，参与决策，以便指导和控制经营和生产活动。MRPⅡ把传统的账务处理与发生账务的事务结合起来，不仅说明财务的资金现状，而且追溯资金的来龙去脉。例如，将体现债务债权关系的应付账、应收账与采购业务和销售业务集成起来，同供应商或客户的业绩或信誉集成起来，同销售和生产计划集成起来等。按照物料位置、数量或价值变化，定义“交易处理”，使与生产相关的财务信息直接由生产活动生成。在定义交易处理相关的会计科目时，按设定的借贷关系，自动转账登录，保证了“资金流”与“物流（实物账）”的同步和一致，改变了资金信息滞后于物料信息的状况，便于实时做出决策。

从 MRPⅡ的以上几个方面的特点可以看出，它是一个比较完整的生产经营管理计划体系，是实现企业整体效益的有效管理模式。

2.2.5 ERP

20 世纪 90 年代以来，由于经济全球化和市场国际化的发展，企业所面临的竞争更趋激烈。以客户为中心、基于时间、面向整个供应链的管理成为在新的形势下企业发展的基本动向。实施以客户为中心的经营战略是 20 世纪 90 年代企业在经营战略方面的重大转变，在这种趋势下，MRPⅡ也很难满足企业发展的要求，逐渐表现出了其局限性，这些局限性主要体现在下述几个方面。

（1）企业竞争范围的扩大，对企业提出了更高的要求。例如，要求在企业的各个方面加强管理，要求企业有更高的信息化集成，要求对企业的整体资源进行集成管理（而不仅仅对制造资源进行集成管理）等。

现代企业的竞争是综合实力的竞争，这就要求企业有更强的资金实力，更快的市场响应速度。因此，企业管理信息系统仅停留在对制造部分的信息集成与理论研究上是远远不够的。与竞争有关的物流、信息及资金管理与集成要从制造部分扩展到全面质量管理，并且把企业的所有资源（包括人力资源和服务资源等）及市场信息和客户资源纳入全面质量管理的范畴，并且要求企业能够处理工作流。这些要求 MRP Ⅱ 是无法满足的。

（2）随着企业经营规模的不断扩大，要求多集团、多工厂协同作战，统一部署，这已超出了 MRP Ⅱ 的管理范围。

特别是大型企业集团和跨国集团不断涌现，企业规模越来越大，这就要求集团与集团之间、集团内部工厂之间要统一计划，协调生产，共同调配集团内部资源。这种环境下需要既独立又统一的资源共享管理，这是 MRP Ⅱ 无法解决的。

（3）全球化的发展趋势要求企业之间加强信息交流和信息共享，企业之间既是竞争对手，又是合作伙伴。信息管理要求扩大到整个供应链的范围，这些更是 MRP Ⅱ 所不能解决的。

ERP 理论与系统是从 MRP Ⅱ 发展而来的，它除继承了 MRP Ⅱ 的基本思想（制造、供销及财务相结合）外，还大大地扩展了管理模块。ERP 理论融合了离散型生产和流程型生产的特点，扩大了管理范围，更加灵活地开展业务活动，实时地响应市场需求。ERP 的管理范围涉及企业所有供需过程，是对供应链的全面管理和运作。同时 ERP 还融合了多种管理思想，进一步提高了企业的管理水平和竞争力。

ERP 的结构原理如图 2-7 所示，ERP 主要包括了下述模块（或子系统）。

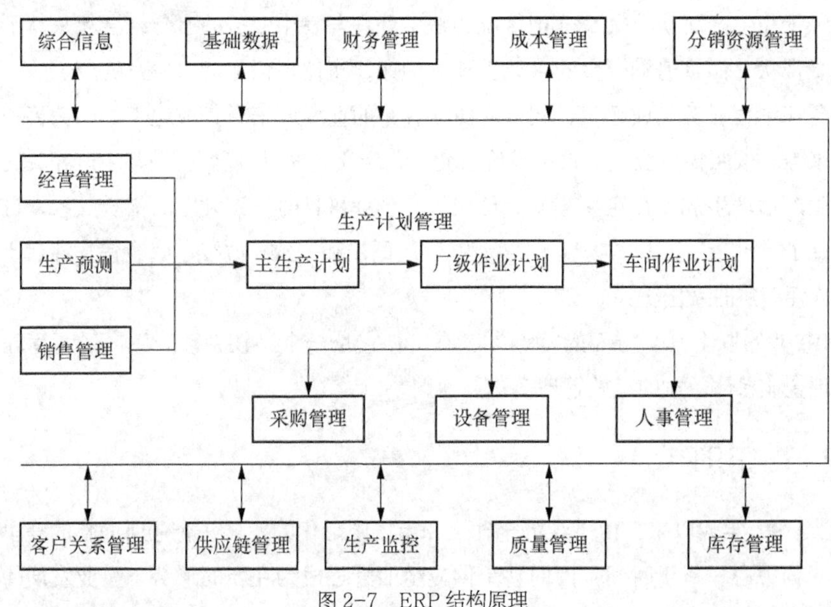

图 2-7　ERP 结构原理

（1）生产预测；

（2）销售管理；

（3）经营管理；

（4）生产计划管理；

（5）采购管理；

（6）库存管理；

（7）质量管理；

（8）设备管理；

（9）财务管理。

ERP 理论不是对 MRPⅡ的否认，而是继承与发展。ERP 也具有自身的特点，ERP 与 MRPⅡ的区别主要表现在下述几个方面。

1．在管理范围方面的差别

MRPⅡ主要侧重对企业内部人、财、物等资源的管理。而 ERP 系统在 MRPⅡ的基础上扩展了管理范围，它把客户需求和企业内部的制造资源以及供应商的制造资源整合在一起，形成企业完整的供应链，并对供应链上所有环节进行有效管理，如订单、采购、库存、计划、生产制造、质量控制、运输、分销、服务与维护、财务、人事、实验室、项目、配方等方面的管理。ERP 中的企业资源（enterprise resource）包括企业的"三流"资源，即物流资源、资金流资源和信息流资源，ERP 实质上就是对这"三流"资源进行全面集成管理的管理信息系统。

2．在生产方式方面的差别

MRPⅡ系统把企业归类为重复制造、批量生产、按订单生产、按订单装配、按库存生产等几种典型的生产方式进行管理，针对每种类型都有一套管理标准。而现在多品种、小批量生产以及看板式生产等是企业主要采用的生产方式，企业由单一的生产方式向混合型生产发展，ERP 能很好地支持和管理混合型制造环境，满足企业的这种多样化经营需求。

3．在管理功能方面的差别

ERP 系统除了具有 MRPⅡ系统的制造、分销、财务管理功能外，还增加了支持整个供应链上物料流通过程中供、产、需各个环节之间的运输管理和仓库管理，支持生产保障体系的质量管理、实验室管理、设备维修和备品备件管理，支持对工作流（业务处理流程）的管理。

4．在事务处理控制方面的差别

ERP 系统支持在线分析处理 OLAP（online analytical processing）、售后服务及质量反馈，强调企业的事前控制能力，它可以将设计、制造、销售、运输等通过集成，并行地进行各种相关的作业，为企业提供对质量、适应变化、客户满意度、绩效等关键问题的实时分析能力。而 MRPⅡ通过及时滚动计划来控制企业整个生产过程，这种方式实时性较差，一般只能实现事中控制。

5．在财务管理方面的差别

在 MRPⅡ中，财务系统主要是一个信息的归结者，它的功能是将供、产、销中的业务信息转变为价值信息，是物流的价值反映。而 ERP 系统将财务计划和价值控制功能集成到了整个供应链上。

6．在跨国（或地区）经营事务处理方面的差别

ERP 系统应用完整的组织架构，支持企业内部各个组织单元之间、企业与外部的业务单元之间的协调，从而可以支持跨国经营中多国家地区、多工厂、多语种、多币制的应用需求。

7．在信息技术应用方面的差别

信息技术的飞速发展和网络通信技术的应用，使得 ERP 系统可以实现对整个供应链信息进行集成管理。ERP 系统采用 B/S 和 C/S 体系结构和电子商务式数据处理技术，支持 Internet/Intranet/Extranet、电子商务（E-business 或 E-commerce）、电子数据交换（EDI）应用技术。此外，ERP 系统还能实现在不同平台上的互动操作。

2.2.6 ERP Ⅱ

互联网技术的成熟为企业信息管理系统增加与客户或供应商实现信息共享和直接的数据交换的能力，从而强化了企业间的联系，形成共同发展的生存链，体现企业为达到生存竞争的供应链管理思想。进入 21 世纪后，ERP 系统扩展实现这方面的功能，使决策者及业务部门实现跨企业的联合作战。

2000 年 Gartner Group 在原有 ERP 的基础上扩展后，提出了新概念——ERP Ⅱ（enterprise resource planning Ⅱ）。ERP Ⅱ是通过支持和优化企业内部、企业之间的协同运作和财务过程，以创造客户和股东价值的一种商务战略和一套面向具体行业领域的应用系统。

为了与 ERP 对企业内部管理的关注相区别，Gartner 在描述 ERP Ⅱ时，引入了“协同商务”的概念。协同商务（collaborative commerce 或 c-commerce），是指企业内部人员、企业与业务伙伴、企业与客户之间的电子化业务的交互过程。它是一种各个经济实体之间的实时、互动的供需链管理模式。通过信息技术的应用，强化了供需链上各个实体之间的沟通和相互依存，ERP Ⅱ不再局限于生产与供销计划的协同，而且包含产品开发的协同。

ERP Ⅱ是一种新的商业战略，它由一组行业专业化的应用组成，通过它们建立和优化企业内部及企业之间流程，建立和优化协作运营，优化财务运作流程，从而将客户和股东价值优化。

ERP Ⅱ重点强调并解决两个方面的问题。①面向具体行业。ERP Ⅱ应用是根据具体的领域（行业群）和具体的行业（包装消费品行业、服装业、采矿业等）而专门设计与开发的，行业应用深度更加专业化；而传统的 ERP 没有考虑到各个领域和各个行业的特性。②强调企业之间的业务协同，而传统的 ERP 则更强调企业内部的业务协同。

ERP Ⅱ对传统的 ERP 在角色、领域、功能、过程、构架、数据等各方面都进行了本质的扩展。ERP Ⅱ在 6 个方面都远远超越传统 ERP，如表 2-1 所示。

表 2-1 ERP Ⅱ对 ERP 的扩展

ERP	→	ERP Ⅱ
企业优化	角色	价值链/协作商务
制造和分销	领域	所有行业/部门
制造/销售/分销/财务流程	功能	跨行业、行业部门、特定行业业务流程
内部的、隐式的	过程	连接外部伙伴、跨组织的
支持 Web 的、封闭的、整体式的	架构	基于 Web 的、开放的、组件化的
在企业产生及企业内部使用	数据	企业内部及外部的数据发布及订阅

（1）ERPⅡ从传统 ERP 的资源优化和业务处理扩展到利用企业间协作运营的资源信息，并且不仅仅是电子商务模式的销售和采购。

（2）ERPⅡ的领域已经扩展到非制造业，如金融业、高科技产业、通信业、零售业等。

（3）ERPⅡ功能超越传统通用的制造、销售、分销和财务部分，而扩展到那些针对特定行业或行业段的业务。

（4）ERPⅡ业务处理从注重企业内部流程管理发展到外部联结。

（5）与单调的 ERP 系统结构不同，ERPⅡ系统结构是面向 Web 和面向集成设计的，同时是开放的、组件化的。

（6）与 ERP 系统将所有数据存储在企业内部不同，ERPⅡ面向分布在整个商业社区的业务数据进行处理。

从 ERPⅡ的提出可以看出：在电子商务环境下，市场竞争激烈程度、市场竞争的范围以及市场与客户需求变化的速度这些因素，都发生了根本性的变化。

下面对 ERP 发展历程进行小结，如表 2-2 所示。

表 2-2　ERP 发展小结

发展阶段	时间	企业经营特定	解决问题	理论依据
订货点法	20 世纪 40 年代	降低库存成本； 降低采购费用	如何确定订货时间和订货数量	库存管理理论
基本 MRP	20 世纪 60 年代	追求低库存成本； 手工订货发货； 生产缺货频繁	如何根据主生产计划确定订货时间、订货品种、订货数量	库存管理理论；主生产计划；BOM
闭环 MRP	20 世纪 70 年代	计划偏离实际； 手工完成车间作业计划	如何保证从计划制订到有效实施的及时调整	能力需求计划；车间作业计划；计划、实施、反馈与控制的循环
MRPⅡ	20 世纪 80 年代	追求竞争优势； 各子系统之间缺乏联系，甚至彼此矛盾	如何实现管理系统一体化	决策技术；系统仿真技术；物流管理技术
ERP	20 世纪 90 年代	追求新技术、管理创新； 适应市场环境的快速变化	如何在企业及合作伙伴（客户、供应商）范围内利用一切可利用的资源	事前控制；混合生产；供应链管理；JIT 和 AM 技术
ERPⅡ	21 世纪	互联网技术的成熟，强化了企业间的联系，形成了共同发展的生态链	如何利用企业协同商务资源，面向分布在整个商业社区的业务数据进行处理； 超越传统制造、分销和财务管理的特定业务发展	协同商务理论；产业链理论；集成化、网络化、模块化、智能化；客户关系管理

2.3　ERP 的应用趋势

趋势一：SOA 架构的引入，使 ERP 全面升级。

SOA（service-oriented architecture，面向服务架构）的概念着重强调软件组件的松散耦合，并使用独立的标准接口。其核心是：

◆ SOA是一种软件架构思想，并不是一种产品；

◆ SOA 的重点是面向服务，此服务包括企业的内部与外部的每一个业务细节，例如企业中财务应收发票的处理就是一个服务。SOA 的思想是把这些服务从复杂的环境中独立出来——组件化封装，然后通过标准的接口使不同的服务之间相互调用。

通过SOA架构的引入，使得ERP软件可以做到以下内容。

1．支持异构集成

所谓异构环境，包括 4 个层次，硬件平台、操作系统、数据库、应用软件。如果一套硬件、一套操作系统、一套数据库、一套应用软件能够面面俱到地解决集团企业的所有管理问题，那是再好不过了。但现实中是不可能的，更普遍的是，不同的应用往往选择不同的平台和应用系统，以便充分发挥各个厂商的特长。支持SOA的ERP系统为集团企业的信息化提供了伸缩空间，企业可以根据需要选择最合适的解决方案。

2．降低企业的IT成本

以往多数企业在建设企业的 ERP 系统时是从项目的角度出发的，例如 ERP 项目、CRM项目等，事后当企业的 IT 系统越来越多的时候，才会考虑系统的集成问题，但这时候往往集成的难度就很大了。而 SOA 要求企业在建设 IT 系统之初就要考虑这些问题，也就是要考虑服务之间的接口问题。这样就会使企业的IT成本大大降低。

3．实现企业的动态变革

支持SOA的集团财务系统使企业的IT人员不必太多地关心企业IT系统的底层技术，而更多地去考虑集团财务的业务处理以及财务业务与 IT 的接合。之前系统在开发完成后，如果企业业务变化，系统将很难更改或者更改的成本很高。而 SOA 面对的是一个个独立的服务，服务之间可以通过标准接口来相互调用，这样企业在重复功能上就可以直接通过接口调用，而不必去重新开发。企业的业务发生变化时，只需要修改相对应的服务即可，降低了修改的难度与复杂度，保证了企业的IT系统的动态变化。

4．SOA将改变以往的软件供应模式

SOA 将改变以往的软件购买模式。目前，多数企业在购买软件时往往是成熟性软件，需要一个模块或一个系统的购买，企业在购买时往往无法将那些企业不需要的功能剔除出去，这样，企业就不得不为此多付出资金、培训等许多不必要的成本。而支持 SOA 的集团财务软件则可以帮助企业实现真正的按需购买，企业需要什么功能就购买相应的服务，帮助企业避免不必要的支出。

趋势二：协同商务平台（collaborative commerce）——ERP的柔性大大增强。

协同商务使企业从单纯的以产品为中心的经营策略逐步转向网络环境下的商务主体（企业）和商务活动的全过程的协调和集成。在协同商务中，供应商、制造商、分销商、零售商和服务提供商以互利互惠、互信互补的原则，一同去面对市场竞争，达到价值和利润的最大化。

协同商务时代 ERP 概念模式定义为将企业外部资源和内部资源协同集成。企业管理者不仅可以充分协同调度企业内部资源，而且可以及时集成客户、供应商、金融的变化形势，与客户、供应商业务及环境实现层层深入的业务渗透，适应企业业务、客户业务及供应商业务与系统功能的协同同步，体现了系统功能随业务变化的协同进化。

（1）内部协同，这主要体现在：

- 不同部门计划之间；
- 各层次计划之间；
- 不同周期计划之间；
- 多股东间的协同；
- 库存、生产、销售、财务部门计划间的协同；
- 公司战略、战术、运作层次计划间的协同；
- 长短期计划间的协同等。

（2）外部协同，在供应链上，企业为了满足客户和市场的需求，通常需要有 3 个层次的计划：

- 需求计划（提供预期市场需求，分析客户购买方式和发展总规模，进行协同预测等）；
- 供应计划（为了满足需求，将企业资源与需求进行定位和最佳配置）；
- 满足需求计划（或执行计划，真正有效地实现需求的满足，是一系列的执行过程）。

协同商务平台级企业信息解决方案提供了一个软件平台。协同商务平台的功能模型整合电子公文档案管理、资产管理、事务审批、项目管理、财务管理、知识管理等功能。协同商务平台为产品数据管理、客户关系管理、办公自动化管理、人力资源、质量管理、制造管理等系统提供数据交换服务。协同商务平台还提供第三方物流、服务、企业门户等数据接口。

协同商务平台采用 SOA 技术架构。采用异构集成，组件化封装，通过标准的接口对这些组件进行调用，管理和删减、添加及修改，甚至重新构架。这样，给平台带来了灵活性、易操作性，使它在进行小的改动时可以直接通过系统上的某些功能来实现，而没有必要通过改源代码的方式来处理，可以降低企业信息化软件的开发难度，提高开发效率，提高系统的柔性和可扩展性。其特点：

- 个性化、单入口的存取；
- 不仅仅是结构化信息，而且包括非结构化信息；
- 大量自助服务；
- 简单易用、经费可控；
- 开放性强，避免“集成陷阱”。

趋势三：与其他信息系统的集成。

1．ERP 与客户关系管理 CRM 的进一步整合

ERP 将更加面向市场和面向顾客，通过基于知识的市场预测、订单处理与生产调度、基于约束调度功能等进一步提高企业在全球化市场环境下更强的优化能力；并进一步与客户关系管理 CRM 结合，实现市场、销售、服务的一体化，使 CRM 的前台客户服务与 ERP 后台处理过程集成，提供客户个性化服务，使企业具有更好的顾客满意度。

2．ERP 与电子商务、供应链 ERP、协同商务的进一步整合

ERP 将面向协同商务，支持企业与贸易共同体的业务伙伴、客户之间的协作，支持数字化的业务交互过程；ERP 供应链管理功能将进一步加强，并通过电子商务进行企业供需协作，如汽车行业要求 ERP 的销售和采购模块支持用电子商务或 EDI 实现客户或供应商之间的电子订货和销售开单过程；ERP 将支持企业面向全球化市场环境，建立供应商、制造商与分销商间基于价值链共享的新伙伴关系，并使企业在协同商务中做到过程优化、计划准确、管理协调。

3．ERP 与产品数据管理的整合

产品数据管理 PDM（product data management）将企业中的产品设计和制造全过程的各种信息、产品不同设计阶段的数据和文档组织在统一的环境中。近年来 ERP 软件商纷纷在 ERP 系统中纳入了产品数据管理 PDM 功能或实现与 PDM 系统的集成，增加了对设计数据、过程、文档的应用和管理，减少了 ERP 庞大的数据管理和数据准备工作量，并进一步加强了企业管理系统与 CAD、CAM 系统的集成，进一步提高了企业的系统集成度和整体效率。

4．ERP 与制造执行系统的整合

为了加强 ERP 对于生产过程的控制能力，改变 ERP“重计划，轻控制”的弱点，将进一步加强“事前计划、事中控制、事后审核”的功能，ERP 将与制造执行系统 MES（manufacturing executive system）、车间层操作控制系统 SFC 更紧密的结合，形成实时化的 ERP/MES/SFC 系统。该趋势在流程工业企业的管控一体化系统中体现得最为明显。

5．ERP 与工作流管理系统的进一步整合

全面的工作流规则保证与时间相关的业务信息能够自动地在正确时间传送到指定的地点。ERP 的工作流管理功能将进一步增强，通过工作流实现企业的人员、财务、制造与分销间的集成，并能支持企业经营过程的重组，也使 ERP 的功能可以扩展到办公自动化和业务流程控制方面。

6．ERP 与企业知识门户进一步整合

企业知识门户（enterprise knowledge portal，EKP）所关注的是企业内部员工和信息内容，它的核心是知识管理（KM），通过与 ERP 系统的集成，使得企业内任何员工都可以实时地与工作团队中的其他成员取得联系，寻找到能够提供帮助的专家或者快速连接到相关的知识，它的建立和使用可以大大提高企业范围内的知识共享，并由此提高企业员工的工作效率。

协同商务时代 ERP 概念如图 2-8 所示。

趋势四：整合业务流程的监测与评估。

“用于测量成功的业务应用解决方案是连续改进的关键：财务表现的共享、SC 效力、知识资本的价值以及顾客的满意度都是新的评测方法。”——Gartner Group。

1．业务流程融合的趋势——价值链下的 ERP

价值链管理的产生带来了管理思想的变革。价值链管理思想强调将企业的内部资源进行优化和重组，建立起企业长期稳定的竞争优势，同时要充分利用企业的外部资源，向供应商和顾客延伸，建立起上下游共同谋发展的利益联盟体。价值链管理思想为管理带来了很多新的理念，ERP 作为管理的一个重要组成部分，也必将受到价值链管理的影响。

价值链包括外部价值链（横向价值链）和内部价值链。

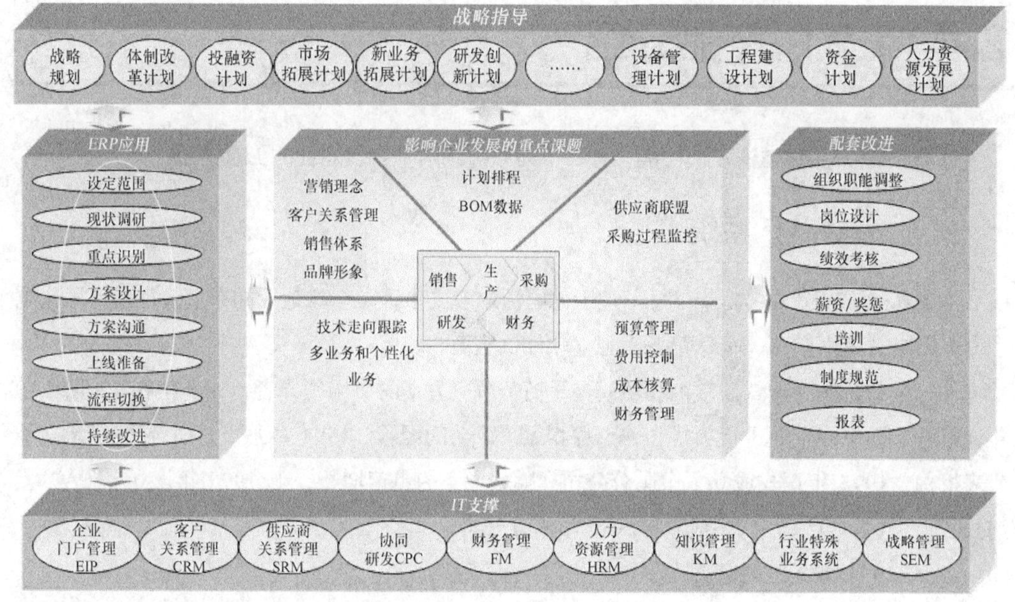

图 2-8　协同商务时代 ERP 概念模式

（1）外部价值链

外部价值链主要反映同类产品在不同的生产者之间的价值运动过程，要充分考虑企业目前和潜在的竞争对手，争取获得竞争优势。外部价值链分析主要包括决策、预算和分析 3 个方面，企业要面临现实和潜在的竞争者，就不得不为了获得竞争优势而形成产品差异，努力降低成本。此外，企业要想方设法对竞争对手的产品特别是成本信息进行分析，从而提高产品成本方面的竞争力。

（2）内部价值链

内部价值链分析指的是企业的内部价值运动。内部价值链分析始于原材料、外购件的采购，而终于产品的销售——顾客价值的实现。其目的是找出最基本的价值链、企业生产作业的成本动因及与竞争对手的成本差异，区分增值与非增值的作业，探索提高增值作业效率的途径。内部价值链分析涉及决策、预算、分析和控制所有方面，企业的内部价值链分析涉及企业的职能活动和生产经营活动。

在价值链下，企业必将改变以往单兵作战的模式，而倾向于建立整个企业上下游共同谋发展的利益联盟体。在这种情况下，企业的流程也必将随之发生变化。

2．构建 CPM（全面绩效管理）框架

在价值链下，企业不仅要考虑自身的绩效，同时也要考虑与企业相关供应链的绩效以及融合后的业务流程评测，因为未来的竞争将是供应链与供应链的竞争，这时，企业就需要改变以往的绩效评价方法，在融合以往绩效评价方法的基础上，加强对整合评测和融合后业务流程的评测。

在对整合的监测和业务流程的评测上新的评测方法有财务表现的共享、SC 效力、知识资本的价值以及顾客的满意度等。而在连续的流程改进上有与分析方法和传感器/事件组合相联结的商业活动监控等新方法。

2.4 ERP 产品介绍

目前 ERP 产品种类繁多，功能多样，下面只介绍两个有代表性的 ERP 产品。

2.4.1 SAP 系统

SAP 公司成立于 1972 年，总部位于德国沃尔多夫市，是全球最大的企业管理和协同化电子商务解决方案供应商、全球第三大独立软件供应商。

作为全球企业管理软件领袖和协同电子商务解决方案的市场领导者，SAP 早在 20 世纪 80 年代就开始同中国企业进行项目合作，并积累了成功的经验。1994 年底，SAP 在北京建立了代表机构，1995 年正式成立了中国分公司。随着业务的迅速增长，于 1996 年设立了 SAP 上海分公司，1998 年又在广州成立了 SAP 华南分公司。

SAP 的解决方案包括以下几种。

（1）1996 年初，SAP 中国分公司推出了第一个中国本地化的 SAP R/3 系统，SAP R/3 系统是 ERP 领域的最佳解决方案。

（2）1999 年 SAP 公司推出的 mySAP.com 协同电子商务解决方案，以其精湛的技术和专长，帮助客户成功地立足于互联网经济，进一步提升公司的商业地位。

（3）2002 年，SAP 正式推出适用于全球中小型业务的管理方案。其中，为“成长型中小业务”提供的解决方案是 SAP Business One。SAP Business One 在不同国家推出相应的本地化版本；SAP 为“成熟型中小业务”推出的是 mySAP All-in-One。

（4）SAP ECC 是 SAP 推出的新一代产品，其前身是 SAP R/3，包含 FI、CO、MM、SD、HR、Basis、PP、PS、PM、TR、IM 等多个模块及子模块。SAP ECC 系统与 SAP SRM、CRM、SCM、PLM 和 MES 系统等可以无缝集成。实施也非常简便，用户几乎感受不到不同系统之间的差异。

SAP ECC 是 ERP Central Components 的缩写，其中文名称为 SAP 企业核心组件。ECC6 就相当于在 Netweaver 上实现的 R/3。Netweaver 实际上可以看成一个平台，在平台上实现各个模块的服务，图 2-9 所示为 SAP 产品结构。

SAP R/3 主要功能模块包括以下项目。

（1）销售和分销（sales & distribution，SD）。

（2）物料管理（materials & management，MM）。

（3）生产计划（production planning，PP）。

（4）质量管理（quality management，QM）。

（5）工厂维修（plant management，PM）。

（6）人力资源（human resources，HR）。

（7）工业方案（industry solutions，IS）。

（8）办公室和通信（office & communication，OC）。

（9）项目系统（project system，PS）。

图 2-9 SAP 产品结构

（10）资产管理（assets management，AM）。

（11）管理会计模块，财务控制（controlling，CO）。

（12）财务会计（finance，FI）。

以上各种模块又被归为下面 6 类。

（1）会计系统：财务会计（FI）、管理会计（CO）、资产管理（AM）。

（2）后勤：销售和分销（SD）、物料管理（MM）、产品计划（PP）、质量管理（QM）、工厂维修（PM）。

（3）项目系统（PS）。

（4）工业方案（IS）。

（5）人力资源（HR）。

（6）办公室和通信（OC）。

下边是 SAP 系统操作模块的简单介绍。

（1）FI（财务会计）集中公司有关会计的所有资料，提供完整的文献和全面的资信，同时作为企业实行控制和规划的最新基础。

（2）TR（财务管理）是一个高效率财务管理完整解决方案，确保公司在世界范围的周转，对财务资产结构实行盈利化组合，并限制风险。

（3）CO（管理会计）是公司管理系统中规划与控制工具的完整体系，具有统一的报表系统，协调公司内部处理业务的内容和过程。

（4）EC（企业控制）根据特制的管理资信，连续监控公司的成功因素和业绩指标。

（5）IM（投资管理）提供投资手段和专案，从规划到结算的综合性管理和处理，包括投资前分析和折旧模拟。

（6）PP（生产计划）提供各种制造类型的全面处理：从重复生产、订单制造生产、订单装配生产，加工制造、批量及库存生产直至过程生产，具有扩展 MPR Ⅱ的功能。另外，还可以选择连接 PDC、制程控制系统、CAD 和 PDM。

（7）MM（物料管理）以工作流程为导向的处理功能对所有采购处理最佳化，可自动评估供应商，透过精确的库存和仓储管理降低采购和仓储成本，并与发票核查相整合。

（8）PM（工厂维护）提供对定期维护、检查、耗损维护与服务管理的规划、控制和处理，以确保各操作性系统的可用性。

（9）QM（品质管理）监控、输入和管理整个供应链与品质保证相关的各类处理、协调检查处理、启动校正措施以及与实验室资讯系统整合。

（10）PS（专案管理）协调和控制专案的各个阶段，直接与采购及控制合作，从报价、设计到批准以及资源管理与结算。

（11）SD（销售与分销）积极支援销售和分销活动，具有出色的定价、订单快速处理、按时交货，交互式多层次可变配置功能，并直接与盈利分析和生产计划模组连接。

（12）HR（人力资源管理）采用涵盖所有人员管理任务和帮助简化与加速处理的整合式应用程式，为公司提供人力资源规划和管理解决方案。

SAP 的一整套程序是针对所有企业的一种数据和应用集成方法，它将业务和技术进步融入了一个综合性的高水平的标准系统，即商品化软件系统。R/3 系统又是一个建立在三维客户机/服务器上的开放的新标准软件，它具有以下特点。

1．综合完善功能

系统提供的应用功能有会计、后勤、人力资源管理、办公室和通信等。它涉及各种管理业务，覆盖了管理信息系统中的各种功能。

2．高度集成模块

系统具有一个高度集成化的结构，这表现在它所提供的各种管理业务功能之间都是相互关联的，各模块输入/输出相互衔接，数据高度共享，任何数据的修改都将会引起相关数据自动修改。

3．适应多种行业

系统是一个能够适用于多种行业应用的软件，它是通过标准核心软件与不同行业特点相结合而产生的。其应用领域主要是各种制造业，此外，在零售公司、公共机构、银行、医院、金融和保险也有应用。

4．开放应用环境

系统是一个开放式软件系统，它可以运行在所有主要硬件平台和操作系统之上和不同数据库之中，如 HP-UNIX 操作系统、IBM 的 AS/400 操作系统、Windows NT、Oracle 数据库、Informix 数据库等，以及在 Sequent 和 Compaq 计算机上同时运行 UNIX 和 Windows NT 的 Server 的平台。

2.4.2 Oracle 11i 系统

Oracle 公司是全球最大的信息管理软件及服务供应商之一，成立于 1977 年，总部位于美国加利福尼亚州 Redwood Shore。Oracle 电子商务套件涵盖了企业经营管理过程中的方方面面，核心优势就在于它的集成性和完整性，用户完全可以从 Oracle 公司获得任何所需要的应用功能，更重要的是，这些应用产品具有一致的基于 Internet 技术的应用体系结构。

Oracle 应用产品主要由企业管理系统、财务信息系统、人力资源管理系统等构成。Oracle

企业管理系统包括销售订单管理、工程数据管理、物料清单管理、主生产计划、物料需求计划、能力需求管理、车间生产管理、库存管理、采购管理、成本管理等；Oracle财务信息系统包括账务管理、应付账管理、应收账管理、固定资产等；人力资源管理系统由Oracle Personnel（人事管理）、Oracle Payroll（工资管理）两个软件产品组成，为管理企业的人力资源提供了高效实用的电子化工具。

Oracle应用产品具有以下一些特点。

1．集成的解决方法

对于一个企业来说，信息越完全就越有竞争能力。一个比较复杂的组织机构具有不断增长的市场需求和向全球发展的趋势，这样的企业通常是由工程、制造、分销、销售和服务部门组成，这些部门分布在世界各地，在这类企业中有效地管理信息是对传统的制造应用的挑战，Oracle系统提供集成化的、整个企业范围内的应用。

2．混合型制造环境的支持

当今不断变化的企业环境，不仅影响着企业的组织机构，而且也影响着企业车间自身。企业管理系统可支持多种制造环境，如离散型、重复型、面向订单装配或三者相结合的混合型制造环境。

3．对多种硬件环境的支持

如果企业现有硬件投资很大，而又要购买新的硬件，不同的平台也许可以提供较好的性能价格比。事实上，不论在现有的设备上运行，还是未来选择其他新的系统，Oracle系统都能提供先进的支持，保护用户软件投资。

课堂讨论题

1. 信息技术应用与管理的关系。
2. 各种ERP产品有哪些共性，有哪些差异？

思考题

1. 简述企业资源计划的概念与内涵。
2. ERP的发展经历了哪几个阶段？如何理解ERP的发展离不开企业管理思想与信息技术这两个重要支柱？
3. 订货点法的基本原理是什么？
4. 基本MRP系统的原理是什么？它解决了再订货点库存控制方法的哪些缺陷？
5. 闭环MRP系统的原理是什么？它与基本MRP有何不同？它有哪些优点和缺陷？
6. MRPⅡ系统的原理是什么？它与MRP有何区别和联系？它有哪些优点和缺陷？它有哪些基本功能？
7. ERP系统的原理是什么？它有哪些特点？它与MRPⅡ有何区别和联系？它有哪些基本功能？
8. 结合学习，谈一谈你对ERP管理思想的理解和认识。

第 3 章　ERP 的基本概念

核心要点

- 物料编码
- 物料清单
- 生产类型
- 提前期
- 工作中心
- 工作日历

学习目标

通过本章的学习，读者应该能够掌握生产计划方式、物料编码、物料清单、提前期、工作中心等概念，了解系统管理、生产类型、工艺路线、工作日历等概念，认识基本概念在 ERP 系统中的作用。

3.1　生产类型

不同的企业，相应的生产类型千差万别，生产的组织方式也灵活多样，因此也就有不同的生产计划方式。为了便于对 ERP 系统的理解，下面分别对生产类型分类以及生产计划方式进行阐述。

3.1.1　生产类型划分

1．按照产品生产工艺过程的特征

按照产品生产工艺过程的特征分为离散型生产和流程型生产。

离散型生产又称为加工装配型生产，特点是：产品是由许多零部件构成的，各个零件的加工过程彼此是独立的，所以整个产品的生产工艺是离散的，制成的零件通过部件的装配和总装配成为成品。由于是一种装配性的产品，零件的形成一般是物理性的变化。机械制造、电子设备制造行业的生产过程均属于这一类型。对于加工装配型生产管理的重点，除了要保证及时供应原料和保证零部件的加工以外，重要的是要控制零部件的生产进度，保证生产的成套性。因为在生产的品种、数量上如果不成比例和不配套，只要缺少一种零件就无法装配出成品来。另外，如果在生产进度上不能按时成套，那么由于少数的生产进度延期，必然会延长整个产品的生产周期和交货期。离散型是应用 MRP 的典型生产类型，目前我国应用 MRP 的企业也以离散型为主。

流程型生产是对应离散型生产而言的，其特点是：工艺过程是连续进行的，不能中断；工艺过程的加工顺序是固定不变的，生产设施按照工艺流程布置；劳动对象按照固定的工艺流程，连续不断地通过一系列的设备和装备，被加工处理成为最终成品，物料的形成主要是化学性质的变化。化工、炼油、造纸、制糖等是流程型生产的典型。对于流程型生产的管理重点，是保证连续供应原料和确保每一个环节在工作期间必须正常运行。因为任何一个生产环节出现故障，就会引起整个生产过程的瘫痪。由于产品和生产工艺相对稳定，企业有条件采用各种自动化装置实现对生产过程的实时监控。

2．按照生产的稳定性和重复程度

按照生产的稳定性和重复程度划分为大量生产、批量生产和单件小批生产。

（1）大量生产

大量生产的特性是生产的产品品种少，每一种品种的产量大，生产过程稳定地不断重复地进行。一般这类产品在一定时期内，具有相对稳定的很大的社会需求，例如螺钉、螺母、轴承等标准零配件，家电产品和小轿车等。

（2）批量生产

成批生产的对象是通用产品，生产具有重复性。它的特点是生产的品种较多，每个品种的产量不大，每一种产品都不能维持常年连续生产，所以在生产上形成多种产品轮番生产的局面。

（3）单件小批生产

单件生产的特点是产品对象基本是一次性需求的专用产品，一般不重复生产。因此生产品种繁多，生产对象在不断地变化，生产设备和工艺装备必须采用通用性的，工作专业化程度很低。例如，矿山冶金设备制造厂。对于品种较多、小批量生产的加工装配式企业 MRP 的长处能够得到最有效的发挥。

3.1.2 生产计划方式

ERP 中计划的制订，归根结底是来自于市场的需求。而市场的需求主要有两方面，一方面是用户订单，另一方面是企业对市场的预测结果。因此，不同的企业就会有不同的生产计划对象、生产计划方法。企业的不同生产计划方式，对企业生产管理基本数据的设定和对管理功能的要求均有所不同。一般来说，企业主要有以下 4 种生产计划方式。

1．面向订单设计（engineer to order，ETO）

面向订单设计是指企业接受客户订单以后，对客户需求进行专门设计和组织生产，整个过程的管理是按照项目管理的方法进行的。首先定义产品规格，然后开发物料清单，订购所需物料并保留生产能力。整个交货提前期包括设计时间、物料采购时间和生产时间，需求周期等于总提前期。这种生产计划方式主要用于高度客户化的订单，其计划的对象是最终产品，如水电站的大型发电机。

2．面向订单生产（make to order，MTO）

面向订单生产是指按照客户的订单、销售合同来组织安排生产。它的特点是在接受客户订单/销售合同时，产品的设计工作已经完成，不需要重新设计和编制工艺，而生产用的物料尚未订购，但可以迅速报价和承诺交货期。全部交货提前期包括物料采购时间和生产时间。在此环境中销售量通常较小，而客户则必须等待进货和生产所需要的时间。

面向订单生产最重要的要求是保证订单/合同的交货期。因此，必须保证生产的各种数据准确可靠，抓好生产能力平衡，解决关键资源的约束；要做好设备、仪器的维护与保养，合理安排维修计划；同时，也要做好生产工艺的优化、车间作业控制等工作。这种生产计划方式主要用于标准的定型产品，其计划的对象是最终产品，如标准型号规格的电机等。

3．面向订单装配（assemble to order，ATO）

面向订单装配是指根据现有库存的组件，按客户的订单要求有选择地组装产品，这类产品具有一系列的标准基本组件和通用件，是模块化的 BOM。大量的基本组件和通用件在接到订单之前，就已经根据预测生产出来了，并保持一定的库存。接到正式订单后，只需要安排最后装配计划（final assembly schedule，FAS），按照客户选择的型号装配出来就可以交货了，以缩短产品的交货期，增强市场竞争力。面向订单装配的需求周期包括装配周期和发送周期。其计划的对象是基本组件和通用件，如标准型号规格的电机等。

4．面向库存生产（make to stock，MTS）

面向库存生产是在未收到市场订单的前提下，进行计划并组织生产。在接到订单时，可以随时从库存中取出商品，交货期只是受运输条件的限制，需求周期等于发运时间。

面向库存生产要求生产（或制造）部门重点抓好生产进度控制、车间投入产出控制，协调、平衡各生产服务部门的能力与计划，抓好生产效率、质量控制与成本控制；库存部门要不断反映产品库存信息，在下达车间生产订单时应考虑产品的库存控制，在预测与销售出入较大时要及时调整、拖后或提前安排生产。适用于面向库存生产的产品有日常消费品、药品、卷烟等。

每种计划方式都跟产品生产计划的时间和方式有关，如图 3-1 所示。产品的复杂性，客户需求的紧迫程度以及销售量，决定了采用哪种生产计划方式最合适。企业可能存在几种不同的生产计划方式，实际上，每种产品都可能有不同的生产计划方式，对于同一个企业和同一种产品，生产计划方式也可能随时间变化而变化。

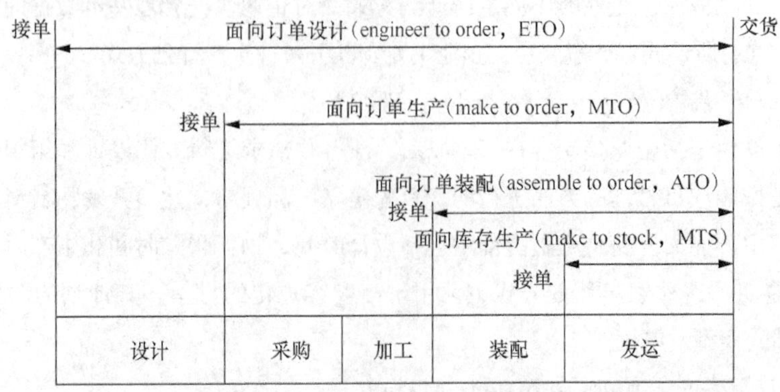

图 3-1　生产计划方式与生产供应周期

3.2 物料

物料是指为了产品销售出厂，所有需要列入计划并进行库存和成本控制的物品。也就是说，物料是计划的对象、库存的对象和成本的对象。物料是组成产品结构的最小基础单元，包括原材料或零件、配套件、毛坯、在制品、半成品、成品、包装材料、产品说明书、备品备件、工装、工具、能源等。

从管理的角度来说，物料具有以下特性。

1．相关性

任何一种物料都是由于某种需要而存在的，没有需要的物料就没有产生或保存的必要。一种物料的消耗量受另一种物料的需求量的制约。从企业与企业之间来看，一个企业的原料是另一个企业的产品，一个企业的产品又是另一个企业的原料，无数的供需关系联系到一起形成了供需链。产品结构就是说明物料相关性的模型，也是集成销售、生产、供应等主要核心业务信息的模型。

2．价值性

物料是有价值的。库存或存货是流动资产，要占用资金；而资金又是有时间价值的，使用了资金就应体现资金成本，还要产生利润。因此，不仅可以把库存物料看成是一种资产，还要看到它也是一种负债。

3．流动性

既然任何物料都有其存在的必要，它就必然处于经常流动的状态，而不在某个地点长期滞留。物料的相关性必然导致物料的流动性，不流动的物料只能是一种没有需求的积压浪费。

只有理解物料的这些管理特性，才能更好地应用 ERP 系统，做好计划管理、物料管理、成本管理。

3.3 物料编码

物料编码（item number 或 part number）是计算机系统对物料的唯一识别代码，是计算机管理物料的检索依据。各软件对物料编码的叫法不统一，也有称项目号、物件号、零件号等。

物料编码最基本的要求是物料编码的唯一性和字段长。唯一性是指同一种物料不论出现在什么产品上，只能用同一个代码；而不同的物料，哪怕有极小的差别也不能用同一个编码。此外，物料编码多为字符型，字段长度有一定限制，各个软件对字段长度规定不同，一般为 15～20 位。物料编码位数过长会增加系统的存储空间，增加录入时间，容易出错。

在 ERP 系统中，针对系统运行所需的所有物料进行编码是最基础的工作。企业的物料编码一旦确定后（指已经录入到 ERP 系统中，而且该物料已经有业务发生），一般不允许更改与删除。ERP 软件一般不提供删除物料编码的功能。即使要删除，也要把有关的业务结清（会计结账），并将其转入历史资料库供以后查阅，同时必须从系统内的所有库和表文件中删除该编码。

3.4 物料主数据

在 ERP 系统中，必须为每一种物料建立一份文档，称为物料主数据或物料主文件。物料主数据用于说明物料的各种参数、属性和业务数据，反映物料同各个管理功能之间的联系，通过物料主数据于体现信息集成。物料主数据的信息是多方面与多角度的，基本涵盖了企业涉及物料管理活动的各个方面，它是进行主生产计划和物料需求计划运算的最基本文件。各种 ERP 软件的物料主数据的内容不尽相同，一般来说，物料主数据含有以下信息。

（1）主要同设计管理有关的信息。这类信息提供有关物料的设计及工艺等技术资料，如物料名称、品种规格、型号、图号/配方、计量单位（基本计量单位与默认计量单位）、默认工艺路线、单位重量、重量单位、单位体积、体积单位、设计修改号、版次、生效日期、失效日期及成组工艺码等。

（2）主要同库存管理有关的信息。此类信息提供物料库存管理方面的信息，如物料来源（制造、采购、外加工、虚拟件等）、库存单位、ABC 码、物料库存类别、批量规则、批量周期、年盘点次数、盘点周期、积压期限、最大库存量、安全库存量、在库数量、库存金额、默认仓库、默认货位、物品容差率批次管理（Y/N）、单件管理（Y/N）及限额领料标识（Y/N）、是否消耗件（如图纸可以设置为产品结构的非消耗件）等。

（3）主要同计划管理有关的信息。该类信息涉及物料与计划相关的信息，在主生产计划（MPS）与物料需求计划（MRP）计算时，首先读取物料的该类设置信息，如计划属性（MPS、FAS、MRP、订货点等）、生产周期、提前期、累计提前期、JIT 码（Y/N）、最终装配标识（Y/N）、生产分配量、销售分配量、不可用量及库存可用数量等。

（4）主要同采购管理有关的信息。这类信息用于物料采购管理，如上次订货日期、物品日耗费量、订货点数量、订货点补充量（即订货批量）、主供应商、次供应商及供应商对应代码等。

（5）主要同销售管理有关的信息。此类信息用于物料的销售及相关管理，主要有物品销售类型和销售收入科目、销售成本科目、销售单位和默认销售商等。

（6）主要同财务管理有关的信息。该类信息涉及物品的相关财务信息，一般有物品财务类别（财务分类方法）、增值税代码、实际成本、标准成本、计划价、计划价币种、成本核算方法（计划成本或实际成本）、最新成本单价、成本标准批量以及成本项目代码。

（7）主要同质量管理有关的信息。物料还必须有质量管理信息，一般要有检测标识（Y/N）、检测方式（全检、抽检）、检验标准文件，是否有存储期以及存储期限。

在以上各类物料信息中，有的是在设置物料基本资料时就必须设置的（如物料编码、物料名称、计量单位和来源码等），而其余的信息是在各相关业务需要时编辑和设置的（如在库数量、可用与不可用量等）。各种 ERP 软件的物料主文件在内容方面会有所不同。物料属性的内涵是否丰富，以及是否对各类行业物料有一定的包容性，可以反映某一 ERP 系统是否有很强的生存力，是否可取得广泛的应用范围，或者说行业性是否很强。

3.5 物料清单

3.5.1 概念

物料清单（bill of materials，BOM）是产品结构的技术性描述文件。它表明了产品组件、子件、零件直到原材料之间的结构关系，以及每个组装件所需要的各下属部件的数量。物料清单通常采用树型结构表示，称为产品结构树，如图 3-2 所示。

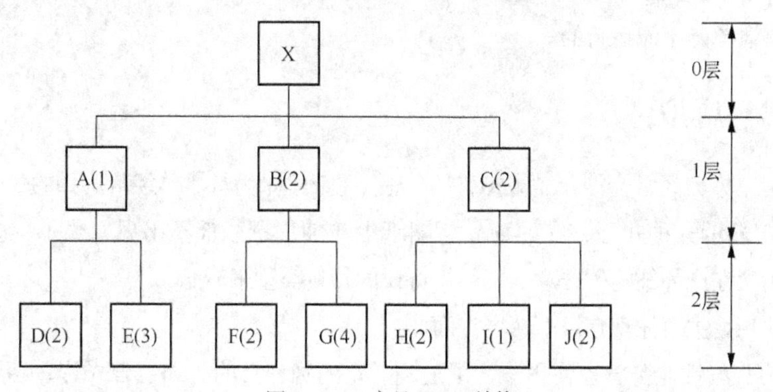

图 3-2　X 产品 BOM 结构

物料清单不仅表明了组装成最终产品的各分装件、组件、零部件和原材料之间的结构关系，以及每一组组装件的用量，而且说明了其需用的时间关系。物料清单是所有生产产品的企业都必须建立的重要管理文件。对制造类企业来讲，所有的核心业务都是围绕产品展开的，如果没有正确的物料清单，等于不知道企业产品产生的流程，一切业务都无法有效进行。因此，物料清单在 ERP 系统中起着非常重要的作用，如图 3-3 所示。

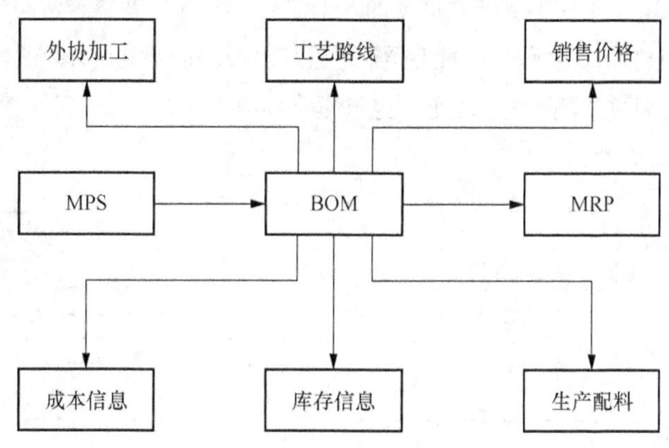

图 3-3　BOM 与其他数据关系

物料清单是运行 ERP 内部集成系统的主导文件，企业各个业务部门都要依据统一的物料清单进行工作，物料清单的作用具体体现在以下几个方面：

（1）生成 MRP 的基本信息，是联系 MPS 与 MRP 的桥梁；

（2）跟踪物流、工序及生产过程，追溯任务来源的依据；

（3）改进产品设计需要参照的重要文件；

（4）为供应部门采购和外协加工提供依据；

（5）为生产线配料提供依据；

（6）成本部门计算成本的依据；

（7）销售部门投标报价的依据。

不难看出，上述各项业务涉及销售、计划、生产、供应、物料、成本、设计、工艺等部门，由此可见物料清单在 ERP 系统中影响面之广。实施 ERP 系统后，企业应该努力达到物料清单 100%准确的目标。同时，物料清单也体现了信息集成和共享。对一个企业讲，实现信息化管理离开物料清单是不能运行的。

3.5.2 虚拟件

在物料清单中，经常会涉及"虚拟件"。虚拟件是建立物料清单经常用到的一种说明产品结构的形式，表示一种并不存在的物品，图纸上与加工过程都不出现，属于"虚构"的物品。它可以出现在产品结构的任意一层，用特设的物料类型来表示。

虚拟件的用途主要体现在以下两个方面。

（1）作为一般性业务管理使用。为了达到一定的管理目的，如组合采购、组合存储、组合发料，在处理业务时，用计算机查询只需要对虚拟件操作，就可以自动生成实际的业务单据。这种"虚拟件"甚至也可以查询到它的库存量与金额，但存货核算只针对实际的物料。

（2）简化产品结构的管理。为了简化对物料清单的管理，在产品结构中虚构一个物品，如图 3-4 所示。如果对 X 产品 BOM 的定义采用左图的方式，那么子件 A、B 的 BOM 文件定义过程会重复引用到 C、D 与 E 物料，必然会加大维护的工作量和增加数据库的存储空间。而采用右图的定义方式，增加一个"虚拟件"物料 H，并定义 H 的 BOM 文件，则 A、B 的 BOM 中只需要加入一个子件 H，无须重复加入子件 C、D 与 E 物料，从而达到简化 BOM 的目的，特别是在多个 BOM 中有大量的相同子件重复出现，这种定义方式的优越性就更加明显了。另外，如果虚拟件的子件发生改变，也只影响到虚拟件这一层，不会影响此虚拟件以上的所有父项。

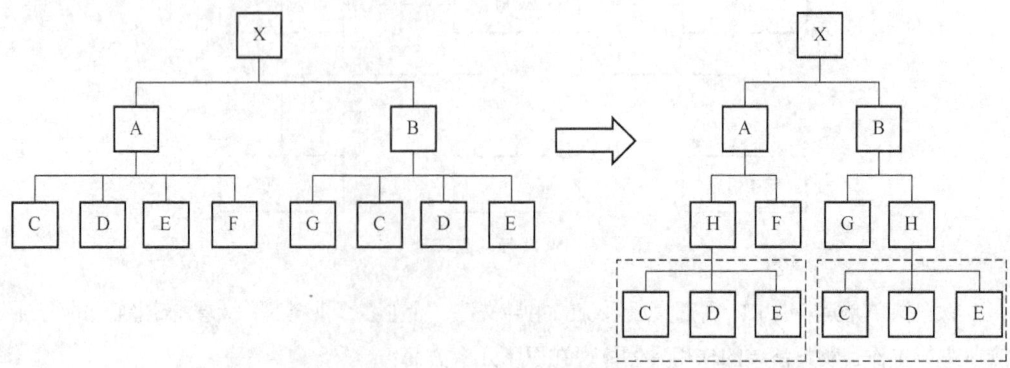

图 3-4　BOM 中的虚拟件作用

但必须说明的是，虚拟件不存在任何提前期。在对虚拟件的物料需求计划（MRP）展开时，只会根据虚拟件的 BOM 构成计算下级子件的计划需求量，而虚拟件对计划的需求时间毫无影响。从这层意义上理解，就好像跳过了虚拟件这一层，直接计算下层的计划需求量。

3.5.3 物料清单的种类

物料清单可分为普通物料清单、计划物料清单、模块物料清单以及成本物料清单等几类。

1．普通物料清单

普通型物料清单是最常用的清单类型，主要由物料的实际结构组成，如表 3-1 所示。常见的物料清单文件结构中包括单位代码、母件代码、物料清单序号、物品代码、缺省工作中心、子件消耗量、废品率、有效版本号、生效日期、失效日期、替换物料清单、使用标识（启用、停用）、修改操作员、修改日期、审核人员及审核日期等。

表 3-1 普通物料清单

物料号：10000　计量单位：件　批量：10　现有量：8

物料名称：X　分类码：08　提前期：2　累计提前期：28

层次	物料编码	物料名称	计量单位	数量	生效日期	失效日期	成品率	累计提前期	ABC码
1	11000	A	件	1.0	2001-01-01	99999999	1.00	26.0	A
.2	11100	C	件	1.0	2001-01-01	99999999	1.00	15.0	A
..3	11110	O	件	2.0	2001-01-01	99999999	0.95	10.0	B
.2	11200	P	件	1.0	2001-01-01	99999999	1.00	25.0	B
..3	11210	D	kg	1.0	2001-01-01	99999999	0.90	20.0	C

2．计划物料清单

计划物料清单是由普通物料清单组成的。其作用是对一种产品系列的销售预测，参照历史销售记录，经过调整，分解为每种产品各自预计销售量占总量的百分比，确定各种产品的搭配，作为主生产计划的依据，如图 3-5 所示。另外，当产品存在通用件时，可以把各个通用件定义为普通型 BOM，然后由各组件组装成某个产品，这样一来各组件可以先下预测计划进行生产，下达计划的 BOM 产品后可以很快进行组装，满足市场要求。

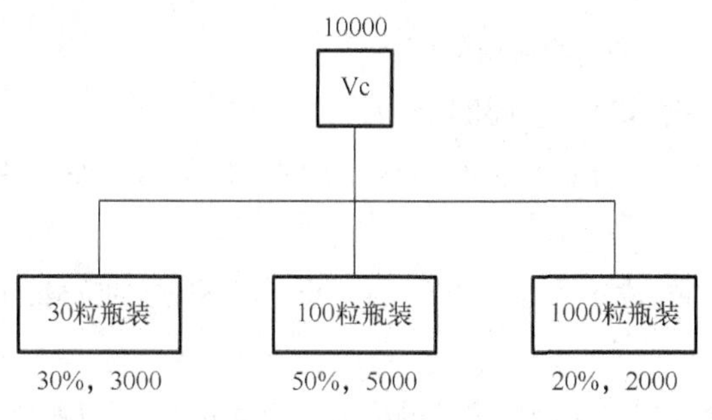

图 3-5 计划物料清单

各产品在计划物料清单中占有的比例可任意增减，维护也很方便。一般来说，计划物料清单的最高层次（产品系列）不是实际存在的产品，最终产品的物料清单仍然是普通型物料清单。通常，计划物料清单上下层都是产品，是一种双层MPS计划形式。

典型的文件结构（字段）包括单位代码、父件代码、物料清单序号、物品代码、子件消耗量、子件构成百分比、有效版本、生效日期、失效日期、子件类别（可选件或通用）、修改操作员、操作日期、审核员及审核日期等。

3．模块化物料清单

模块化物料清单是对通用型的产品组件进行模块化管理，通常用于系列产品。其中有许多可供客户选择的零部件，可以组成规格众多的最终产品，如表3-2所示。在产品结构中，有的子件构成中大部分相似，而且这种相似的结构也会在其他的产品中出现，这种结构可以模块化（类似于封装）。在ERP系统中物料清单要支持模块化管理。

表3-2　模块物料清单

物料编码：10000　　　　物料名称：电子钟

层次	物料编码	物料名称	选项号	选择性	数量	预测/%
1	11000	机芯	通用件		1	100
1	12000	钟盘	基本组件		1	100
.2	1200010	盘面	1	黑色、字型1	1	40
	1200020		2	金色、字型1	1	60
.2	1210010	长针	1	花纹1	1	50
	1210020		2	花纹2	1	50
.2	1220010	短针	1	花纹1	1	50
	1220020		2	花纹2	1	50
.2	1230010	秒针	1	花纹1	1	50
	1230020		2	花纹2	1	50
1	1300010	钟框	1	塑料、白色	1	50
	1230020		2	金属、凸纹	1	50
1	14000	电池	可选件		1	50

这种产品的结构如果按普通型物料清单管理，则数据重复量很多，会造成数据库庞大，查询速度较慢。在进行模块化管理后，凡是用到该通用模块结构时无须重新输入数据，只需引用该模块。

系列产品通常由3种类型的物料组成。

（1）通用件：所有产品都必须用到的相同物料。

（2）基本件：基本件是所有产品都必不可少的，但是组件种有多种选择，必须任选其一，不能不选。

（3）可选件：指那些在成套产品中可以包括，也可以不包括的物料，即可选可不选的物料。

4．成本物料清单

成本物料清单是用类似普通物料清单的格式，建立和说明每种物料的成本构成，包括物料的材料费、人工费、变动间接费、固定间接费以及总值等，是物料的标准成本，如表3-3所示。从成本构成说明物料的单件价值及其合计值，说明低层的累计值和本层的增加值，体现了物料和资金信息的集成。

表 3-3　成本物料清单

物料编码：10000　　物料名称：X　　成本类型：标准成本

层次	物料编码	物料名称	计量单位	数量	材料费/元	人工费/元	变动间接费/元	固定间接费/元	合计/元		
									低层累计	本层增加	本层合计
0	10000	X	件	1.0	—	2.500	3.000	2.000	40.750	7.500	48.250
1	11000	A	件	1.0	—	1.950	1.900	2.000	21.650	5.850	27.500
.2	11100	C	件	2.0	—	0.800	1.000	0.600	8.250	2.400	10.650
..3	11110	0	件	2.0	8.250	—	—	—		8.250	8.250
.2	11200	D	件	1.0	—	2.000	2.000	1.000	6.000	5.500	11.000
..3	11210	P	kg	0.5	6.000	—	—	—		6.000	6.000
1	12000	B	件	1.0	—	1.200	1.200	0.800	5.500	3.000	8.500
.2	12100	R	件	1.0	5.500	—	—	—		5.500	5.500
1	13000	E	件	1.0	4.750	—	—	—		4.750	4.750

3.5.4　物料清单与设计物料清单的区别

ERP 中物料清单与设计物料清单有许多相似之处，但也有些差异。为了更好地理解制造物料清单的作用，下面描述它们之间的区别。

（1）作用不同。ERP 系统的制造物料清单是管理文件，是生产、销售计划的基础，它与工艺、设计、生产能力、库存等都有联系。而设计物料清单纯粹是技术文件，只是设计输出结果，不能用于生产计划。

（2）组成不尽相同。制造物料清单是设计和工艺的综合，除常规的产品构成物料外，还有与产品相关的消耗品（如毛坯、工艺用品、用剂）和加工工具（有时会把工装夹具、模具按其单件消耗量加入制造物料清单）。而在设计物料清单上出现的物料，有的在制造物料清单中不会出现（制造时作为一个加工件处理）。制造物料清单中的虚拟件在设计物料清单中通常不会出现。

（3）制造物料清单的构成反映物料的加工顺序，设计物料清单则不能全面反映加工顺序。

（4）ERP 系统的制造物料清单包含的信息更多，甚至包括物料消耗定额、加工顺序和副产品。

3.6　提前期

提前期是指某一工作的工作时间周期，即从工作开始到工作结束的时间。提前期的概念主要是针对需求而提出的。物料需求计划是以需求为向导的，以交货日期或完工日期为基准倒排计划，推算出工作的开始日期或订单下达日期，这个时间跨度称之为“提前期”。提前期是生成 MPS、MRP 和采购计划的重要数据。

提前期有 3 个层次，如图 3-6 所示。从签订客户订单到把商品交到客户手里的时间称为总提前期，包括产品开发提前期、生产准备提前期、采购提前期以及加工、装配、试车、检测、发运等提前期的总和，需要对整个流程进行控制。从采购开始到完成产品装配和测试的时间称为累计提前期，包括完成采购、加工和装配的时间。把累计提前期中的生产加工周期称生产为加工提前期，它是分解加工作业时间的基准。

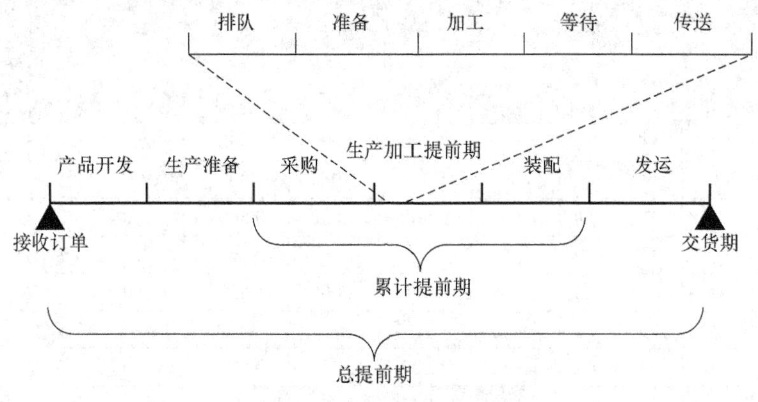

图 3-6　提前期层次关系

针对生产加工（或装配）提前期来讲，提前期分为 5 类时间。

（1）排队时间：指一批零件在工作中心前等待上机器加工的时间。

（2）准备时间：指熟悉图样及技术条件，准备工具及调整的时间。

（3）加工时间：在工作中心加工或装配的时间，与工作中心的效率、工艺设计、人员技术等级有关。

（4）等待时间：加工完成后等待运往下道工序或存储库位的时间。

（5）传送时间：工序之间或工序至库位之间的运输时间，若为外协工序则包括内容更广，与车间布置、搬运工具能力效率有关。

上述 5 类时间之和构成了生产加工（或装配）的生产周期。其中准备时间和加工时间通常是必要的生产时间，物料在这段时间里改变了形状或性能，发生成本并增加价值，属于增值作业。而排队、等待和传送时间不会改变物料的价值，但却占用了库存资金，同样增加了成本，属于非增值作业。

通常，将与加工产品数量有关的提前期称为变动提前期，而与加工产品数量无关的提前期称为固定提前期。生产加工部分的变动提前期就是占用工作中心的加工时间，占用工作中心的加工时间要与产品的单位人员、单位设备的加工标准时间区分开来。

一般在 ERP 系统中提前期是在物料主文件中进行维护的（直接维护或根据工艺路线生成），采购件要设置采购提前期，而制造件则要设置加工提前期。累计提前期是根据物料清单的结构层次，由系统自动逐层滚动累加而生成的。

3.7 工作中心

3.7.1 工作中心的概念

工作中心（working center，WC）是各种生产能力单元的统称，也是发生加工成本的实体，在完成一项加工任务的同时也产生了加工成本，工作中心是由一台或几台功能相同的设备、一个或多个工作人员、一个小组或一个工段、一个成组加工单元或一个装配场地等组成的，甚至一个实际的车间也可作为一个工作中心。但是，工作中心是计划与控制范畴，而不是固定资产或设备管理范畴。

工作中心是 ERP 系统的基本加工单位，是进行物料需求计划与能力需求计划运算的基本资料单元。物料需求计划中必须说明物料的需求与产出是在哪个工作中心，能力需求是指哪个工作中心的能力。同时工作中心也是成本核算时成本发生的基本单元，和车间生产作业核实投入与产出情况的基本单元。一个车间由一个或多个工作中心组成，一条生产线也是由一个或多个工作中心组成的。

工作中心主要有下面几个方面的作用。

（1）是物料需求计划（MRP）与能力需求计划（CRP）运算的基本单元。

（2）是定义物品工艺路线的依据。在定义工艺路线文件前必须先确定工作中心，并定义好相关工作中心数据。

（3）是车间作业安排的基本单元，车间任务和作业进度需要安排到各个加工工作中心。

（4）是完工信息与成本核算信息的数据采集点。

在编制工艺路线之前，先要划定工作中心，建立工作中心主文件。工艺路线中一道工序或多道工序对应一个工作中心，经过工作中心加工的物品要发生加工费用，产生加工成本。因此，在责任会计制中可以将一个或多个工作中心定义为一个成本中心。

3.7.2 关键工作中心

约束理论认为，企业的有效产出主要受瓶颈的制约，生产能力的瓶颈就是关键工作中心。因此，关键工作中心（critical work center）在 ERP 系统中是专门进行标识的，关键工作中心有时也称为瓶颈工序（bottleneck），是运行粗能力计划的计算对象。

关键工作中心一般具有以下特点。

（1）经常满负荷、加班加点工作。

（2）需要技术熟练的工人操作，人员不能任意替代。

（3）有工艺独特的专用设备，不能替代或分包外协。

（4）价格昂贵的设备，不能随时增加。

（5）受多种限制，如短期内不能随便增加负荷和产量（通常受场地、成本等约束）。

一般来说，关键工作中心主要是那些能力小时经常等于或小于需求小时的工作中心。关键工作中心会随着加工工艺、生产条件、产品类型和生产产量等条件而变化，并非一成不变，不要同设备管理中的“重点设备”混淆起来。关键工作中心主要用于能力计划，它是计划范畴的概念。

3.7.3 工作中心数据

工作中心数据包括以下几类数据。

（1）工作中心基本数据。如工作中心代码、工作中心名称、工作中心简称、工作中心说明、替换工作中心、车间代码、人员每天班次、每班小时数、工作中心每班平均人数、设备数（单班、双班、三班等）及是否为关键工作中心等。

（2）工作中心能力数据。指工作中心每日可以提供的工时、机器台时或可加工完工的产品数量。工作中心的标准能力数据是由历史统计数据分析得到的，计算公式如下：

工作中心能力=每日班次×每班工作时数×效率×利用率

其中，

效率=完成的标准定额小时数/实际直接工作小时数

或　　效率=实际完成的产量/完成的标准定额产量

利用率=实际直接工作小时数/计划工作小时数

式中的工作小时可以是工人工时、机器台时或者综合考虑的有效时数。企业在计算每班工作时数时，应分成下列两种情况统计计算。

① 并行（分散）作业。此类工作中心相当于一个具有相同加工工序的群组，如车床组、钳工班等，作业特点是物品在该工作中心的加工可以由该工作中心的任意一个加工单元完成。

此类工作中心的工作小时数，与工艺路线中物品在工作中心的加工工时定额及产品提前期都要统一，例如，每车床的日工作小时是 8 小时，那么该工作中心的日工作小时（能力数据）是 3 × 8 = 24 时/日。

② 流水作业。此类工作中心的作业采用流水式作业，产品在该工作中心的加工工时即为占用该工作中心的工作时数。

例如，某产品某日在 X 工作中心加工，产品在该工序的定额工时是 2 小时，由于工作中心的能力数据是 8 时/日，则该工作中心该日只剩下 6 小时工作能力（假设日工作 8 小时）。

（3）工作中心成本数据。生产加工在工作中心每小时发生的费用，称为工作中心费率。工作中心发生的费用有人员工资、直接能源（如电、水）、辅助材料（如机床用润滑油等）、设备维修费和资产折旧费等。在核定产品的标准成本、进行产品的成本模拟及成本差异分析时，都会用到工作中心成本数据。工作中心费用的单位为元/工时或元/台时，其数据要根据历史统计资料进行分析得出。计算方法如下：

工作中心直接费率=工作中心日所有发生费用/工作中心日工作时数

工作中心间接费率=分摊系数×车间发生的间接费用/工作中心日工作时数

当能力数据、工作中心费用发生变化时，工作中心的费率也要进行修改。

存储工作中心属性的文件内容，一般包括单位代码、工作中心代码、工作中心名称、工作中心简称、工作中心说明、替换工作中心、车间代码、人员每天班次、每班小时数、工作中心每班平均人数、设备数、效率、利用率、超额系数、日标准能力（按设备、按人员）、核算标志（设备/人/双能力）、投入允许误差、产出允许误差、标准工时率、优先级算法、初始队列、班次标识（Y/N）、班组标识（Y/N）、设备标识（Y/N）及人员标识（Y/N）等。

3.8　工艺路线

工艺路线（routing）是说明零部件加工或装配过程的文件，主要说明物料实际加工和装配的工序顺序、每道工序使用的工作中心、各项时间定额（如准备时间、加工时间和传送时间；传送时间，包括排队时间与等待时间）及外协工序的时间和费用，如表 3-4 所示。

表 3-4　工艺路线

物料号：11100　　物料名称：C　　生效日期：20031014　　失效日期：20040430

工序	工序名称	工作中心		标准时间/时			排队时间/天	传送时间/天	工人数/人		外协费/元
		编号	名称	准备	加工/工时	机器/台时			准备	加工	
10	下料	01001	锯床	0.5	0.50	—	1.0	1.0	1	2	
20	车削	02030	车床	1.0	1.25	—	1.0	1.0	1	1	
30	热处理	06010	电炉	1.2	—	5.00	2.0	1.0	2	1	
40	磨削	02052	磨床	1.0	2.00	—	3.0	1.0	1	1	
50	电镀	90001	外协	—	—	—	—	10.0	—	—	200.00
60	检验	08015	质检	—	0.10	—	1.0	—	—	1	

工艺路线的作用体现在以下几方面。

（1）用于能力需求计划的分析计算，平衡各个工作中心的能力。工艺路线文件中说明了，消耗各个工作中心的工时定额，用于工作中心的能力运算。

（2）用于计算 BOM 的有关物料的提前期。根据工艺文件的准备时间、加工时间和传送时间计算提前期。

（3）用于下达车间作业计划。根据加工顺序和各种提前期进行车间作业安排。

（4）用于加工成本的计算。根据工艺文件的工时定额（外协费用）及工作中心的成本费用数据计算出标准成本。

（5）根据工艺文件、物料清单及生产车间、生产线完工情况，生成在各个工序的加工进度的整体情况，并对在制品的生产过程进行跟踪和监控。

ERP 系统的工艺路线，是在传统的工艺过程卡片的基础上进行的，但是有所不同，工艺过程卡片是指导加工制造的技术文件，工艺路线是计划文件或管理文件的。因此，工艺路线有许多自身的要求和特点。

（1）根据工艺卡片确定工序顺序和工序名称，并确定对应的工作中心（代码、名称）以及对应各工作中心工序的工时定额（包括准备时间、加工时间和传送时间）。工时定额是计算提前期、工序能力和成本数据的主要依据，数据来自历史统计资料，由工艺部门、生产部门和工业分析部门共同制订。

（2）工序单位标准时间是在一定时期、一定的工艺条件下制订的，这个数据是传统上所说的物品工时定额，是人员或单位设备的工序时间。

（3）每道工序对应一个工作中心，当然可多道工序对应同一个工作中心（会反复利用该工作中心进行加工）。可以从工艺文件中知道某物料是经过哪些工作中心完成的。

（4）考虑可替代工艺路线，以利于平衡和调整生产计划与物料需求计划。

（5）因为 ERP 系统的工艺路线是管理文件，因而还要考虑非生产加工工序，如运输等，可以作为一道工序。

（6）外协加工必须在工艺路线中体现，因为它影响总提前期和费用。

（7）有时在加工中会出现两种以上物品放在一起加工，如机械加工中两个半圆合并起来进行车削加工，称为“配作”。

工艺路线文件一般有以下字段内容：物品代码、工序号、工序状态（正常、可选或停用）、工序说明、工种代码、工作中心代码、准备时间单位、准备时间、标准准备时间、加工时间单位、加工时间、标准加工时间、搬运时间（小时）、等待时间、占工作中心时间、使用工装、平行交叉标识（平行、交叉、混合）、最小传送量、替换工作中心、外协标识（Y/N）、标准外协费和工序检验标识（Y/N）等。

3.9 工作日历

工作日历也称为工厂生产日历，说明企业各部门、车间或工作中心，在一年中可以工作或生产的所有日期，它包含各个生产车间和相关部门的工作日历，在日历中标明了生产日期、休息日期和设备检修日期，如表 3-5 所示。

表 3-5 工作日历

一月						
星期日	星期一	星期二	星期三	星期四	星期五	星期六
				2 002	3 003	4
5	6 004	7 005	8 006	9 007	10 008	11
12	13 009	14 010	15 011	16 012	17 013	18
19	20 014	21 015	22 016	23 017	24 018	25
26	27 019	28 020	29 021	30 022	31 023	

工作日历文件的一般结构（字段）中包含车间代码、工作中心代码、日期、年度、日期状态（工作、休息、停工）、社会星期、工厂部门星期、年有效工作天数及累计有效工作天数等。

MPS 和 MRP 展开计划时，要根据工作日历，非工作日历不能用于安排任务。系统在生成计划时，遇到非工作日会自动越过。ERP 软件应能允许用户自行设置多种工作日历，并赋予代码，分别用于企业总公司、分公司、各个工厂、不同车间、不同工作中心等工作安排。

工作日历的基本单位应该是日，但必须细化到工作日的小时数，这样能够说明一天之内增加班次或改变每班的小时数后工作能力的变化。

课堂讨论题

1. 基础数据在 ERP 系统中的作用。
2. 如何进行企业的物料管理？

思考题

1. 简述物料的概念与特性。
2. 企业主要有哪几种生产类型？有哪些生产计划方式？
3. 什么是物料编码？ERP 系统对物料编码有何要求？物料主数据包括哪些主要内容？
4. 什么是 BOM？ERP 系统中的 BOM 常有哪些形式？各有什么特点？
5. 什么是工作中心？它有哪些主要数据？请说明。
6. 简述提前期概念与种类。
7. 简述工艺路线的作用。
8. 简述工作日历与社会日历的不同。

第 2 篇

原理篇

本篇主要内容包括：

- ERP 的财务管理
- ERP 的销售管理
- ERP 的采购管理
- ERP 的库存管理
- ERP 的生产计划管理

第4章 财务与成本管理

核心要点

- 财务会计
- 管理会计
- 总账
- 应收账
- 应付账
- 固定资产管理
- 成本管理
- 责任会计

学习目标

通过本章的学习，读者应该能够掌握财务会计与管理会计的区别以及财务管理各模块的功能，了解财务管理各模块之间的联系，认识财务管理在ERP系统中的作用。

会计是经济管理的重要组成部分，会计记载企业在营运过程中的一切交易活动并反映企业的财务状况及经营成果。详细正确的会计记录和报表不仅是企业经营上必要的管理工具，同时也是企业、债权人和政府对企业管理的要求。因此，会计工作是企业管理的重要组成部分，是以货币的形式反映和监督企业的日常经济活动，并对这些经济业务的数据进行分类、汇总，以便为企业的管理和决策提供必要的信息支持。

企业财务管理是企业会计工作和活动的统称，是基于企业再生产过程中客观存在的财务活动和财务关系而产生的，以货币数值表现的资金运动。企业财务管理是通过统一货币计量进行价值形态管理的，并渗透在企业全面的经济活动之中，如供、产、销的每一环节，包括原材料、工具、设备的购进、动力费用的支出，支付员工工资和奖金，消耗各种材料，设备折旧及维修，产品销售，货款回收和税金缴纳等。哪里有经济活动，哪里就有资金运动，哪里就有财务管理。

同时，企业的财务管理涉及企业的各个职能部门。采购部门根据采购执行计划下达采购订单，采购合同接受财务部门的监督。供应商根据采购订单和合同送货，企业物料部门（或采购部门）根据订单验收货物，签收收货单并交财务；来料检验合格后入库，仓库开入库单并交给财务部门，财务部门记入应付账款、采购材料和库存原材料等科目，并按协议与供应商结算，记入银行存款和现金科目。生产部门统计生产工时、物料耗费、废品情况和产量等报给财务部门，财务部门根据各个部门和岗位的工资卡片计算应付工资和结转人工成本等，并根据材料成本核算生产成本。销售部门销售产品、服务，由库存部门开出货单交财务部门，销售发票交财务处理，有关的销售费用单据也交财务部门，财务部门根据有关原始凭证等记入（或结转）销售收入、应收账款、销售成本和产成品等科目，所有科目汇入总账，月末财务进行结转利润和费用等。

会计始终是服务于管理的，现代会计分为财务会计和管理会计两大分支是适应所有权与经营权相分离的结果。财务会计和管理会计两者是同源而分流的。

财务会计和管理会计都是以现代企业经济活动所产生的数据为依据，通过科学的程序和方法，提供用于经济决策与控制的，以财务信息为主的经济信息。财务会计主要为外部利益关系集团服务，提供受托主体履行和完成经济责任的信息，以满足外部利益集团的需要，因此财务会计是一种社会化的会计。管理会计主要为企业内部各个层次的委托人服务，为其提供加强经济管理、提高全面经济效益和社会效益的信息，是一种个性化的会计。

财务会计与管理会计的区别主要体现在服务对象、依据标准、提供信息的类型、主要内容、所运用的程序和方法、报告的形式和时间范围、成本计算方法及国际化内容等方面。

（1）服务对象不同：是两者的根本区别。财务会计以企业外部使用者为服务对象；管理会计为企业的内部管理层服务。

（2）依据标准不同：财务会计严格遵守一定的规范和依据，提供的信息以统一的标准即公认的会计准则为依据；管理会计则是企业内部个性化需求的产物，提供的信息不受公认会计准则的约束。

（3）提供信息的类型不同：财务会计主要以已完成或已发生的交易和事项作为加工对象，所生产的信息面向过去，以货币信息为主；管理会计则主要以预计企业要发生的和企业未来的经济行为为加工对象，所产生的信息面向未来，货币性和非货币性信息并重。

（4）主要内容不同：财务会计以准则为指导，主要考虑有关经济事项的确认和报告问题；管理会计则以预算会计和责任会计为主要内容。

（5）所运用的程序和方法不同：财务会计的程序包括确认、计量、记录和报告，采用的方法是描述性方法；管理会计的程序没有规则可言，方法以分析法为主。

（6）报告的形式和时间范围不同：财务会计按照公认会计准则的要求，以一定的期间（年、季、日）来编制，报告的形式较为固定；管理会计提供的报告不受固定期间的限制，报告形式也比较自由。

（7）成本计算方法不同：财务会计领域中成本的计算是严格按照公认会计准则所采用的方法来进行的，采用的是全部成本法（制造成本法）；管理会计领域成本计算的方法比较灵活，根据不同目的可选择变动成本法、作业成本法等。

（8）国际化内容不同：财务会计的国际化主要研究各国不同的国际惯例，致力于不同国家会计的协调化和趋同化；管理会计的国际化研究则是在跨国经营活动的环境和条件下进行的，不要求实现协调化和趋同化。

ERP 内部集成的主线是计划与控制，不仅要对生产活动实行计划与控制，也要对成本和资金实行计划与控制。因此，ERP 系统中清晰分明的财务管理是极其重要的，它是整个 ERP 方案中不可缺少的一部分。ERP 中的财务模块与一般的软件不同，作为 ERP 系统中的一部分，财务模块和系统前端的供应链、生产制造部分有相应的接口，能够互相集成，例如财务模块可将生产活动、采购活动、出货活动的信息自动传入财务模块生成相关的财务作业。ERP财务管理大大减轻了财务人员采集和处理前端数据的工作量，特别是大量与生产、采购、出货相关的凭证，几乎完全可以替代以往传统的手工操作。

财务管理子系统包括总账管理、应收款管理、应付款管理、资金管理、固定资产管理、成本管理等模块。系统把传统的账务处理与发生账务的事务结合起来，不仅说明账务的资金现状，而且追溯资金的来龙去脉，例如将体现债务债权关系的应付账、应收账与采购业务和销售业务集成起来，与供应商或客户的业绩或信誉集成起来，与销售和生产计划集成起来等，按照物料位置、数量或价值变化，定义事务处理，与生产相关的财务信息直接由生产活动生成。在定义事务处理相关的会计科目时，按设定的借贷关系，自动转账登录，保证了资金流（财务账）同物流（实物账）的同步和一致，改变了资金信息滞后于物料信息的状况，便于实时做出决策。

4.1 总账

4.1.1 总账的任务

总账即总分类账，总分类账户是按照一级会计科目开设的，必须符合国家会计制度的规定，它是对资产、负债、所有者权益、收入、费用和利润等的总括核算业务。总账是每个企业都不可缺少的会计业务。

总账系统的任务就是利用建立的会计科目体系，输入和处理各种记账凭证，完成记账、结账以及对账的工作，输出各种总分类账、日记账、明细账和有关辅助账。总账主要提供凭证处理、账簿处理、出纳管理和期末转账等基本核算功能，并提供个人、部门、客户、供应商、项目核算等辅助处理。在业务处理的过程中，可以随时查询账表，充分满足管理者对信息及时性的要求。总账是会计核算的核心部分，它支撑着其他各部分。会计核算各模块以总账为核心，相互之间有信息传递。

下面介绍总账管理经常涉及的几个概念。

（1）日记账。日记账是按照经济业务发生的先后顺序登录的账簿，它分为现金和银行存款两种日记账。

（2）明细分类账。明细分类账是根据记账凭证或原始凭证逐笔登录的一种账簿。每一个企业必须设置各种明细账，明细账的类型是根据所登录的业务内容来确定的。有数量金额式明细账，借、贷、余三栏式明细账和多栏式明细账等。

（3）辅助账。为了满足企业对某些具体会计业务的核算和管理，企业还可以设置辅助账（核算），以更灵活多变的辅助核算形式、统计方法为管理者提供准确、全面的会计信息。辅助账主要包括数量核算、外币核算、个人往来核算、客户与供应商往来核算、部门核算和项目核算等。

（4）总账。总账是明细账的总括反映。

（5）原始凭证。原始凭证是有关部门在经济业务发生或完成时所取得或者填制的凭证，它是经济业务实际发生或完成的证明。原始凭证有外来原始凭证和自制原始凭证两种。其中，外来原始凭证包括发货单、购货发票、银行进账单、水电气账单等凭证；自制原始凭证包括领料单、工资结算单、费用分配表等凭证。

（6）记账凭证。记账凭证是财务部门根据原始凭证整理填制的凭证，它是用来确定经济业务的分录和记账的直接依据。在实行计算机处理账务后，电子账的准确与完整完全依赖于记账凭证，因而要确保记账凭证输入的准确完整。记账凭证是总账系统处理的起点，也是所有查询数据的最主要来源。根据企业管理和核算的要求，将会计凭证进行分类编制，以便于管理、记账和汇总。通常采用三种记账凭证，即收款凭证、付款凭证和转账凭证。收款凭证和付款凭证适用于现金和银行存款收付业务，转账凭证适用于不涉及现金和银行存款的转账事项。

4.1.2 账务处理流程

账务处理是基于日常交易而发生的，主要包括编制分录、凭证审核、登记账簿、期末处理和编制报表5个步骤。

1．编制分录

根据原始凭证或原始凭证汇总表，按照经济业务的内容确定借贷方的账户和金额，编制记账凭证。

2．凭证审核

审核是指由具有审核权限的人员按照会计制度规定，对制单人填制的记账凭证进行合法性检查。主要审核记账凭证是否与原始凭证相符，会计分录是否正确等。审查认为错误或有异议的凭证，应交与填制人员修改后，再审核。只有经过审核后的记账凭证才能作为正式凭证进行记账处理。审核凭证一般包括出纳签字、主管签字和审核员审核凭证三方面工作。

3．登记账簿，即记账

登记账簿是以会计凭证为依据，将经济业务全面、系统、连续地记录到具有账户基本结构的账簿中去，是会计核算主要方法之一。根据记账凭证中的借贷方账户和金额，登录日记账、明细分类账和总分类账。根据权责发生制的原则，调整有关账户的经济业务，处理会计期间需要递延或预计的收入和费用项目。

4．期末处理

期末处理是指在将本期所发生的经济业务全部登记入账后所要做的工作，主要包括计提、分摊、结转、对账和结账。期末会计业务与日常业务相比较，数量不多，但业务种类繁杂且时间紧迫。

5．编制报表

根据结账的账户余额及本期发生额等编制资产负债表、损益表和现金流量表（年末）等会计报表。编制会计报表是每个会计期末最重要的工作之一，从一定意义上说编制完会计报表是一个会计期间工作完成的标志。财务报表是会计核算的最终成果。财务报表比较重要的有资产负债表、损益表、财务比率分析表，另外还有一些常用的报表，如试算表、科目余额表、核算项目明细表等。

4.1.3 总账管理的功能

总账管理模块应具有以下功能。

（1）基础设置：定义会计核算单位、会计科目、会计期间、货币类型、使用税率、银行账号等信息。

（2）凭证管理：手工输入或者自动方式制作各类记账凭证，各种凭证的审核以及查询等功能。

（3）出纳管理：针对现金日记账、银行日记账的管理。

（4）账表管理：建立日记账、明细分类账、总分类账以及各种辅助账。

（5）期末管理：计算费用分摊；进行试算平衡，产生试算平衡表；计算汇兑损益；转账、对账及结账。

（6）报表管理：编制资产负债表、损益表及现金流量表，具有自动制表功能。

ERP 的财务管理是以总账管理为核心的，而且相互之间有信息传递，与应收账管理、应付账管理、固定资产管理、成本管理、现金管理、工资管理集成，通过记账凭证相联系。

4.2 应收账

4.2.1 应收账的概念

当企业向客户销售商品或者提供劳务的时候，企业就在这一交易过程中取得了收入。但这种收入在企业的经济往来中通常都不是立即结算的，会出现一些应收未收的账款，即应收账款，应收账可以按不同货币和不同客户设立账户。应收账主要用来进行应收款的核算和客户往来账的管理，处理这部分业务的会计工作即是应收业务。

在应收账的账务处理中，往往会产生各种应收票据，如期票、汇票和支票。这些应收票据要有收到和签发处理、到期收回和偿付处理、贴现处理、票据登记处理，还有坏账处理和客户账龄分析。应收业务通常包括应收账款、应收票据、预付账款、其他应收款等项目。

对于那些比较复杂的销售业务，比较复杂的应收款的核算，需要跟踪其每一笔业务的收款情况，并核算到产品一级。应收账管理是根据发票来处理客户付款的，要处理退款和借、贷款，区别逾期结算和催促付款。

应收款管理系统主要实现企业与客户之间业务往来账款的核算与管理，在应收款管理系统中，以销售发票、费用单、其他应收单等原始单据为依据，记录销售业务及其他业务所形成的往来款项，处理应收款项的收回、坏账、转账等情况，提供票据处理的功能，实现对应收款管理。

应收款属于企业的流动资产，其金额的多少及变现速度的快慢，会直接影响到企业营运资金的周转能力，因此应收账款的管理是财务管理上的重要内容，其工作重点在于保证应收账款记录的正确性和适时的催账行动。在总账中，设置应收账账户，记录客户名称、地址和信用等级等内容，并在应收账上汇总所有客户账款增减变化，根据应收账可以建立付款清单。

4.2.2 应收账管理的功能

应收账管理模块应具有以下功能。

（1）建立会计分录：自动建立有关应收账的全部会计分录，这些分录可以自动过到总账中去。可以为每笔应收账事务产生一个总账账务的明细方式表示，也可以以日期、类型等汇总方式表示。

（2）客户管理：提供有关客户的信息，如使用币别、付款条件、折扣代号、付款方法、付款银行、信用状态等。

（3）发票管理：发票管理具有将订单信息传递至发票，并按订单查询发票和信用证的功能。列出需要审核的发票和信用证，打印已审核的发票和信用证，提供发票调整的审计线索，查询历史资料。

（4）付款管理：付款管理提供多种处理方法，如自动处理付款条件、折扣、税额和多币种的转换。能够列出指定客户的付款活动及指定时期内信用证的应用情况。

（5）票据管理：主要对商业承兑汇票和银行承兑汇票进行日常的业务处理，包括票据的收入、结算、贴现、转出、计息等。

（6）应收单据管理：包括应收单据的录入、修改、审核等。

（7）收款单据管理：主要对结算单据进行管理，包括收款单、付款单的录入以及结算单据的核销等。

（8）核销管理：通过以收回客商款项核销该客商应收款款项，建立收款与应收款的核销记录，监督应收款及时处理，加强往来款项的管理。

（9）转账管理：主要有应收冲应收、预收冲应收、应收冲应付以及红票对冲 4 种方式。

① 应收冲应收。应收冲应收是指将一家客户的应收款转到另一家客户中。通过应收冲应收功能将应收账款在客商之间进行转入、转出，实现应收业务的调整，解决应收款业务在不同客商之间入错账户或合并账户问题。

② 预收冲应收。预收冲应收是指通过预收冲应收处理客户的预收款和该客户应收欠款的转账核销业务。

③ 应收冲应付。应收冲应付是指用某客户的应收账款，冲抵某供应商的应付款项。系统通过应收冲应付功能将应收款业务在客户和供应商之间进行转账，实现应收业务的调整，解决应收债权与应付债务的冲抵。

④ 红票对冲。红票对冲可实现某客户的红字应收单与其蓝字应收单、收款单与付款单中间进行冲抵的操作。

（10）坏账管理：坏账管理是指系统提供的计提应收坏账准备处理、坏账发生后的处理、坏账收回后的处理等功能。坏账管理的作用是系统自动计提应收款的坏账准备，当坏账发生时即可进行坏账核销，当被核销坏账又收回时，也可进行相应处理。

（11）统计分析：通过统计分析，可以按用户定义的账龄区间，进行一定期间内应收账款账龄分析、收款账龄分析、往来账龄分析，了解各个客户应收款的周转天数、周转率，了解各个账龄区间内应收款、收款及往来情况，及时发现问题，加强对往来款项的动态管理。

4.3 应付账

4.3.1 应付账的概念

企业要进行生产，必须向供应商购买原材料，企业在购买原材料或接受劳务的过程中就产生了向供应商付款的债务。同应收类似，但这种付款通常也不是立即结算的，会出现一些未付的账款，即应付账款，处理这部分业务的会计工作即应付业务。

在应付账的账务处理中，往往会产生各种应付票据，如期票、汇票和支票，这些应付票据要有发出和签发处理、到期偿付处理、贴现处理、票据登记处理、各种税的处理以及账龄分析。

应付账主要处理从发票审核、批准、支付直到检查和对账的业务。应付业务，通常包括应付账款、应付票据、预收账款、应付工资、应交税金、应付利润、其他应付款、预提费用等。

应付款管理系统主要实现企业与供应商之间业务往来账款的核算与管理，在应付账款管理系统中，以采购发票、其他应付单等原始单据为依据，记录采购业务及其他业务所形成的往来款项，处理应付款项的支付、转账等情况，提供票据处理的功能，实现对应付款管理。

4.3.2 应付账管理的功能

应付账管理模块应具有以下功能。

（1）建立会计分录：自动建立有关应付账的全部会计分录，这些分录可以自动过到总账中去。可以为每笔应付账事务产生一个总账账务的明细方式表示，也可以以日期、类型等汇总方式表示。

（2）供应商管理：提供每个物料供应商的信息，如使用的币别、付款条件、折扣代号、付款方法、付款银行和会计科目。

（3）发票管理：将发票输入之后，可以验证发票上所列物料的入库情况，核对采购订单物料，计算采购单和发票的差异，查看指定发票的所有采购订单的入库情况，列出指定发票的有关支票付出情况和指定供应商的所有发票及发票调整情况。

（4）付款管理：可以处理多个付款银行与多种付款方式，能够进行支票验证和重新编号，将开出的支票与银行核对，查询指定银行开出的支票，做废支票。

（5）票据管理：主要对商业承兑汇票和银行承兑汇票进行日常的业务处理，包括票据的开具、结算、转出、计息等。

（6）应付单据管理：包括应收单据的录入、修改、审核等。

（7）付款单据管理：主要对结算单据进行管理，包括付款单、收款单的录入以及结算单据的核销等。

（8）核销管理：通过付款核销应付款，建立付款与应付款的核销记录，监督应付款及时支付，加强往来款项的管理。

（9）转账管理：主要有应付冲应付、预付冲应付、应付冲应收以及红票对冲 4 种方式。

① 应付冲应付。应付冲应付是指将一家供应商的应付款转到另一家供应商中。通过应付冲应付功能将应付账款在供应商之间进行转入、转出，实现应付业务的调整，解决应付款业务在不同供应商间入错账户或合并账户问题。

② 预付冲应付。预付冲应付是指通过预付冲应付处理企业的预付款和应付款之间转账核销业务。

③ 应付冲应收。应付冲应收是指用某客户的应收账款，冲抵某供应商的应付款项。系统通过应收冲应付功能将应付款业务在客户和供应商之间进行转账，实现应付业务的调整，进行应收债权与应付债务的冲抵。

④ 红票对冲。红票对冲可实现供应商的红字应付单与其蓝字应付单、收款单与付款单之间进行冲抵的操作。

（10）统计分析：通过统计分析，可以按用户定义的账龄区间，进行一定期间内应付款账龄分析、付款账龄分析、往来账龄分析，了解各个应付款周转天数、周转率，了解各个账龄区间内应付款、付款及往来情况，能及时发现问题，加强对往来款项动态的监督管理。

4.4 工资管理

4.4.1 工资的有关概念

工资总额是企业在一定时间内直接支付给本单位职工的劳动报酬，也是企业进行各种费用计提的基础。工资费用属于人工费范畴，是产品成本的重要组成部分。工资分为工资核算和工资管理两部分。其中，工资核算是处理员工工资的结算、工资的核算和分配，以及有关按工资总额提取的各项经费的计提等。工资核算是根据员工考勤记录、工资标准、各项应发补贴、各项代扣款等原始资料来结算应付工资和实发工资，进行计提、分配和结转，编制转账凭证。而工资管理则是处理员工的工资政策，如辅助企业根据实际情况和工资结构，制订工资计划、工资预算和工资标准等。

工资核算是每个单位财务部门最基本的业务之一，不仅关系到每个职工的切身利益，也是直接影响产品成本核算的重要因素。手工进行核算，需要占用财务人员大量的精力和时间，并且容易出错，采用计算机进行工资核算可以有效提高工资核算的准确性和及时性。

4.4.2 工资管理的功能

工资模块主要有工资核算和工资管理功能。

（1）工资核算：以职工个人的工资原始数据为基础，计算应发工资、扣款小计和实发工资等，编制工资结算单；按部门和人员类别进行汇总，进行个人所得税计算；提供多种方式的查询，打印工资发放表、各种汇总表及个人工资条；进行工资费用分配与计提，并实现自动转账处理。

（2）工资管理：主要制订单位的工资计划、工资标准及编制工资预算等管理功能。

4.5 现金管理

4.5.1 现金管理的概念

货币资产是指企业中处于货币形态的那一部分资产，包括库存现金、银行存款和其他货币资金。由于货币资产本身就是以货币形式表现的，所以其确认和计量比较简单，均按实际收支数记账。每个企业都会在企业内部保留一定数量的现金，以便随时支付企业内的现金需求。企业的会计部门需要做好货币资产的收付和保管，保证其安全和完整；同时要合理地调度资金，加快资金周转，既保证生产经营的资金需要，又提高资金的使用效益。

现金管理是对硬币、纸币、支票、汇票和银行存款的管理的统称，主要是对现金流入流出的控制以及零用现金及银行存款的管理。

4.5.2 现金管理的功能

现金管理模块应具有以下功能。

（1）现金收入管理：主要是回收销售现金收入和应收款。

（2）现金支出管理：主要是对支票和付款单的控制，现金支出的会计处理，以及购货、退货和折扣的核算。

（3）零用现金及银行存款的核算：包括预付款的核算，提供通用的各种应收账付款作业及付款形式。

（4）其他管理：如票据维护、票据打印、付款维护、银行清单打印、付款查询、银行查询和支票管理等。

4.6 固定资产管理

4.6.1 固定资产管理概述

固定资产是指使用期限较长，单位价值较高，并且能在使用过程中保持原有实物形态的资产。对于生产经营中使用的固定资产，只要使用期限在一年以上，就可以认为是固定资产，期限要大于两年，单位价值在 2 000 元以上，两个条件同时满足才能被认定为固定资产。

固定资产属于劳动资料，它可以连续在若干生产周期内使用而不改变其原有的实物形态，固定资产的价值将以折旧的方式转移到产品中。

固定资产是企业的重要资源，包括生产与非生产性的资产。企业的固定资产占用企业的大量资金，固定资产管理是企业的一项重要基础工作。市场上也有许多独立的固定资产管理系统软件，但只有与财务、生产、计划等各管理子系统集成的软件才能更好地使用、维护及管理好固定资产，为企业的经营决策提供科学的依据。

固定资产管理系统的作用是完成企业固定资产日常业务的核算和管理，生成固定资产卡片，按月反映固定资产的增加、减少、原值变化及其他变动，并输出相应的增减变动明细账，保证企业固定资产的安全完整并充分发挥其效能；同时，按月自动计提折旧，生成折旧分配凭证，保证再生产的资金来源。因此，固定资产管理应该完成对固定资产的登记、增减变动、资产改造、资产保管、资产转移、资产报废以及资产折旧计提等有关工作。

4.6.2 固定资产的业务处理

固定资产的增减核算一般要设立固定资产、累计折旧、固定资产清理等账户。固定资产账户是用来核算固定资产增加、减少与结存的账户。累计折旧账户是用来核算固定资产每期折旧与累计折旧金额的账户。固定资产清理账户是用来核算固定资产因转让、报废和损毁等原因转入清理的固定资产价值，以及在清理中产生了清理费用、清理收入等的账户。

1. 固定资产增加的业务处理

固定资产增加的业务有购入、自建、改建或扩建、其他单位投资转入、融资租入、捐赠及盘盈等业务。

（1）固定资产购入处理

对于不需要安装的固定资产，将购买价格和支付的包装费、运输费、保险费与税金等数据应做分录如下。

借：固定资产。

　　贷：银行存款或现金。

对于需要安装的固定资产，要先在“在建工程”账户中反映，交付使用时，将购价加上包装费、运输费、保险费与税金等数据应做分录如下。

借：固定资产。

　　贷：在建工程。

（2）自建固定资产

自行建造完成后，将其过程发生的全部支出费用等数据应做分录如下。

借：固定资产。

　　贷：在建工程。

（3）固定资产改建或扩建

若是使用中的固定资产，要从“经营用固定资产”转入“未使用的固定资产”明细账。发生的改造费用应做分录如下。

借：在建工程。

贷：原材料、应付工资、银行存款。

回收的废料冲减“在建工程”。交付使用时，再将固定资产从“未使用固定资产”转入“经营使用固定资产”。

（4）其他单位投资转入固定资产

如果评估价值小于原单位账面价值，应做分录如下。

原价值借：固定资产。

评估价值贷：实收资本。

差额贷：累计折旧。

如果评估价值大于原单位账面价值，按确认的价值应做分录如下。

借：固定资产。

贷：实收资本。

（5）融资租入固定资产

按租赁协议确定的价值、运杂费等费用应做分录如下。

借：固定资产。

贷：在建工程或长期应付款。

（6）固定资产捐赠

接受捐赠的固定资产加上杂费等应做分录如下。

借：固定资产。

已提折旧贷：累计折旧。

差额贷：资本公积。

（7）固定资产盘盈

在填制固定资产盘盈、盘亏报告后应做分录如下。

借：固定资产。

估计已提折旧贷：累计折旧。

差额贷：待处理财产损溢——待处理固定资产损溢。

差额批准后再转入“营业外收入——固定资产盘盈”账户。

2．固定资产减少的业务处理

固定资产减少的业务有转让、报废或损毁、盘亏等。

（1）固定资产转让

固定资产转让时应做分录如下。

固定资产净值借：固定资产清理。

已提折旧借：累计折旧。

固定资产原值贷：固定资产。

然后按双方协议价格应做分录如下。

借：银行存款。

贷：固定资产清理。

最后结转固定资产清理后的净收益（或净损失），应做分录如下。

借（或贷）：固定资产清理。

贷：营业外收入——处理固定资产净收益（或营业外支出——处理固定资产净损失）。

（2）固定资产报废或损毁

固定资产报废或损毁发生时，应做分录如下。

借：固定资产清理。

已提折旧借：累计折旧。

原值贷：固定资产。

清理的所有费用（残值、费用、赔偿等），如是收益应做分录如下。

借：固定资产清理。

贷：营业外收入——处理固定资产净收益。

如是损失应做分录如下。

借：营业外支出——处理固定资产净损失。

贷：固定资产清理。

（3）固定资产盘亏

固定资产盘亏的处理与固定资产盘盈的处理相反。

3．固定资产修理

部分固定资产的修理一般在设备管理中处理，其余部分可在固定资产修理中处理。对于经常性修理所需要的数额较小的费用，一般在发生时就直接计入当月费用，借记“制造费用”和“管理费用”等账户，贷记“原材料”等有关账户。对数额较大的大修费用，一般采用预提或待摊的方法。

4.6.3 固定资产的折旧方法

固定资产的折旧处理可以按设置的参数自动计算折旧费用，并自动生成记账凭证。折旧的方法有平均年限法、工作量法、双倍余额递减法和年数总和法，双倍余额递减法和年数总和法又称为加速折旧法。

1．平均年限法

平均年限法是指固定资产在其预计的折旧年限内，根据原始价值与预计净残值，每年平均地计提折旧的方法。计算公式为：

$$\text{残值固定资产年折旧率}=\frac{\text{固定资产原值}-\text{净残值}}{\text{折旧年限}}\times 100\%$$

$$\text{固定资产年折旧率}=\frac{\text{固定资产年折旧额}}{\text{固定资产原值}}\times 100\%$$

$$\text{固定资产月折旧率}=\text{固定资产年折旧率}\div 12$$

$$\text{固定资产月折旧额}=\text{固定资产原值}\times\text{固定资产月折旧率}$$

2．工作量法

工作量法是以固定资产的各个会计期间已完成的工作量为依据，计算其各期折旧额的方法。当工作量以工作的小时数来计时，计算公式如下：

$$每工作小时折旧额=\frac{固定资产原值-预计净残值}{可工作小时}$$

当工作量是以公里、台班数等为计量单位时，计算方法是类似的。

3．双倍余额递减法

双倍余额递减法是用直线折旧率的 2 倍作为固定的折旧率，去乘逐年递减的固定资产期初净值，得出各年应提折旧的方法。但要在固定资产折旧年限到期前 2 年内将固定资产账面净值扣除预计残值后的净额平均摊销。计算公式为：

$$年折旧率=\frac{2}{折旧年限}\times 100\%$$

$$年折旧额=固定资产账面净值\times 年折旧率$$

$$月折旧额=年折旧额\div 12$$

4．年数总和法

年数总和法是以固定资产的原值减去预计净残值后的余额，按递减的折旧率计算折旧的方法，计算公式为：

$$各年折旧率=\frac{各年的尚可折旧年数}{各年的可折旧年限之和}=\frac{折旧年限-已折旧年限}{折旧年限\times（折旧年限+1）\div 2}$$

$$每年折旧额=（固定资产原值-预计净残值）\times 年折旧率$$

$$月折旧额=年折旧额\div 12$$

4.6.4　固定资产管理的功能

（1）初始设置：包括对部门、类别、使用状况、增减方式、折旧方法、卡片项目以及卡片样式等参数的设置。

（2）卡片管理：实现原始卡片录入、卡片修改、卡片删除、资产增加及资产减少等功能。

（3）折旧管理：计提折旧形成折旧清单和折旧分配表，并按分配表制作记账凭证。

（4）租金管理：包括对固定资产的租入和租出的租赁合同管理及租金计划管理。租入与租出的合同，将作为计算相应费用的依据。一般要说明租赁时间范围、起始日期、结束日期、费用计算方法、费用明细、每期付款时间、原价值、余价值和往来客户的类型等。

4.7　成本管理

4.7.1　概述

企业要使自己的产品占领市场，就必须对其成本进行控制，否则就会失去市场竞争力，从而影响到企业的生存和发展，ERP 系统为企业的成本管理提供了工具。回顾 ERP 的演变历史，可以看出把财务和成本管理纳入到系统中来是 ERP 发展过程中的一个重要标志。

ERP 的成本管理是按照管理会计的原理，对企业的生产成本进行预测、计划、决策、控制、分析与考核，采用的是标准成本体系。标准成本体系（standard costing system）是在 20

世纪诞生的一种成本管理制度。标准成本是预先确定的某个时期（如会计年度）的不变成本。它是通过对历史资料的分析研究，经过反复测算，估计未来某个时期内各种生产条件（如生产规模、生产技术水平、能力资源的利用等）处于正常状态下确定的计划成本或目标成本。将实际发生的成本同标准成本进行对比，把对比的差异和各种汇总信息提供给管理人员，作为分析企业经营生产活动和决策的依据。传统的手工管理的成本会计往往局限于事后核算，标准成本体系则将成本的计划、控制、核算、分析和改进有机地结合，形成一个成本管理的科学过程。标准成本体系的特点是事前计划、事中控制、事后分析。

4.7.2 成本构成

ERP 管理的主要对象是产品成本，产品构成如图 4-1 所示。产品成本是管理会计的一项重要内容。产品成本是衡量各种制造资源消耗量的货币表达形式，是决定企业所提供的产品或劳务能否最终盈利的重要因素，是评价企业技术和管理水平的主要指标。传统的手工成本核算，由于其局限性，只能做到对成本的事后核算，无法做到对成本的计划与控制。ERP 系统对于成本的处理，可以做到事前计划、事中控制、事后分析，将会计工作中的成本核算工作提升了一大步。成本管理是评价 ERP 实施效益的尺度之一。

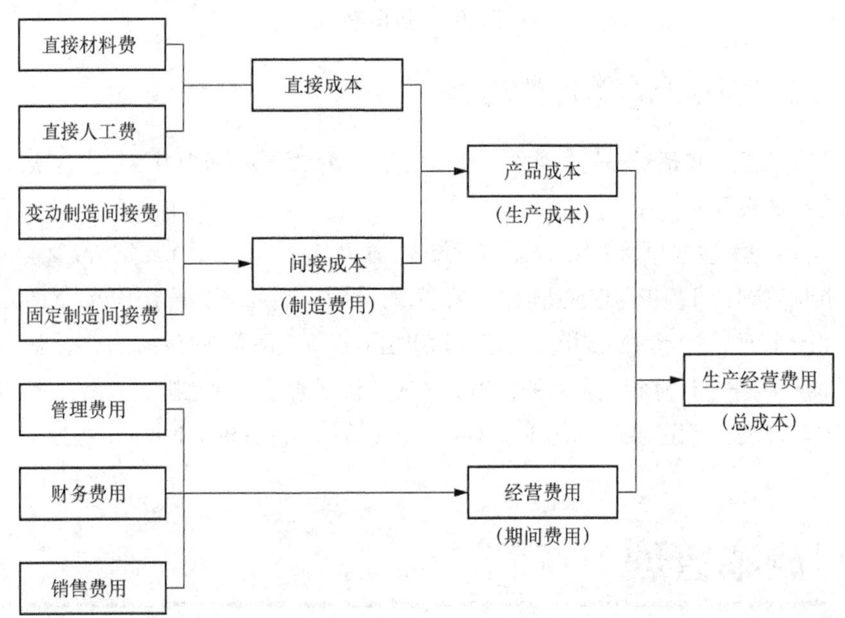

图 4-1　成本构成

在管理会计中，直接成本和间接成本是一种按照归属的难易程度原则的分类。直接成本指可以明确分辨用于某个具体物料上的费用，与生产数量有关，无须分摊。直接材料费和直接人工费都是直接成本，它们可以根据材料费用和人工费用发生的原始凭证加以汇总和分配后，直接计入各成本对象的成本中。直接材料费是指直接用于产品生产，构成产品实体的原料、主要材料、外购半成品以及有助于产品形成的辅助材料和其他直接材料所产生的费用。直接人工费是指直接参加生产的工人工资以及按生产工人工资总额和规定的比例计算提取的职工福利费。返工报废造成的费用凡是与具体物料有关的，通过工序跟踪报告、返修单的信息，分别计入直接材料费和直接人工费中作为直接成本。区分直接成本与间接成本主要是取决于费用是否分摊及如何分配。

间接成本是指那些不能明确分清用于哪个具体物料上的费用，需要进行分摊。制造费用是一种间接成本，当制造成本发生时，一般无法直接判定它所属的成本计算对象，因而不能直接计入所生产的产品成本中去。通常的做法是，先按费用发生的地点进行归集，再采用一定的方法在各成本计算对象间进行分配，然后才能计入各成本计算对象的成本中。其中与产量有一定关系的称为变动间接费（如燃料与动力费、一些辅助材料如乳化剂、润滑油等间接材料费，搬运费等间接人工费），与产量无直接关系的称为固定间接费（如非直接生产人员的工资、办公费、直线法折旧费、厂房采暖及照明费用等）。

管理费用是指企业行政管理部门为组织管理生产经营活动发生的各项费用。包括公司经费、董事会费、工会经费、咨询费、审计费、业务招待费、土地使用费、技术转让费、技术开发费、环保费、诉讼费等。

财务费用是指企业为筹集资金所发生的各项费用。包括企业贷款的利息支出，汇兑损失和金融机构手续费，以及为筹集资金所发生的其他费用。

销售费用是指企业在销售产品、自制半成品或提供劳务过程中发生的各项费用及专设销售机构的各项经费。包括应由企业负担的运输费、装卸费、保险费、委托代销手续费、广告费、展览费、销售服务费等，以及销售机构人员的工资、差旅费、办公费等。

4.7.3 成本类型

为了便于计划、分析和控制产品成本，ERP 中通常设置四种基本的成本类型。

1．标准成本

标准成本是指在正常条件下的平均先进成本，有其科学性和客观性。标准成本是成本管理中的计划成本，是经营的目标和评价的尺度。标准成本在计划期（如会计年度）内保持不变，是一种冻结的成本，作为预计企业收入、物料库存价值及报价的基础。制订标准成本时，应充分考虑到在有效作业状态下所需要的材料和人工数量，预期支付的材料和人工费用，以及在正常生产情况下所应分摊的制造费等因素。标准成本的制订，应有销售、生产、计划、采购、物料、劳动工资、工艺、车间、会计等有关部门的人员参加。标准成本制订后，企业要定期进行评价和维护。

2．现行标准成本

现行标准成本也称为现行成本，类似于常说的定额成本，是一种当前使用的标准成本，或者将其看作是标准成本的执行成本。现行成本反映的是生产计划期内某一时期的成本标准。在实际生产过程中，产品结构、加工工艺、采购费用和劳动生产率等因素会发生变化，因而也会导致成本数据发生变化。为了使标准成本数据尽量接近实际，要对现行标准成本定期（如 3～6 个月）进行调整，而标准成本保持不变。

3．模拟成本

ERP 系统的特点之一就是运用其模拟功能，回答“如果……将会……”的问题。例如，有时想要知道产品设计变更、结构变化或工艺材料代用所引起的成本变化，则可通过 ERP 的模拟功能来实现。为了在成本模拟或预定过程中不影响现行数据，所以设定模拟成本。这对于产品设计过程中进行价值分析也是有用的。在制订下一个会计年度的标准成本之前，先把修订的成本项目输入模拟成本系统，经过多次模拟运行比较，审定后再转换到标准成本系统。

4．实际成本

实际成本是在生产过程中实际发生的成本，主要根据结算加工单或采购单时得到的实际数据（如领料单、完工报告、采购发票等）。编制财务报表，一般使用实际成本。

4.7.4 成本计算类型

产品成本的计算按其所包括的范围，可区分为完全成本计算、变动成本计算和制造成本计算。

1．完全成本计算

完全成本计算也称为吸收成本计算，是指在计算产品成本和存货成本时，把所消耗的直接材料、直接工资、制造费用、管理费用等全部包括在内的计算方法，它是财务会计一般的做法，也是我国传统采用的成本计算方法。

2．变动成本计算

变动成本计算也称为直接成本计算，是指在计算产品成本和存货成本时，只包括产品在生产经营过程中的变动费用（如直接材料、直接工资、变动的制造费用等），而把固定制造费用全数以“期间成本”计入本期损益，作为产品销售利润的减除项目。

3．制造成本计算

与全部成本计算不同，在制造成本计算法下，计算产品成本和存货成本时，只包括直接材料、直接工资和制造费用，而把管理费用、销售费用、财务费用作为期间费用处理，在发生期内全数列入当期损益，作为产品销售利润的扣除。制造成本计算与变动成本计算也有所不同，制造成本计算没有要求把制造费用再区分为变动制造费用和固定制造费用，而是将制造费用按照一定分配标准计入产品成本和存货成本。

1993 年 7 月开始实施我国新的财务会计制度，新财务会计制度同国际通行的惯例逐步取得一致。新的成本制度将过去的完全成本法改为制造成本法，也就是改革传统的成本核算办法。企业产品成本包括直接材料、直接人工和制造费用。产品成本核算到制造成本为止，销售费用、管理费用、财务费用不再摊入产品成本，而是作为期间费用直接计入当期损益。产品成本将准确反映车间一级的成本水准，便于考核车间的管理责任。企业管理费同企业产品成本计算不发生直接关系，不再计入产品成本。

4.7.5 ERP 成本计算

1．成本累加计算法

ERP 系统是按照成本发生的实际过程来计算产品成本的，如图 4-2 所示。它的计算基础是产品结构，所有制造的产品都是从采购原材料或外购件开始的，也就是说，产品结构中所有最底层都是采购件，即图中的 C、F、G、H，这层发生的成本是采购件的价格和采购间接费，二者之和构成产品成本中的直接材料费，在底层还没有发生加工成本。

进入上一层，即 D、E、B、C，如果有加工或装配作业，将产生加工成本，加工成本主要是直接人工费和分摊的间接成本，二者构成这层物料的增加成本，再汇总低层物料的累计成本，形成本层物料的合计成本。

如此自低向高逐层累加，直到计算出最顶层的最终产品的成本。这种计算产品成本的方法称为成本累加计算法，它反映了产品成本发生和增加的实际过程，它可以用来说明物料或产品的库存值、作业费用和成本单价。

累加计算法由于成本构成分解较细，企业财会人员可以按不同要求进行汇总。如果对工序跟踪，也便于期末在制品的成本结算或结转。产品结构中任何层次的任何物料成本发生了变化，都可以迅速计算出整个产品成本的变化，便于及时调整产品价格。

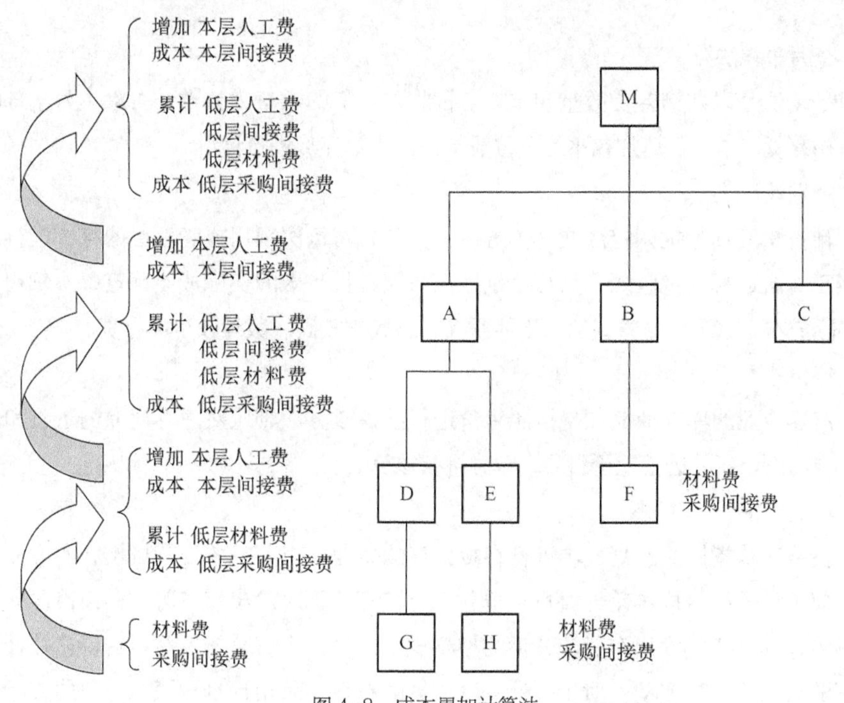

图 4-2　成本累加计算法

把产品结构中各层次物料的成本，按低层累计和本层发生的材料费、人工费、变动及固定间接费以及其合计值分别列出，通过成本物料清单的报表形式表示，可以详细地表达每一种物料的各类成本费用，又可以表达每一层的物料价值， 对分析成本构成、寻求降低成本的切入点都提供了充分的信息。

2. 材料费的计算

企业的原材料以及含外加工件的费用包括材料采购价格与采购间接费（采购部门的管理费、材料运输费与材料的保管费用等），各层物料的直接材料费的计算是个累加的过程。

材料的实际费用是由采购价格与采购间接费用组成的。但因为企业采取的材料价格的计价方法不同，采购价格的计算方式也不同，所以先了解几种材料采购价格的计价方法。

（1）先进先出法

先进先出法是假定存货的流转顺序采取先收入的存货先发出，并根据这种假定的成本流转程序计算确定发出存货和期末存货的成本，材料的价格采用最先入库时的材料价格。经营活动受存货形态影响较大或存货容易腐败变质的企业，一般采用先进先出法来确定其成本。

（2）后进先出法

后进先出法与先进先出法相反，以后收入的存货先发出为假定成本流转顺序，对发出和期末存货计价，材料的价格采用最后入库时的材料价格。后进先出法既可在永续盘点制下使用，又可在实地盘点制下运用。

（3）移动平均法

对存货按照实际成本进行会计核算的企业，针对领用或发出的存货可以采用移动平均法进行成本核算。每次收货后，立即根据库存存货总数量和总成本，计算出新的平均单位成本。

（4）全月平均法

全月平均法是以期初存货数量和本期各批收入存货的数量为权数，去除本月全部收货成本加上月初存货成本，计算加权平均单位成本，据以对存货进行计价。

（5）个别计价法

个别计价法又称分批认定法或具体辨认法，是指对每次领用或者发出的存货进行个别辨认，看属于哪批或哪几批收入，然后分别按照所属各批收入的实际成本确定每次领用或发出存货的实际成本。这种计价方式适用于体积大，或成本较高、数量较少的存货。

（6）售价法

商品流通企业的库存商品如果按照售价进行会计核算，则应对库存商品的进价和售价之间的差额专门设置商品进销差价科目，单独进行核算。

（7）计划价格法

计划价格法是指按照计划成本进行存货核算的企业，对存货的计划成本和实际成本之间的差额，应当设置材料成本差异科目，单独进行核算。平时发出存货时，一律按照计划成本核算，月末计算出各类发出存货应分担的材料成本差异，进行分摊。材料的价格按计划价格计价，不随买入的价格变动。对于按计划价核算的材料，可用计划价跟踪材料的实际用量，再通过分配价格差异计算产品耗用材料的实际成本。

3．直接人工费的计算

在产品结构中，各层制造件的加工与组装会产生加工成本。加工成本主要是直接人工费。计算公式如下：

直接人工费=人工费率（工作中心文件）×工作小时数（工艺路线文件）

直接人工费的计算过程是利用产品的工艺路线文件及物料清单（BOM）从底层向高层累加，直到产品的顶层直接人工费。

4．间接费用的分配

产品间接成本（制造费用）的计算采用制造成本法，间接费用只核算到车间一级，不再把企业管理费用计入产品成本。由于加工成本是在工作中心发生，所以间接费用要分配到工作中心。计算公式如下：

间接费分配=间接费率（工作中心文件）×工作小时数（工艺路线文件）

间接费用的分配方法一般按以下步骤进行。

第 1 步：确定分配依据。预计会计期间生产部门的产量、效率和能力水平，结合产品、车间、工作中心和费用类型等情况来确定分配依据。

第 2 步：计算工作中心的间接费率，如表 4-1 所示。将费用进一步分配到工作中心，确定各个间接成本因素的分配率，但分配的条件、因素都在不断改变，还要根据实际情况，进行统计分析并不断调整优化。

表 4-1 间接费分配举例

间接费用成本项目	分配依据
照明、采暖、空调费用	覆盖面积、使用时间
电力费	设备电机安装容量、使用时间
折旧费、保险费用	固定资产价值
维修费	固定资产价值、设备数量
管理人员工资、福利费	员工人数
搬运费	物料的重量、次数

第 3 步：分配产品的间接费用。最终间接费用都会分配到各个产品，因此分配到工作中心的费用还必须分配到产品。

分配方法如下：

$$\text{间接费率} = \frac{\text{预计某个时期的间接费总额}}{\text{预计该时期应完成的工作小时}}$$

在多数情况下，分母用工时表示，但如果是设备密集型生产则可用台时表示。

因此，某产品在某工作中心的间接费用计算如下：

该项费用额=该工作中心间接费率×该产品占用工作中心时间

4.7.6 作业成本法

以工作中心的工时或台时为基准（或以产量为基准）的间接费用的分配方法是传统的分配方法。随着产品成本结构中的间接费用的比重增加，这种分配方法已经无法满足决策的需要，因此出现了作业成本法（ABC 法）的成本核算理论与方法。

作业成本法（activity based costing，ABC 成本法）是管理会计中一种以作业为基准计算间接成本的方法，将间接成本按作业（活动）进行归集，然后按不同作业的不同成本动因将间接成本分配到具体产品。作业成本法是基于作业管理（activity based management）的核心内容，作业包括业务流程的各个环节，从产品研发到销售。作业管理的目的是将增值作业和不增值作业（无效作业）区分开来，改进作业的业务流程。

下面介绍作业成本法涉及的几个概念。

1．作业成本集

作业成本集是指引起间接记入成本的主要作业项目，如维修、搬运、修改等。

2．作业成本动因

作业成本动因是作业成本集与产品成本之间定量关系的计算依据，说明了作业的业务量与资源的耗费量之间的数量关系，即说明引发作业成本因果关系的主要因素。

3．作业成本动因率

作业成本动因率是指作业成本集的成本数据与成本动因值的比率。

作业成本法的提出是基于产品成本结构的变化。随着生产自动化程度的提高，产品成本结构中人工费的比例日益减少，而间接费的比例日益增加。传统的间接费计算方法已经不能反映不同产品消耗间接费的真实情况，其可靠性不足以作为决策依据，会对决策产生误导，不利于对产品成本和利润的分析与控制。

作业成本法涉及企业所有的间接费，包括制造成本以外的间接费。作业成本法是把间接费中与具体产品有关的费用，如采购、调试、搬运、质检、工具、库存事务处理、设计修改等费用，对应一定的作业成本集建立与产品成本之间的关系，计算出每项作业活动的单位成本，按作业活动发生的次数计算其费用，纳入与产品相关的成本中。

从图 4-3 所示中可以看出，作业成本法是将间接成本按作业（活动）进行归集，然后按不同作业的不同成本动因将间接成本分配到具体产品。而传统间接费分配（如图 4-4 所示）是把间接费分配给生产车间，再按统一的间接费率分配各种产品，经常会影响产品成本的真实性。

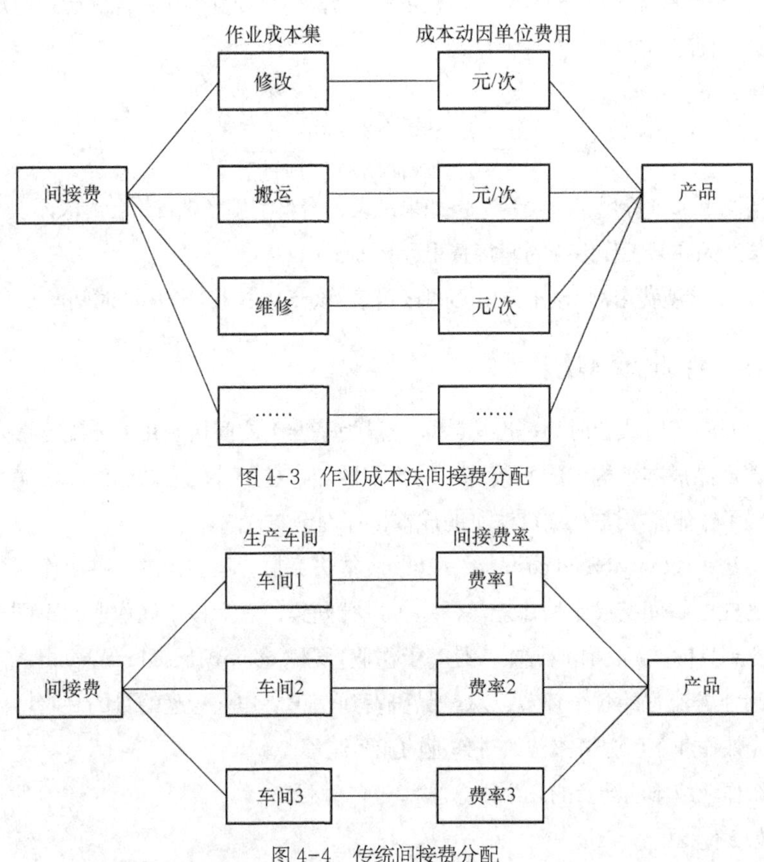

图 4-3　作业成本法间接费分配

图 4-4　传统间接费分配

以处理采购订单为例，处理订单要通过许多作业，如询价、砍价、签约、交付、验收、入库、核对发票、付款等，每一项作业都要发生费用。为此，采购作业多的产品，分摊的采购费用就应当多些。

下面说明作业成本法的步骤。

（1）定义用作业成本法计算的作业，如生产准备、生产控制等作业。

（2）确定作业成本集，如表 4-2 所示。

表 4-2　作业成本集

作业成本集元素	成本金额/元
生产准备	2 000
生产控制	1 500
机器耗费	6 000

（3）定义成本动因，如表 4-3 所示。

表 4-3　成本动因表

成本动因	产品 A	产品 B
生产准备	5	15
生产控制	5	20
机器耗费	20	20

（4）确定成本动因率，再乘以单位费用得出的总费用，计入该产品成本的变动间接费中，如表 4-4 所示。

表 4-4　成本动因率及其成本分配表

作业成本元素	成本动因率	产品 A 的间接成本/元	产品 B 的间接成本/元
生产准备	2 000/25 = 80	80×5 = 400	80×15 = 1 200
生产控制	1 500/30 = 50	5×50 = 250	20×50 = 1 000
机器耗费	6 000/40 = 150	20×150 = 3 000	20×150 = 3 000

4.7.7　成本差异分析

成本差异是指实际成本与标准成本之间的差异。成本差异分析是一种例外管理方法，是以成本费用预算为依据，将实际成本同计划（标准）成本相比较，找出实际脱离计划（标准）的差异，并对差异进行分析，以便查清原因，从而及时采取措施，降低成本费用。成本差异分析把管理人员的精力有重点地放在差异较大的问题上，又称为重点管理法，是管理会计的重要内容。

成本差异有两种情况：实际成本低于标准成本时的差异称为有利差异，即成本节约，用负数表示；实际成本高于标准成本时的差异称为不利差异，即成本超支，用正数表示。在管理中，各种差异都要设置会计科目。不论何种差异，只要超过了规定的允差，都要进行差异分析。在现代管理会计中，成本差异类目分得比较细，这对分析和控制成本是非常必要的。差异分析中一些烦琐的计算，用手工管理是难以实现的。

1．直接材料成本差异

直接材料成本差异的计算公式为：

直接材料成本差异=实际价格×实际数量-标准价格×标准数量

直接材料成本差异包括价格差异和数量差异两部分，计算公式为：

材料价格差异=（实际价格-标准价格）×实际数量

材料数量差异=（实际耗用量-标准费用数量）×标准价格

造成价差的原因如采购价格变化、运输费用增加、材料代用或变更、自制件改为外购件等。造成量差的原因如报废或损耗、材料利用率变化、产品结构变化等。

2．直接人工成本差异

直接人工成本差异的计算公式如下：

直接人工成本差异=实际工资价格×实际工时-标准工资价格×标准工时

直接人工成本差异包括人工工资价格差异和人工效率差异，计算公式为：

人工工资价格差异=（实际工资价格-标准工资价格）×实际工时

人工效率差异=（实际工时-标准工时）×标准工资价格量

价格差异一般是由于工作中心的工人等级或工资变化造成的，而效率差异一般是由于工作效率、加工工艺或投料批量变动等原因造成的。

3．制造费用差异

制造费用差异的计算公式如下：

制造费用差异=实际分配率×实际工时-标准分配率×标准工时

制造费用差异包括制造费用开支差异和制造费用效率差异。

制造费用开支差异=（实际分配率-标准分配率）×实际工时

制造费用效率差异=（实际工时-标准工时）×标准分配率

开支差异是由于间接费率的差异造成的。而效率差异同直接人工成本差异中的效率差异是相同的，如果间接费率是基于人工费的，完成产出所耗用的工时有了变化，必然会反映在间接费率上，造成效率差异。

4.8 责任会计

4.8.1 责任会计的含义

责任会计是在分权管理条件下，为适应经济责任制的要求，在企业内部建立若干责任单位，并对它们分工负责的经济活动进行规划、控制、考核与业绩评价的一整套会计制度。它是管理会计中“控制与业绩评价会计”的一项重要内容，也可以说是管理会计的一个分支。

分权管理成为现代企业组织管理发展的基本趋势。在实行分权管理以后，为了防止各个分权单位片面追求局部利益而损害企业整体利益的行为发生，必须严格推行经济责任制，其内容是明确企业内部各单位的经济责任，赋予它们相应的管理权力，同时与经济利益联系，即责权利挂钩。

4.8.2 责任会计的基本内容

责任会计的基本内容按其工作程序来说，主要包括以下几个方面。

1．设置责任中心，明确权责范围

实行责任会计，首先应根据企业内部的管理需要，合理设置责任中心。也就是将企业所属的各部门、各单位划分为若干个责任中心，并依据各责任中心经营活动的特点，明确规定其权责范围，使其能在权限范围内独立自主地履行职责。

2．编制责任预算，确定考核指标

责任预算是各责任中心的责任目标。责任会计应当科学地分解企业的总体目标，将企业的全面预算层层分解，具体落实到每个责任中心编制成责任预算，作为各责任中心开展经营活动、评价工作业绩的基本标准和主要依据。

3．建立跟踪系统、进行反馈控制

责任中心及其责任预算一经确定，就要按责任中心建立的一套完整的日常记录、计算和积累有关责任预算执行情况的信息跟踪系统，对实际执行情况进行跟踪反映，并定期编制“业绩报告”，将实际数与预算数进行对比，据以找出差异，分析原因，并通过信息反馈控制和调节经营活动的方式保证企业总体目标的实现。

4．分析评价业绩，落实奖惩制度

企业管理层，通过各责任中心定期编制报送的业绩报告，对各个责任中心的工作业绩进行全面的分析和评价，考核各责任中心的工作业绩和经营效果。然后根据事先制订的奖惩制度，按各责任中心完成业绩的好坏，进行奖优罚劣、奖勤罚懒，力求做到公正合理、奖罚有据。

4.8.3 责任中心

责任中心是指具有一定的管理权限，并有专人承担相应的经管责任的企业内部单位。责任中心也叫作责任单位，其基本特征是责、权、利相统一。根据责任中心控制的区域和权责范围的大小，一般可分为收入中心、成本中心、利润中心和投资中心四种类型。

1．收入中心

（1）收入中心的含义

收入中心是只对销售收入负责的责任中心。随着市场经济的发展和产品销售的竞争日趋激烈，推销工作越来越重要，因此以推销产品为主要职能的责任中心将不断增多。销售部门的责任主要是对产品销售负责，所以销售部门就是收入中心。尽管销售部门也发生销售费用，但由于其主要职能是产品销售和取得收入，因此以收入来确定其责任比以利润确定其责任更为恰当。

（2）收入中心的目标和控制要求

对于收入中心，为了评价其工作业绩，在编制责任预算时，应首先为其确定目标销售额作为奋斗的标准和考核的依据。收入中心的职责除了将产品销售出去还应包括及时收回货款和控制坏账。因此对收入中心的控制：一是要控制企业销售目标的实现，主要检查其分目标与企业整体销售目标是否协调一致，是否为实现其销售目标采取了切实可行的推销措施；二是控制销售收入的货款回收，主要检查其货款的回收是否都建有完善的控制制度，各推销人员的个人利益与货款的回收情况是否相联系；三是控制坏账的发生，主要检查每项销售业务是否签订销货合同，在合同中对付款的条款是否做了明确阐述，对不熟悉的客户初次发生重要交易时，对客户的信用状况、付款能力等是否进行了详细的了解。

（3）收入中心的考核指标

根据收入中心的职责，对收入中心考核的指标主要有销售收入目标完成百分比、销货款回收平均天数和坏账发生率三项。

① 销售收入目标完成百分比。是将实际实现的销售收入与目标销售收入相比较，以考核销售收入的目标完成情况。其计算公式如下：

销售收入目标完成百分比=（实际实现的销售收入÷目标销售收入）×100%

② 销货款回收平均天数。是将每笔销售收入分别乘以各货款的回收天数，加总以后除以全部销售收入。目的是考核收入中心是否及时收回销货款。其计算公式如下：

$$销售款回收平均天数=\frac{\sum(销售收入\times回收天数)}{全部销售收入}$$

③ 坏账发生率。是将某年的坏账发生数与全部销售收入相比较。这一指标主要用于考核收入中心在履行其职责过程中所发生的失误情况，促进收入中心在销售过程中保持认真谨慎的作风。其计算公式如下：

坏账发生率=（某年的坏账发生数÷某年的全部销售收入）× 100%

除上述三项指标外，对收入中心还可进行适当的费用考核。可将发生的销售费用分为变动费用和固定费用两部分来考核；或者简单地以销售费用与销售收入之间的比率指标来考核。

2．成本中心

（1）成本中心的含义

成本中心是对成本或费用负责的责任中心，即只考核发生的成本和费用，而不考核其收入或没有收入的责任单位。

成本中心的应用范围最广，凡是企业内部有成本发生的，需要对成本负责，并能进行控制的单位都是成本中心，这类责任中心大多是指负责产品的生产部门、劳务提供部门以及给予一定费用指标的企业管理科室。

（2）成本中心的特点

① 成本中心只考核其成本费用，不考核收益。因为成本中心一般只有生产权没有经营权和销售权，不会有销售收入或很少有收入，没有必要计算和考核收入。因此对成本中心来说，目标就是在保质保量完成生产任务、搞好管理工作的前提下控制和降低成本与费用。

② 成本中心只对可控成本负责。凡是责任中心能控制的各种耗费称为可控成本；凡责任

中心不能控制的各种费，称为不可控成本。通常可控成本应符合下列三个条件。

- 成本中心有办法知道发生什么性质的耗费。
- 成本中心有办法计量它的耗费。
- 成本中心有办法控制并调节它的耗费。

凡是不能同时具备上述三个条件的成本，即为不可控成本，一般不在成本中心的责任范围之内。由于责任中心无法对不可控成本加以控制，所以不可控成本发生数额的多少并不能让成本中心负责，成本中心只能对其可控成本负责。

可控成本与不可控成本是相对的，不是绝对的。它不是就某项成本而言，而是针对具体的责任中心而言的。可控成本与不可控成本的相对性主要表现在以下几个方面。

- 某项成本对某一成本中心来说是不可控成本，而对另一个成本中心来说则是可控成本。例如，在材料供应正常情况下，由于材料质量不好或材料价格过高引起的超过消耗定额的材料成本，对生产部门的成本中心来说是不可控的，但对于供应部门来说则是可控的。
- 某项成本对下一级成本中心来说是不可控成本，而对上一级成本中心来说则是可控成本。例如，生产车间发生的折旧费用，对于生产车间这个成本中心而言属于可控成本，但对于其下属的班组这一层次的成本中心而言则属于不可控成本。

另外，某些成本项目是否属于可控成本，还由其分配方法来决定，并非一成不变。例如，企业内的维修劳务部门的成本，属于辅助生产成本，如果按固定比例分配给劳务受益部门，就属于受益部门的不可控成本；如果按受益部门的耗用数量分配，则属于受益部门的可控成本。

综上所述，某项成本是否属于可控成本，是同一定的成本中心相联系，不能离开有关的成本中心抽象地说这项成本是可控的，那项成本是不可控的。

③ 成本中心计算和考核的内容是责任成本。就最基层的成本中心来说，它们的各项可控成本之和即为责任成本。对最基层以上的成本中心来说，其责任成本则包括两部分，一是该中心本身的各项可控成本之和，二是其下属成本中心转上来的责任成本。

责任成本与产品成本的区别有三点。一是计算对象不同，产品成本是以产品为对象归集各项生产耗费；责任成本是以责任中心为对象归集各项耗费。二是计算原则不同，产品成本的计算原则是“谁受益，谁承担”；责任成本的计算原则是“谁负责，谁承担”。三是计算的目的和用途不同，产品成本是为了反映和监督产品成本计划的执行情况，是实施经济核算制的重要手段；而责任成本则是为评价和考核责任预算的执行情况，是作为控制生产耗费和贯彻经济责任制的重要手段。

（3）成本中心的考核指标

成本中心的职责比较单一，因此成本中心的考核也比较简单，对其考核的内容主要是责任成本，即将成本中心实际发生的责任成本同预算的责任成本或目标成本进行比较，包括责任成本（费用）降低额和降低率，其计算公式如下：

责任成本（费用）降低额=责任成本（费用）的预算数额−责任成本（费用）的实际发生数额

责任成本降低率=［责任成本（费用）降低额÷责任成本（费用）的预算数额］× 100%

需要注意的是，如果预算产量与实际产量不一致时，应按弹性预算的方法首先调整预算数，然后再计算上述指标。

3．利润中心

（1）利润中心的含义

利润中心是对利润负责的责任中心，由于利润等于收入减去成本和费用，所以利润中心实际上既要对收入负责，又要对成本和费用负责。这类责任中心一般是有产品或劳务生产经营决策权的部门，它与成本中心相比，权力更大，责任也更大。

利润中心一般有两种形式：一种是自然利润中心，另一种是人为的利润中心。自然利润中心虽然是企业内部的责任中心，但它可以像一个独立的企业那样，直接在市场上销售它的产品或劳务，获得收入并赚取利润。人为利润中心只是在企业内部"出售"它的产品或劳务，其售价一般采用企业制订的内部转移价格。由于人为利润中心可以进行收支对比，使责任中心显而易见地看出责任履行情况和效益大小，特别是把市场竞争机制引入企业内部，因此它比成本中心、收入中心更有利于调动各部门的积极性。

（2）利润中心的成本计算

任何一个利润中心都必须进行成本计算，以便正确地计算损益，作为进行业绩评价与考核的可靠依据。对于利润中心的成本计算，通常有两种方式可供选择。

一种是利润中心只计算其可控成本，不分担其不可控的共同成本。按这种方式计算出来的盈利，实际上是"贡献毛益总额"。企业的各利润中心的"贡献毛益总额"之和，减去未分配的共同成本就是企业的税前利润总额。这种方式一般适用于人为的利润中心。

利润中心不仅要计算其可控成本，还要计算其不可控成本。若采用变动成本法，利润中心先计算出贡献毛益，再减去固定成本才是税前净利；若采用完全成本法，利润中心就可直接计算出税前净利。然后把各利润中心的税前净利相加，就是企业的税前净利总额。它一般适用于自然利润中心。

（3）利润中心的考核指标

由于利润中心既对成本负责，又对收入和利润负责，因而对利润中心进行评价与考核时应以销售收入、贡献毛益与税前净利等指标为重点，也就是衡量实际的销售收入、销售成本和税前净利是否达到目标销售额、目标成本和目标利润的水平。其中目标利润的完成情况是考核的关键，考核时应注意，凡不属于某一利润中心的收入和成本，尽管已由该中心收进和支付，也应予以剔除，转给其他责任中心。

另外，如果对共同固定成本全数留在企业高层管理部门，不分配给各利润中心。在这种情况下，各利润中心的贡献毛益减除自身直接发生的固定成本以后应是"贡献净益"，而不是"税前净利"。如果对利润中心本身直接发生的固定成本再分为利润中心负责人可控的专属固定成本和不可控的专属固定成本两部分，则贡献毛益减除可控专属固定成本为"分部经理可控毛益"，分部经理可控毛益再减除不可控的专属固定成本为"分部毛益"，即"贡献净益"。

4．投资中心

（1）投资中心的含义

投资中心是对投资负责的责任中心，其特点是既对成本、收入和利润负责，又要对投资效果负责。

由于投资的目的是为了获得利润，因此投资中心同时也是利润中心，但它控制的区域和职权范围比一般的利润中心要大得多。它拥有投资决策权，能够相对独立地运用其所掌握的资金，有权购置和处理固定资产，扩大或缩小生产能力。通常这类责任中心仅限于责任、权限大的单位。投资中心是分权管理模式的最突出表现，在当今世界各国，大型集团公司下面的分公司、子公司、分厂往往都是投资中心。

在组织形式上，收入中心、成本中心基本上不是独立的法人，利润中心可以是也可以不是独立的法人，但投资中心一般都是独立的法人。

（2）投资中心的考核指标

对投资中心的考核包括投资项目本身的效果的评价和投资中心的经营业绩的评价两个方面。评价投资中心业绩的指标除利润外，主要是投资报酬率和剩余收益。

① 投资报酬率。也叫作投资利润率，是投资中心获得的营业利润与投资额之间的比率。它是全面评价投资中心各项经营活动的综合性质量指标，其计算公式如下：

投资报酬率 =（营业利润÷投资额）× 100%

② 剩余收益。剩余收益是指投资中心所获得的营业利润减去投资报酬后的余额，其中该中心投资报酬为按规定的最低报酬率计算的占用的投资额。其计算公式如下：

剩余收益=营业利润-（投资额×规定的最低报酬率）

4.9 财务子系统与其他子系统的关系

以上所述，财务管理子系统包括总账管理、应收款管理、应付款管理、资金管理、固定资产管理、成本管理等模块，各模块之间的关系如图 4-5 所示。

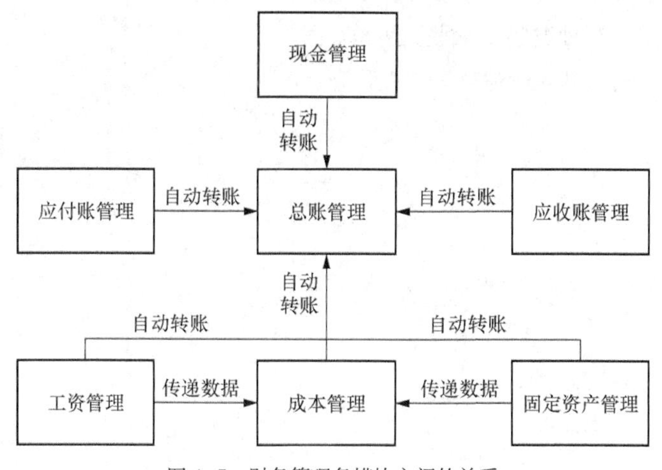

图 4-5 财务管理各模块之间的关系

财务子系统与其他子系统的关系如图 4-6 所示。

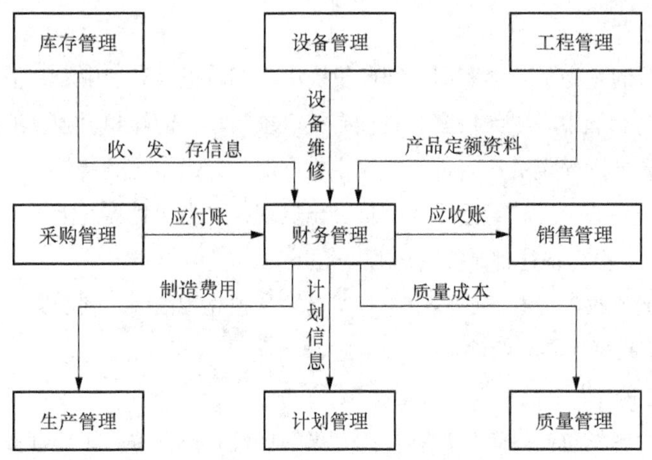

图 4-6　财务子系统与其他子系统的关系

课堂讨论题

1. 财务管理各模块之间的关系。
2. 财务管理子系统与其他子系统的关系。

思考题

1. 财务会计与管理会计的职能是什么？它们有什么区别？
2. 财务管理主要可分为哪些模块？简要描述各模块之间的关系。
3. 如何处理固定资产增加的业务？
4. ERP 中有几种成本类型？各种类型的含义是什么？
5. ERP 中的成本是如何计算的？
6. 什么是作业成本法？它与传统间接费分配有何区别？
7. 责任中心有哪几种类型？各种类型如何考核？
8. 谈谈财务管理与其他业务管理的关系。

第5章 销售管理

核心要点

- 销售管理的业务类型
- 普通销售管理的业务流程
- 普通销售管理的业务单据
- 销售管理子系统的功能

学习目标

通过本章的学习，读者应该能够了解销售管理的任务，在介绍销售管理各种业务类型的基础上掌握各类销售业务的工作流程，掌握销售管理子系统的功能，并了解销售管理子系统与其他管理子系统的关系。

销售是企业经营活动的中心，是企业生产经营成果的实现过程，是企业的价值来源。今天的竞争日益激烈，销售不畅会给企业带来一系列的危机，因此销售管理是企业极其重要的职能。

5.1 销售管理的任务

由于企业所属行业不同，销售形式也多种多样，但企业销售管理的主要任务大致是相同的。销售管理主要包括以下任务。

（1）对客户进行有效管理，建立长期稳定的销售渠道。

（2）根据市场需求信息，进行产品销售预测。

（3）按照客户订单、市场预测情况和企业内部生产情况，针对企业的销售品种、各品种的销售价格及销售量制订销售计划。

（4）按照客户的需求，与客户签订销售订单，并按销售订单将客户情况和交货情况通知给生产计划人员以便安排生产，同时跟踪销售订单执行进度。

（5）按销售订单的交货日期组织货物，并下达发货单，组织发货，然后将发货情况提供给财务部门。

（6）给客户开具销售发票并及时催收货款，将发票转给财务部门记账。

（7）从各种角度对各种销售信息进行分析统计。

5.2 销售管理业务类型

企业按照销售业务的不同处理方式，有不同的销售业务类型，大致将销售业务分为以下四种业务类型。

5.2.1 普通销售业务

普通销售业务适用于大多数企业的日常销售业务，是按照主流的销售业务流程处理的销售业务。

普通销售业务主要是完成响应客户的询价、签订销售订单、完成销售出库、开据销售发票等工作。

5.2.2 直运销售业务

直运销售业务是指企业与客户签订销售订单后，根据客户的需求，经过比价采购，确定企业的供应商。企业与供应商签订采购订单后，供应商将商品直接发给企业的客户，企业无须实物的出入库即可完成购销业务。结算时，由购销双方分别与企业结算。

5.2.3 委托代销业务

委托代销业务是指在产品所有权归属本企业的情况下，委托代销商销售产品。代销商在双方协议规定的时间内销售产品后，再与企业进行结算，企业开具正式的销售发票，形成销售收入。如果代销商在规定时间内没有将全部产品销售出去，可以将未销售出去的产品退回企业。在结算前，产品所有权属于企业。

5.2.4 零售业务

零售业务是指商业企业将商品销售给最终用户的销售业务，这种业务适用于商场、超市等零售企业。零售业务是整个分销业务的最终环节。

5.3 销售管理业务流程分析

不同的销售业务类型具有不同的业务流程，企业的销售业务管理主要由企业的销售部门完成，销售部门与生产部门、财务部门和库存部门有着紧密的联系。下面就常见的销售业务类型的业务流程进行阐述。

5.3.1 普通销售业务流程

1．企业根据客户询价信息进行产品报价

企业销售部门根据客户提出的产品需求，依据企业销售计划、产品成本、历史价格资料向客户提供产品的规格、价格、结算方式等信息，并以销售报价单形式来体现。销售部门提供给客户的产品报价，必须经主管审核后提供给客户。同一产品可以针对不同客户提供不同的报价，给予客户相应的折扣。报价管理产生的产品报价单为双方签订的销售订单提供基本价格信息。在双方达成协议后，销售报价单可以转为具有法律效力的销售订单。

2. 签订销售订单

在购销双方达成协议后，可签订销售订单。销售订单是由购销双方确认的客户要货过程产生的单据，是企业生产、发货和货款结算的依据。销售工作的核心就在于对销售订单的管理。企业根据客户需求的信息、企业报价信息、产品的相关信息制订销售订单；企业根据供货情况、产品定价情况和客户信用度来确认销售订单；销售部门将签订销售订单后的产品订货和交货情况通知生产部门并制订生产计划；生产部门根据计划安排生产，产品完成后，进入产成品库。在生产过程中，企业相关销售人员密切跟踪和控制销售订单的执行状况。

3. 组织货源，进行销售发货

销售发货是企业执行与客户签订的销售订单，将产品发往客户的行为，是销售业务的执行阶段。销售发货管理产生的发货单是企业给客户发货的凭据，是销售发货业务的执行载体。根据发货单开据销售出库单，库存部门完成产品出库。

4. 实现销售退货业务

退货管理是处理由于产品质量不符合要求、产品品种不符合要求或产品与销售订单的相关条款不相符等原因，客户将销售产品退回的业务。对于客户退货可以开红字发票冲抵销售收入。退货业务一般有两种情况：开发票前的退货及开发票后的退货。退货单是销售退货业务产生的单据。退货单也可以处理换货业务，货物发出后客户要求换货，则企业先按照客户要求退货的货物开退货单，然后再按照客户所换的货物开发货单。一部分退货单反映了产品质量中的不合格情况，因此退货单对企业的产品质量管理具有极其重要的参考价值。

5. 开出销售发票，向客户催收销售货款，进行销售货款结算

销售开票是在销售过程中企业给客户开具销售发票及其所附清单的过程。它是确认销售收入、计算销售成本、确认应收账款的依据，是销售业务的极其重要的环节。

销售发票是企业收入的确认标志，是实现企业目标的基本保障。销售发票是供货单位开给购货单位，据以收款、记账、纳税的依据，同时销售发票是联系财务、业务系统的重要桥梁。销售发票与销售订单、发（退）货单、销售出库单等全部业务单据都有联系，并与销售订单、收款单、预收单据联系紧密。

销售发票包括销售专用发票和销售普通发票。其中专用发票是指增值税专用发票，是一般纳税人销售货物或者提供应税劳务所开具的发票。发票上记载了销售货物的售价、税率以及税额等，在专用发票上记载所收取的销项税额抵扣采购增值税专用发票上记载的购入货物已支付的进项税额，作为报告增值税的依据。销售普通发票是指除了专用发票之外的发票或其他销售凭证。

销售收款结算是财务部门根据销售发票收取销售货款，对于拖欠贷款的客户，销售人员要协助财务部门对客户催款。

普通销售管理业务流程如图 5-1 所示。

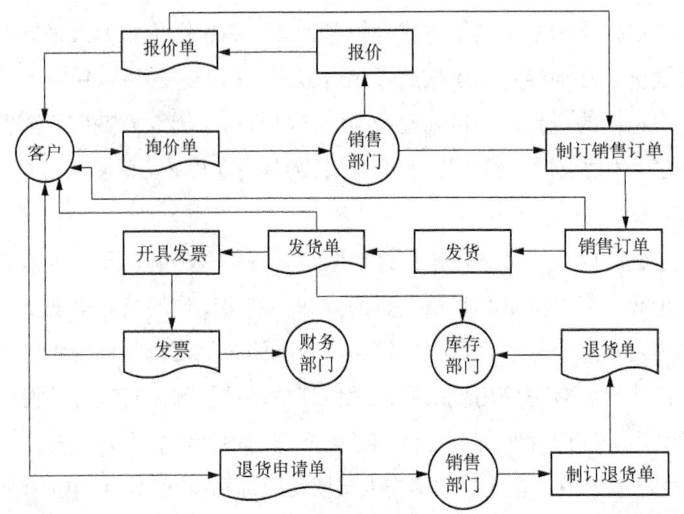

图 5-1　普通销售管理业务流程

5.3.2　委托代销业务流程

（1）企业销售人员按照销售计划，与各代销商签订委托代销销售订单，订单主要内容包括委托代销产品、代销数量、供应价、销售价格等。

（2）企业的销售人员填写发货单，库存管理人员按照发货单发货给代销商，发货后的产品所有权仍然属于本企业。

（3）代销商接收产品，并在销售产品后开具售出清单。

（4）销售部门根据客户的售出清单开具委托代销结算单。企业根据审核后的结算单，开具销售发票并进行销售出库处理及结转销售成本。

（5）代销商按照企业开据的销售发票付款。

（6）代销商可以将有质量问题的产品或未销售出去的产品退回本企业，并完成退货入库处理。

委托代销业务流程如图 5-2 所示。

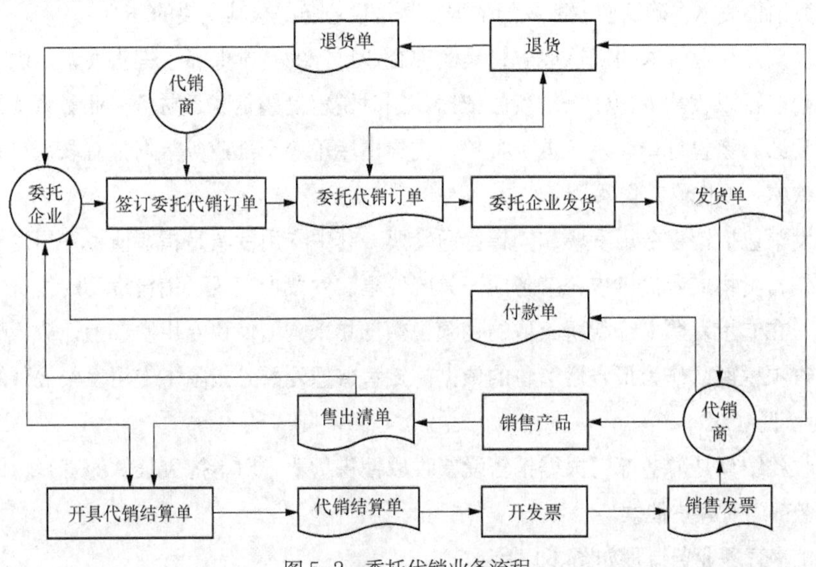

图 5-2　委托代销业务流程

5.3.3 直运销售业务流程

（1）企业和客户签订销售订单。

（2）采购部门按照销售订单的需求执行采购业务，采购部门与选择的供应商签订采购订单，并审核采购订单。

（3）供应商根据企业的采购需求，组织货源，直接发货给企业的客户，并通知企业的采购部门。

（4）客户收到供应商送到的货物后，确认并告知企业。

（5）企业开具销售发票，向客户收款。

（6）企业按照供应商开具的采购发票，付款给供应商。

直运销售业务流程如图 5-3 所示。

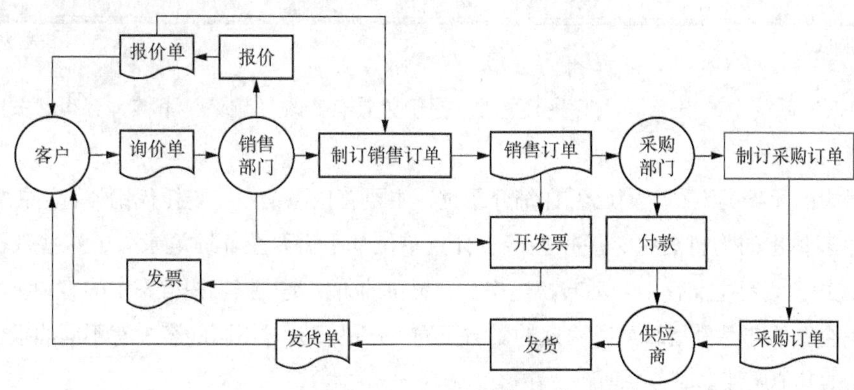

图 5-3　直运销售业务流程

5.4 销售管理子系统的功能

在 ERP 系统中，销售管理子系统扮演了极为重要的角色，因为它所涵盖的范围，包含了所有创造企业利润的相关工作，并且是驱动整个企业流程运作的根源所在。成功地实施 ERP 系统的销售管理子系统，可以为企业各部门带来各种不同的有形与无形的利益。

尽管不同的企业有不同的销售业务类型，但销售管理的内容基本相同。因此销售管理子系统基本是对销售报价、销售订货、销售发货、销售退货、销售发票、客户、销售计划、市场统计及分析等功能综合运用的管理信息系统。销售管理子系统可以有效控制和跟踪企业销售管理的整个流程，全方位、系统化管理企业销售流程。

销售管理子系统大致包括以下几个功能。

5.4.1 销售报价管理

在客户询价基础上，销售部门根据客户的产品需求及企业具体的产品价格对客户报价，经上级审核后提供给客户。销售报价单是企业销售报价管理产生的业务单据。报价单为销售订单提供基本价格信息，是价格资料管理的组成部分。在 ERP 系统中，需要手工录入销售报价单，销售报价单是可选单据，企业可根据业务的实际需要选用。

销售报价单分为单据头及单据体两部分。单据头用来描述针对该业务处理过程共性的业务信息，如单据制单人、单据日期等；单据体用来描述不同物料的基本信息和单据信息，如物料数量、物料价格等。具体格式如表 5-1 所示。

表 5-1　销售报价单

单据编号：20051118001　　业务类型：普通销售　　日　期：2005-11-8
客　户：　达胜公司　　销售部门：销售一部　　业务员：张明
币　种：　人民币　　税　率：17.00

物料编码	物料名称	规格型号	计量单位	数量	无税单价/元	含税单价/元	含税金额/元
0101	笔记本电脑	A01	台	2	13 675.00	16 000.00	32 000.00

制单人：张明　　审核人：黄萍

在 ERP 系统中，报价单只能手工生成。报价单具有修改、删除、审核、弃审、关闭、打开等功能。

报表中的业务类型在上面已经详细介绍过，主要有普通销售、委托代销、直运销售。销售报价单表体中的物料名称、规格型号、计量单位都不需要企业逐笔录入，这些数据是由 ERP 系统中的物料主文件中自动转换过来的。报价的价格是根据客户档案中的客户级别、价格级别及企业的产品价格政策所决定的。对于同一产品，针对不同的客户有不同的报价。销售报价单的其他属性都很容易理解，在这里就不一一讲述了。

5.4.2　销售订单管理

销售订单是反映由购销双方确认的客户要货需求的单据，销售订单的制订可以参照销售报价单。销售订单是企业外部文件，具有法律效力。

销售订单上包含的业务和管理信息非常多，它和报价单一样，都包括单据头和单据体两部分。单据头部分用来描述针对该业务处理过程共性的业务信息，单据体部分用来描述不同物料的基本信息和单据信息。具体格式如表 5-2 所示。

表 5-2　销售订单

订单号：20051118001　　业务类型：普通销售　　日　期：2005-11-18
客　户：达胜公司　　销售部门：销售一部　　业务员：张明
币　种：人民币　　税　率：17.00

物料编码	物料名称	规格型号	计量单位	数量	含税单价/元	含税金额/元	发货日期
0101	笔记本电脑	A01	台	2	16 000.00	32 000.00	2005-12-30

制单人：张明　　审核人：黄萍

在 ERP 系统中，销售订单产生的方式有两种，一种是参照销售报价单生成，另一种是手工录入生成。销售订单具有修改、删除、审核、弃审、关闭、打开等功能。

根据客户提出的交货日期，在制订订单时，需要查询货物交货的可行性，即根据当前的货物现存量及供求情况，确定企业是否可以按时交货。

在制订销售订单时，还要检查客户的信用状况，以确定是否能将货物销售给客户。

5.4.3 销售发货管理

销售发货管理是销售业务的执行阶段，企业按销售订单的交货时间组织货源，将货物发往客户。

发货单是销售部门在确定销售订货成立，向仓库部门发出的发货通知，发货单是参照销售订单制订的。具体格式如表 5-3 所示。

表 5-3 销售发货单

发货单号：20051228001　　发货日期：2005-12-30　　发货方式：送货上门
销售类型：普通销售　　订单号：20051118001　　币种：人民币
客户：达胜公司　　销售部门：销售一部　　税率：17.00

仓库名称	物料编码	物料名称	规格型号	计量单位	数量	含税单价/元	含税金额/元
产成品	0101	笔记本电脑	A01	台	2	16 000.00	32 000.00

制单人：张平　　审核人：黄萍

在 ERP 系统中，销售发货单产生的方式同样有两种，一种是参照销售订单生成，另一种是手工录入生成。销售发货单同样具有修改、删除、审核、弃审、关闭、打开等功能。

销售发货单的订单号是指所对应的销售订单编号，仓库名称是指要发货的仓库，一张发货单可以涉及若干个发货仓库。在 ERP 系统中，销售发货单可自动生成销售出库单，库存部门按照销售出库单执行货物出库行为。

5.4.4 销售发票管理

销售发票管理是指销售部门开出销售发票，向客户催收销售货款，并将支票转给财务部门记账的业务过程。财务部门根据销售发票收取销售货款，对于拖欠贷款的客户，销售人员要协助财务部门对客户催款。

销售发票包括增值税专用发票、普通发票及其所附清单。销售发票的填写可参考销售发货单。销售发票复核后通知财务部门核算应收账款，并审核登记应收明细账，制单生成凭证。发票所表明的营业收入是企业现金流入量的主要来源，是补偿经营活动中成本费用和形成利润的有效保障。

在 ERP 系统中，销售发票是参照销售订单或销售发货单生成，不能手工生成。

5.4.5 销售退货管理

退货管理是处理由于产品质量不符合要求、产品品种不符合要求或销售订单的相关条款不相符等原因，客户将销售货物退回的业务。对于客户退货可以开红字发票冲抵销售收入。退货单是销售退货业务的产生单据。退货单也可以处理换货业务，货物发出后客户要求换货，则用户先按照客户要求退货的货物开退货单，然后再按照客户所换的货物开发货单。退货单具体格式如表 5-4 所示。

表 5-4　销售退货单

退货单号：20051231001　　退货日期：2005-12-31　　税率：17.00

销售类型：普通销售　　订单号：20051118001　　币种：人民币

客户：达胜公司　　销售部门：销售一部　　发运方式：送货上门

仓库名称	物料编码	物料名称	规格型号	计量单位	数量	含税单价/元	含税金额/元
产成品	0101	笔记本电脑	A01	台	1	16 000.00	16 000.00

制单人：王丽　　审核人：黄萍

在 ERP 系统中，销售退货单产生的方式有两种，一种是参照销售发货单生成，另一种是手工录入生成。销售退货单同样具有修改、删除、审核、弃审、关闭、打开等功能。

销售退货单中订单号是指所对应的销售订单编号。仓库名称是指所退回的货物进入的仓库，数量是指客户的退货数量。

5.4.6　客户管理

客户是企业最重要的资源，企业的一切经营活动、营销策略都是围绕发现和留住客户展开的。因此，对客户资源进行统一的管理是非常重要的。分散的客户信息形成了对客户进行有效管理的屏障，导致企业对客户的状况把握不准，而使企业的营销策略出现偏差；客户管理最重要的作用就是实现客户资源的企业化管理，使客户能够得到企业整体的支持和服务。

在 ERP 系统中，企业可以对客户进行分类管理，建立客户分类体系。可将客户按行业、地区等进行分类，设置客户分类后，根据不同的类别建立客户档案。

ERP 系统还可以实现客户级别的设置和客户档案的设置。客户级别是客户细分的一种方法，可以按照客户给企业带来的销售收入多少，将客户细分为 VIP 客户、重要客户和普通客户。客户级别设置以后，将在客户档案中体现。客户档案是对客户资料和业务数据的管理，主要是对客户的基本信息及信用信息的管理。客户档案基本格式如表 5-5 及表 5-6 所示。

表 5-5　客户档案（基本信息）

客户编码	名称	地区	行业	邮编	电话	地址	联系人	税号	开户银行	客户级别
001	达胜公司	东北	制造业	××	×××	××	王红	××	北京工商银行	VIP 客户

表 5-6 客户档案（信用信息）

客户编码	名称	应收余额/元	信用等级	信用额度/元	信用期限	价格级别
001	达胜公司	6 000.00	A	10 000	60 天	批发价

下面介绍有关客户信用信息的内容。

（1）应收余额：指客户当前的应收账款的余额。

（2）价格级别：指企业对该客户销售产品时使用的价格级别，如市场价、批发价等。

（3）信用等级：按照企业设定的信用等级分级方法，依据客户在应收款项方面的表现，输入客户的信用等级。例如可以按信用高低分为 A、B、C、D 四级。

（4）信用期限：允许客户超期应收款项的时间，可以以天为单位。

（5）信用额度：允许客户产生应收款的金额限度。

5.4.7 销售计划管理

销售计划是企业销售管理工作的首要环节，是按照客户订单、市场预测情况和企业生产情况，对某一段时期内企业的销售品种、各品种的销售量与销售价格做出计划安排。企业的销售计划通常按月制订，可以以某个地区、某类客户、某个销售部门、某个销售员为单元，制订企业年度计划、季度计划及月计划销售金额和销售定额。企业在 ERP 系统中还可以查询销售计划的执行情况。以部门为单元制订 2005 年第 1 季度的销售计划如表 5-7 所示。

表 5-7 2005 年第 1 季度的销售计划（部门） 单位：万元

部门	季度计划额	季度销售定额	1月计划额	1月销售定额	2月计划额	2月销售定额	3月计划额	3月销售定额
销售一部	8 000	7 700	2 000	1 800	3 500	3 500	2 500	2 400
销售二部	8 900	8 500	2 100	2 000	3 700	3 500	3 100	3 000

下面介绍有关销售计划的主要内容。

（1）销售部门：部门计划的编制对象。

（2）季度计划额：部门每个季度的销售计划金额。

（3）季度销售定额：部门每个季度必须完成的销售定额。

（4）月计划额：部门各月的销售计划金额。

（5）月销售定额：部门各月至少完成的销售计划金额。

5.4.8 销售市场分析管理

销售市场分析管理应包括销售统计和销售分析。

销售统计主要是对各种市场已有的销售信息进行汇总、统计、分析，如可从各种产品的订单订货情况、订单收款情况、销售发货情况、销售计划完成情况、销售盈利情况，以及从地区、客户、销售员和销售方式等，多角度多方位进行统计与分析。

销售分析主要包括以下方面的分析。

（1）销售增长分析：分析部门或货物的本期销售比前期销售的增长情况。

（2）货物流向分析：按照客户、地区、行业分析在某时间段内的销售货物的流向比例。

（3）市场分析：可以反映某时间段内销售员所负责的客户或地区销售、回款、应收账款的比例情况。

在 ERP 系统中，通过业务数据可以进行销售统计和上述各种类型的销售分析，更好地指导企业的经营活动。

5.5 销售管理子系统与其他管理子系统的关系

销售管理与物料信息管理、库存管理、财务管理、主生产计划管理是紧密相联的，销售管理子系统与其他子系统的关系如图 5-4 所示。

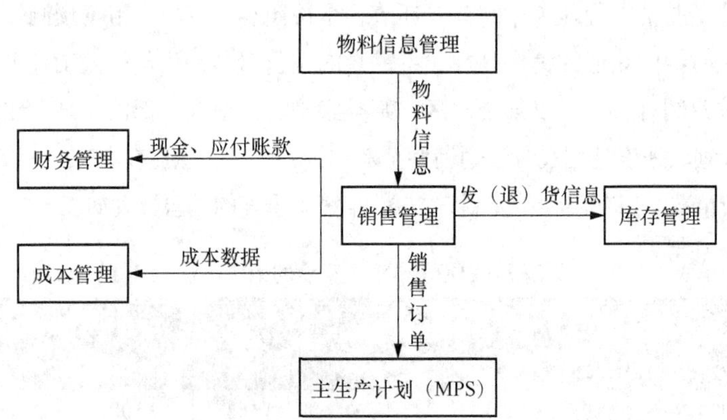

图 5-4 销售管理子系统与 ERP 的相关子系统关系

1．销售管理子系统与物料信息管理子系统的关系

在销售管理子系统的功能中，已经介绍了在生成销售报价单及销售订单时，需要调用物料信息管理子系统中物料档案的信息，如销售报价单的表体中的物料名称、规格型号、计量单位都是从物料档案转换过来的。

2．销售管理子系统与财务管理子系统的关系

销售管理中产生的销售发票可以传送到财务管理子系统中，进行现金管理和应收账款的管理。

3．销售管理子系统与成本管理子系统的关系

在销售订单生成后，可以将相关的成本数据传送到成本管理子系统中，执行利润分析以及提前预测该订单所能带来的利润。

4．销售管理子系统与库存管理子系统的关系

销售的产品出库及退货入库都要由库存管理子系统完成，同时修改库存台账。

5．销售管理子系统与主生产计划子系统的关系

在销售订单生成后，客户所需要的物料在系统中会被立即转换成销售需求，并且转换到主生产计划中。主生产计划已在第 4 章进行过详细介绍。

课堂讨论题

1. 如何理解“销售是企业经营活动的中心，是企业生产经营成果的实现过程，是企业的价值来源”这句话？

2. 以小组为单位，针对销售管理的客户管理内容，讨论并提出销售管理子系统的客户管理模块应该实现的功能。

思考题

1. 销售管理的任务是什么？
2. 简要描述销售管理的业务类型。
3. 简要描述普通销售业务的业务流程，并画出业务流程图。
4. 简要描述委托代销业务的业务流程，并画出业务流程图。
5. 销售管理子系统的功能有哪些？
6. 简要描述销售管理子系统与其他管理子系统的关系。

第 6 章　采购管理

核心要点

- 采购管理的任务
- 采购管理的作用
- 采购循环
- 采购的分类
- 采购的业务流程
- 采购管理的功能

学习目标

通过本章的学习，读者应该能够掌握采购的分类以及各种采购的业务流程，了解基本采购业务所需要的单据以及采购管理的基本功能，认识采购管理在 ERP 系统中的作用。

在当今经济全球化和迅速变化的商业环境中，人们对采购的认识已发生了根本的变化。采购不再被仅仅看作是一种作业层面的职能，而是参与公司战略决策不可或缺的一部分；不再被仅仅看作是降低成本的途径，而是一个重要的“增值”过程；不再被仅仅看作是采购人员的日常工作，而是需要公司各个相关部门积极参与的一个综合性管理过程；不再仅仅局限于某一国家或地区，而是超越地区和国界的全球采购与供应。

因此，现代管理非常重视采购管理，在 ERP 系统中采购是一个重要的核心业务流程，并被作为信息集成的一个重要的组成部分，无论是制造流程还是供销流程都需要同采购流程集成。

6.1　采购管理的任务

采购管理是企业为了达成生产及销售计划，选择适当的供应厂商，在确保适当的品质下，于适当的时期，以适当的价格，购入必须数量的物品所采取的一切管理活动。

采购管理应实现下述任务。

（1）向组织提供稳定的材料和服务以满足其需要。

（2）通过同现有供应来源保持有效联系，并通过发展其他供应来源以代替现有供应商或者满足紧急要求和计划的要求，来确保供应的连续性。

（3）进行有效率和明智的采购，通过符合规定的方法使每一笔开支获得最好的价值。

（4）管理存货以便以最低的成本向用户提供更好的服务。

（5）同其他部门保持牢固的合作关系，及时提供必要的信息和服务，确保整个组织的有效运行。

6.2 采购管理的作用

1．采购管理是供应链的重要环节

所有的企业都需要从外部的供应商手中购买商品和服务。例如：制造业必须首先购进原材料才能进行加工；对装配型产品来讲，还必须首先购进配套件和标准件才能进行装配。企业能够正常运行，在很大程度上还得靠采购供应来保证，二者之间有着决然不可分割的关系。

此外，企业生产能力的发挥，在一定程度上要受到采购供应能力的制约。采购作业是实现按期交货满足客户需求的第一个环节，它直接关系到计划的如期执行，采购提前期往往在整个产品生产周期中占了很大的比例。实际上，销售人员在承诺交付条件之前，除了了解企业生产能力的可行性外，还必须了解供应的可行性，这就要依靠 ERP 系统来提供相关的信息。

2．采购管理是严把质量的第一关

产品的质量，除了设计之外，首先取决于采购物料的质量。一台显示器的色彩不好，人们首先指责的是显示器的品牌，而不去想里面的配件是哪一家生产的。ISO 9000 把采购质量放在极其重要的位置，提出一系列质量保证措施要求，说明采购作业是把好产品质量的第一关。

3．采购管理是成本控制的第一关

在产品成本中，原材料和采购件占的比重最大。对制造业来讲，约占产品成本的 50%～90%，多数在 60%～70%。虽然材料的供应对每个公司的重要程度各有不同。但是，一般的生产公司在材料、供应和服务开支都占到了收入的一大半。例如，假定一个公司总的年度销售额为¥1 000 000，它的利润占营业额的 10%，即等于¥100 000。公司需要花费营业额的 50%用于购买材料和服务上，并且有可能节省材料成本的 5%。

通过以下方式可以表示采购管理的效率对企业的影响。

¥1 000 000 营业额×5%的利润 =¥50 000

¥500 000 用于采购×可节约 5%的材料成本=¥25 000

总的利润=¥125 000

现在如果节约材料成本 5%没有实现，而利润率仍保持 5%，就必须增加营业额的 25%或者说¥250 000，以实现相同的利润。因此，对于一般的制造公司，在材料成本上节省 5%就等于营业额增加了 25%。

因此，降低采购费用是提高企业利润率的一项重要措施。采购管理的目标就是用较低的采购成本，较少的库存保证生产活动不间断地均衡运行。

6.3 采购循环

典型的服务或物料采购循环包括以下过程，如图 6-1 所示。

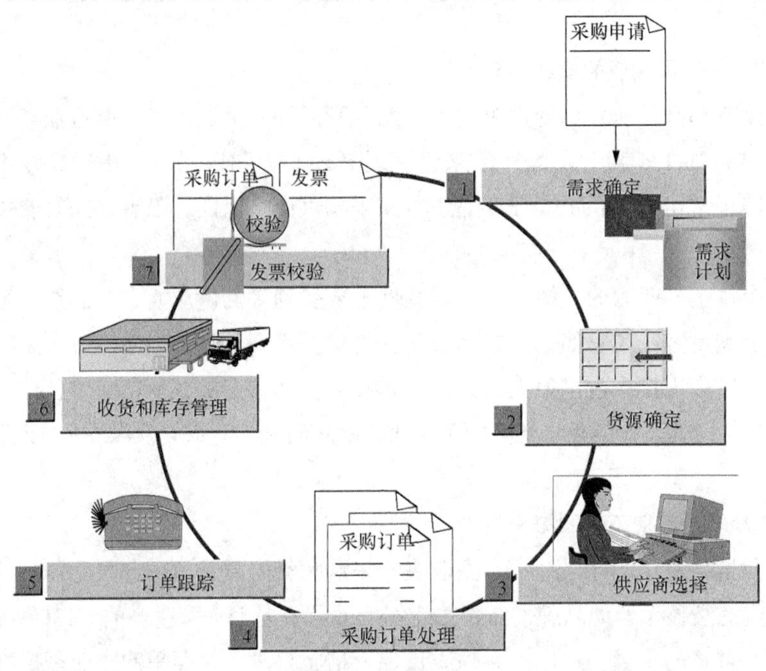

图 6-1 采购循环

1．需求确定

采购需求的确定包括两方面：一方面相应的用户部门手工向采购部门递交一份物料申请以及一份采购申请；另一方面通过物料计划和控制确定物料需求，生成采购请求，可以采用与 MRP 相适合的和基于需求的方法进行库存控制。

2．货源确定

采购部门可基于过去订单和长期的采购协议、采购合同帮助确定潜在的供货来源。通过这些采购信息会加速创建询价请求的过程，如果需要的话，可通过 EDI 将询价信息发送给供应商。

3．选择

为比较不同供应商的报价，企业需确定定价方案。

4．采购订单处理

企业可参考申请和报价中的信息创建采购订单。

5．采购订单跟踪

企业要及时跟踪供应商供货的数量并提供所有采购申请、报价和采购订单的当前状态。

例如，企业可以确定是否已经收到了与某采购订单条目相应的货物或发票。

6．收货和库存管理

收货人员可通过采购订单编号来简单地确认收货。买方通过指定允许的偏差可限制所订货物的供货过量和供货不足。

7．发票校验

企业将收到的发票和采购订单进行检查和匹配，然后会通知负责应付账款的职员应付货物的数量和价格差异。这可加快付款发票的审计和结算速度。

6.4 采购分类

企业因所属行业和生产类型不同，采购形式也多种多样。按照不同的分类标准会得出不同的分类结果，按照采购业务的处理方式可分为普通采购、受托代销采购、第三方采购（直运销售）、长期供货协议、集中采购、外协加工及来料加工采购等。

1．普通采购

对于不定期采购的物料或者服务，可以使用普通采购业务。当创建普通采购订单时，可以参考采购申请、询价单或其他采购订单。

2．受托代销采购

受托代销就是企业受其他企业委托进行销售，是一种先销售后结算的采购模式。分销商将商品提供给代理商，代理商可在双方协议规定的期限内销售此商品，并在销售后结算货款；代理商可在规定期限内将未销售出去的商品返回，在结算货款前商品所有权不发生转移。一般情况下，代销商品的品种、数量、期限由双方协商确定，并由专人负责检测寄售商品在代理商处的存货品种、数量、期限等。

3．第三方采购

第三方采购也叫作直运销售，是指产品无须入库即可完成的购销业务。企业接到客户的订单后，向第三方供应商签订采购订单。第三方供应商根据采购订单，组织货源直接向客户发运货物。对于进行直运销售的企业而言，无须进行实物的入库即完成购销业务，货物流向直接从供应商到客户。财务结算包括两部分：企业和供应商之间的发票及付款，企业和客户之间的发票及付款。第三方采购适用于大型电器、汽车、设备等产品的销售。

4．长期计划协议

对于物料采购是定期的并按照准确的计划执行的企业，可以制订一个长期计划协议。当企业需要时，供应商必须立即发货。大批量生产的企业，原料采购时一般使用这种采购方法。在计划协议中规定采购的物料和协议条件。建立长期计划协议后，就可以创建供货计划表来规定确切的数量、供货日期和延续到将来某时间内的供货次数。

5．集中采购

集中采购是指集团公司为了节约采购成本，根据各分支机构的需求进行集中采购的业务模式。集中采购的主要业务步骤包括：各分支机构提出采购需求，集中采购组织汇总采购需求，采购组织负责采购业务，采购物料分发，采购组织与供应商之间的发票和结算，采购组织和各分支机构之间的发票和结算。

6．外协加工

外协加工是指生产型企业委托供应商进行的加工制造。根据外协制造的物料是产品还是产品生产过程中的一道工序，可以分为产品外协和工序外协。产品外协可以根据是否带料分为带料加工和不带料加工。

7．来料加工采购

对于来料加工企业，主要原料由委托加工方提供。原料的采购仅需要管理采购订单、到货、领用，不必管理原料的成本。因此，这种采购也不需要向供应商付款，而是向供应商收取加工费。

6.5 采购业务流程

不同的采购业务类型分别有不同的业务处理模式，有的差异很小，有的差异很大。下面简单阐述一些常见采购类型的业务流程。

1．普通采购

普通采购业务流程如图6-2所示。

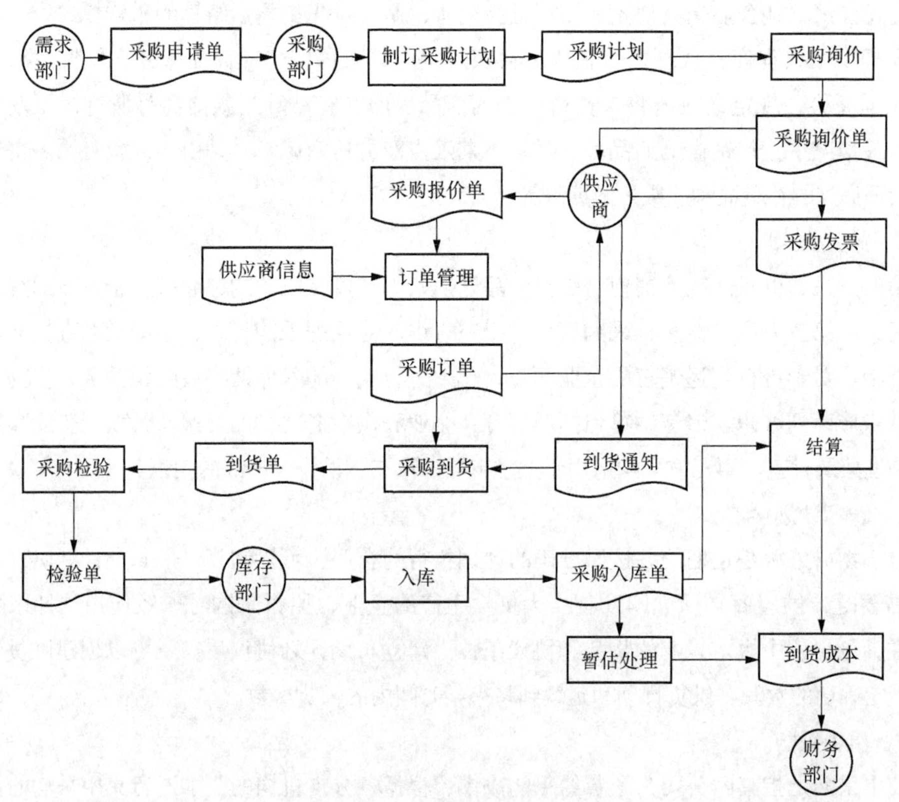

图6-2 普通采购业务流程

（1）由需求部门根据自己的实际需要提出采购申请，相关部门进行审核。

（2）采购部门（或采购组织）汇总各部门的需求，选择供应商并向供应商下达采购订单。

（3）到货入库。在生产型企业中，原材料或关键零部件需要经过到货、检验然后才入库，办公用品等则直接入库；在商业企业中，采购商品一般直接入库。

（4）接收发票。采购发票包括购货发票和其他可以记入采购成本的其他费用发票（如运输发票、海关进口税）。

（5）采购成本核算。如果月末结账前，采购入库物料的发票已到，则可以进行采购结算计算，采购入库成本；如果月末结账前，采购入库物料的发票还未到，则需要进行暂估处理，下月发票到之后再进行月初回冲、单到回冲或单到补差。

① 月初回冲：月初回冲是指月初时系统自动生成红字回冲单，报销处理时，系统自动根据报销金额生成采购报销入库单。

② 单到回冲：单到回冲是指报销处理时，系统自动生成红字回冲单，并生成采购报销入库单。

③ 单到补差：单到补差是指报销处理时，系统自动生成一笔调整单，调整金额为实际金额与暂估金额的差额。

2．受托代销采购

受托代销采购业务流程如图6-3所示。

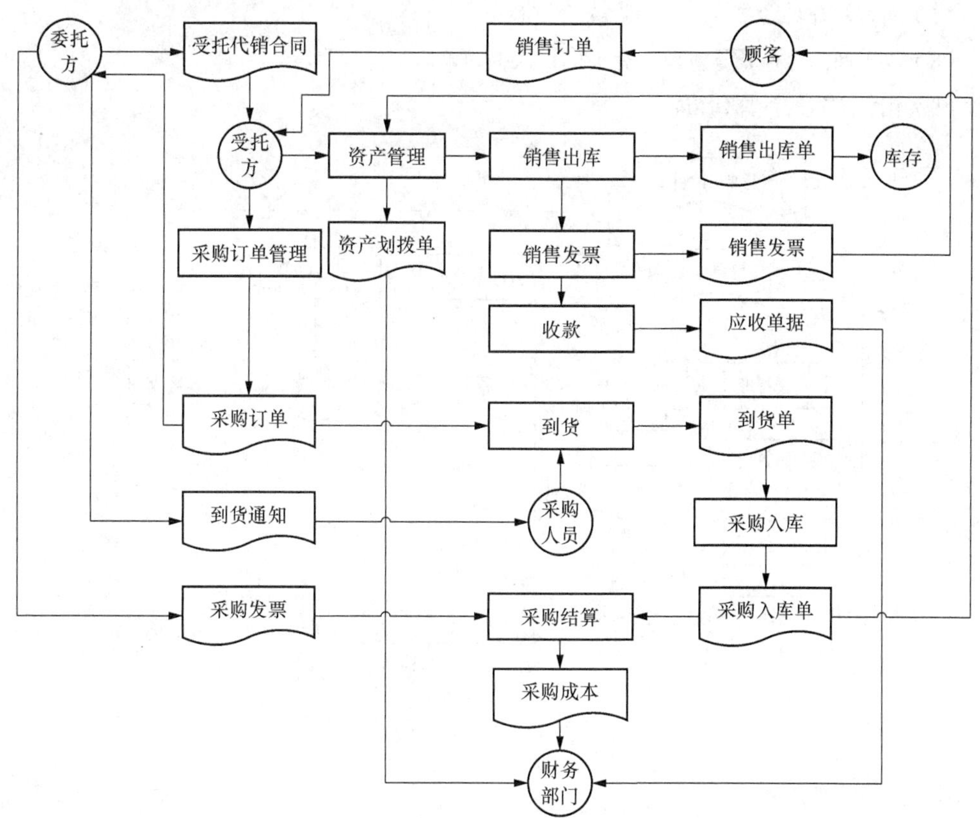

图6-3　受托代销采购业务流程

（1）建立受托代销合同。主要包括确定受托代销商品、供应价格、销售指导价、固定销售价格。

（2）受托方向委托方下达采购订单。

（3）到货时，采购人员填写到货单，仓库管理人员根据到货单收货入库。这时，只记到货的数量而不记到货的成本，存货的所有权仍然属于委托方。

（4）受托方销售产品。

（5）根据销售数量将受托代销没有记为自有资产的受托商品转为自有资产。

（6）销售出库、开发票、收款等。

（7）采购人员根据销售并转为自有资产的数量与委托方进行结算，存货的所有权转移。

3．第三方采购

第三方采购业务流程如图 6-4 所示。

（1）企业和客户签订销售订单。

（2）企业通知采购部门进行采购，创建第三方采购订单。

（3）采购订单进行审核批准。

（4）打印采购订单，并传给供应商。

（5）供应商接收第三方采购订单，组织货源，直接向客户发货，并通知企业采购部门。

（6）客户收到供应商送到的货物后，确认并通知企业。

（7）给客户开具发票，向客户收款。

（8）供应商向企业开具发票，企业向供应商付款。

（9）销售成本的计算和结转。

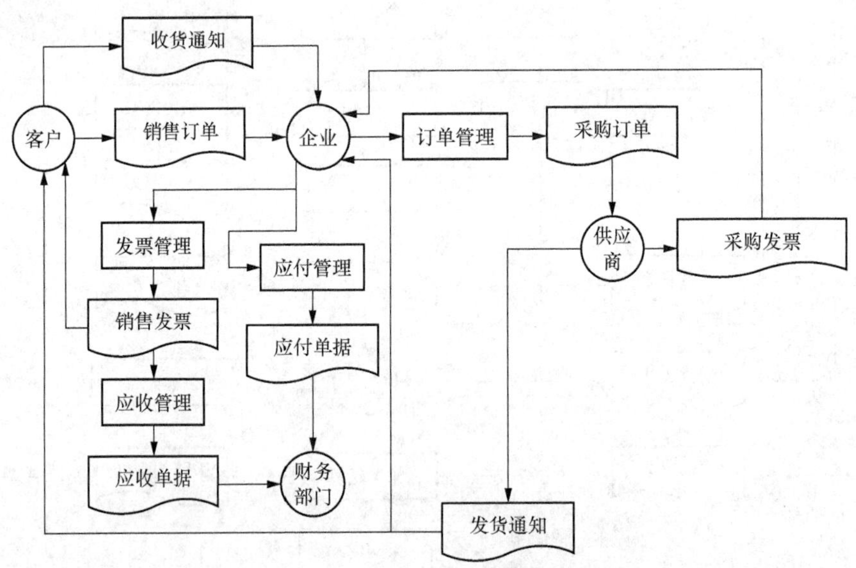

图 6-4　第三方采购业务流程

4．长期计划协议

长期计划协议与普通采购的区别在于：发运计划必须基于一个长期计划协议，而普通采购可以直接从采购订单开始。发运计划有严格的时效性，其余到货、检验、发票及付款与普通采购一致。

5．集中采购

集中采购业务流程如图 6-5 所示。

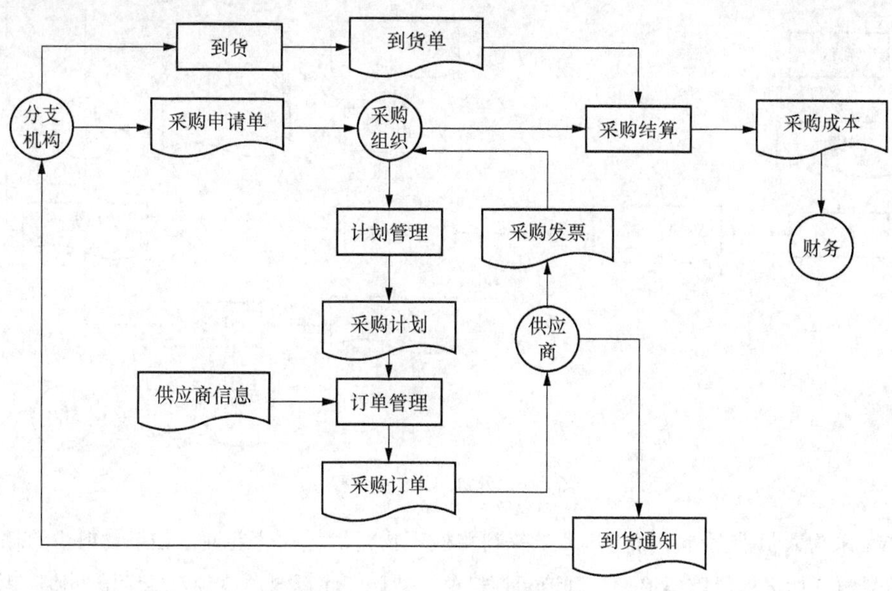

图 6-5　集中采购业务流程

（1）各分支机构填写采购申请。

（2）相关领导进行审批。

（3）负责集中采购的部门（采购组织）汇总采购申请。

（4）采购部门选定供应商，签订采购订单。

（5）采购到货。可以先到采购组织然后再分发给各分支公司，也可以直接发送到有需求的各分支机构。

（6）采购组织与供应商之间的发票和结算。

（7）采购组织和各分支机构之间的发票和结算。

6．外协加工

外协加工分为工序外协和产品外协，产品外协可分为带料产品外协和不带料产品外协。不带料外协的业务流程和普通采购基本一致，这里只简单介绍带料产品外协加工的业务流程，如图 6-6 所示。

（1）创建外协采购订单。创建外协采购订单时，要维护外协需要领用的物料。

（2）检查外协订单所需物料的可用量。

（3）外协采购订单的审批、打印、供应商确认。如果批准没有通过，判断是否修改，不能修改的通知申请者无法处理，可以修改的转入修改程序。

（4）采购人员根据批准的外协采购订单填写外协产品的组件领料单，并到库房领料。

（5）到货时，采购人员填写到货单，如果需要检验，进行检验后填写检验单。检验结束，仓库管理人员根据检验单或到货单收货入库。

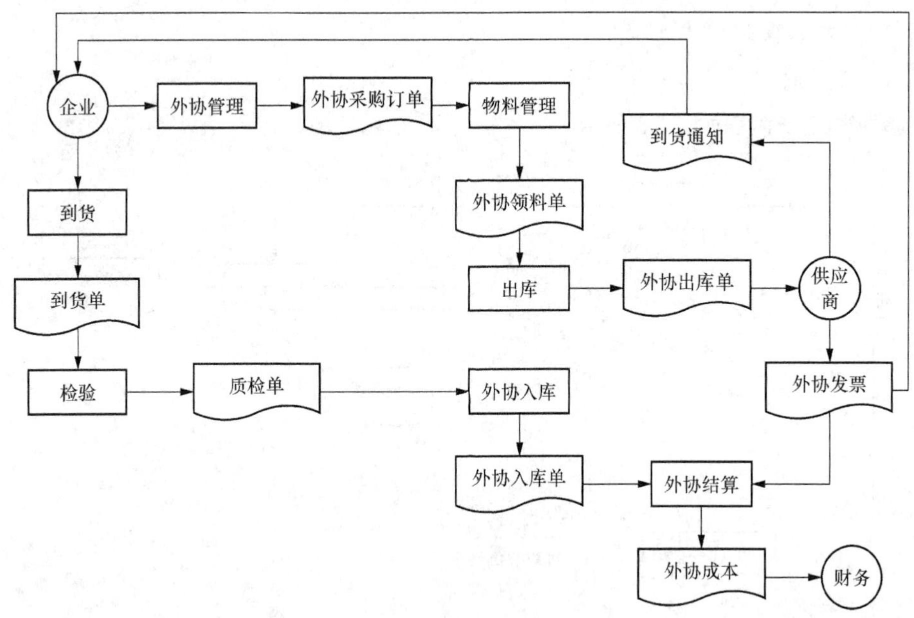

图 6-6　外协加工业务流程

（6）采购人员根据外协加工厂商的来料单检查物料消耗的合理性。如果物料少消耗，则填写返料单；如果物料需要追加，则填写领料单。然后，将返料单或领料单发给外协厂商。

（7）财务结算。采购人员根据外协加工厂商开具的发票填写报销单，并到财务部门领取支票。

7．来料加工采购

来料加工采购与普通采购的不同之处在于总分账上。业务管理上与普通采购一样。

6.6　采购管理子系统的功能

1．系统基础数据维护

采购管理子系统的基本数据有采购员资料、供应商资料、采购提前期以及业务流程设置等，对这些数据应及时加以维护。

2．供应商管理

供应商处于企业供需链的供应端，从一定意义上说，供应商也是企业资源之一。采购部门掌握越多的供应商，企业的供应来源才能越丰富。现代管理的管理思想趋向于同供应商建立合作伙伴关系，企业管理者已经意识到供应商对企业的重要影响，把建立和发展与供应商的关系作为企业整个经营战略的重要组成部分。企业在选择供应商时一般要考虑 4 个因素：价格、质量、服务、交货期。通过供应商评估能尽量优化采购操作，能简化选择货源过程、不断跟踪和考察现有的供应关系。使用供应商评估系统能保证更大的客观性，因为所有供货商以同一标准评估并由系统评分，尽量减少个人的主观印象影响。

在 ERP 系统中，企业必须建立供应商档案（如表 6-1 所示），同时对首选、次选等供应商加以分类，并建立供应商的供应物品明细（品种、价格、供应期、运输方式等），其资料最终必须经过审核才能有效。同时，ERP 系统在执行采购订单下达时，要读入相应的供应商资料。供应商资料是采购管理子系统的基本资料，并且还要初始设置供应商的有关账务资料。初始设置完成之后才能处理采购业务。

表 6-1　供应商档案（基本信息）

编码	名称	地区	行业	邮编	电话	地址	联系人	税号	开户银行	账号	法人
001	大地公司	东北	制造业	××	××	××	王红	×××	北京工商银行	×××	李明

3．采购计划管理

采购请购是指企业内部向采购部门提出采购申请，或采购部门汇总企业内部采购需求提出采购清单，生成采购计划。请购是采购业务处理的起点，也是 MPS/MRP 计划与采购订单的中间过渡环节。请购单（如表 6-2 所示）用于描述和生成采购的需求，如采购什么货物、采购多少、何时使用、谁用等内容；同时，也可为采购订单提供建议内容，如建议供应商、建议订货日期等。生成采购计划后，系统自动生成用款计划，并根据询价结果进行维护。由财务部门对用款计划进行确认，之后反馈意见给采购部门。

在 ERP 系统中，请购单可手工增加，也可参照 MPS/MRP 计划生成。

表 6-2　采购请购单

请购单号：050928001　　业务类型：普通采购　　日期：2005-09-28

申请部门：生产一部　　业务员：张朋

币种：人民币　　税率：17.00

物料编码	物料名称	物料规格型号	计量单位	数量	含税单价	含税金额	需求日期	建议订货日期
0101	台式计算机	HP	台	2	8 000.00	16 000.00	2005-12-05	2005-10-20

制单人：张朋　　审核人：李勇

4．采购订单管理

（1）询价

询价主要是落实采购订单的采购供应商。采购业务人员广泛利用市场的采购供应资源，进行价格咨询并商谈有关交货数量、交货期、质量要求与技术要求，落实每种物料的供应商。对新开发的供应商资源还要进行供应商的认证过程，经过相应的评审并合格后才能作为许可采购的供应商。询价过程主要通过询价单与报价单进行的。询价单是向供应商发出的一种请求提供报价的单据，单据上要列出需要采购的物料、采购数量、要求到货日期等。报价单是供应商根据询价单提供的物料的供应价格及其条件。

（2）订单处理

订货业务是指企业与供应商签订采购合同或采购协议，确认要货需求，供应商根据采购订单组织货源，企业依据采购订单进行货物验收。采购订单（如表 6-3 所示）是企业与供应商之间签订的采购合同、购销协议等，是采购业务的核心，主要包括采购什么货物、采购多少、由谁供货、什么时间到货、到货地点、运输方式、价格、运费等。它可以是企业采购合同中关于货物的明细内容，也可以是一种订货的口头协议。在 ERP 系统中，采购订单可以参照请购单、销售订单、MPS/MRP 计划及 ROP 计划生成，也可以手工填写生成。

表 6-3　采购订单

订单号：051018001　　业务类型：普通采购　　日期：2005-10-18

供应商：大地公司　　申请部门：采购一部　　业务员：李朋

币种：人民币　　税率：17.00

物料编码	物料名称	物料规格型号	计量单位	数量	含税单价/元	含税金额/元	计划到货日期
0101	台式计算机	HP	台	2	8 000.00	16 000.00	2005-11-30

制单人：李朋　　审核人：张勇

（3）采购订单跟催

采购业务人员对下达的采购订单按计划进行跟踪，系统可以设置跟踪的时间周期，形成订单跟催计划。在跟催过程中，要了解供应商的生产进度及质量情况，并及时对供应商给予支持。

通过采购订单的管理，可以帮助企业实现采购业务的事前预测、事中控制、事后统计。

5．采购到货管理

对于需要检验的采购件，首先需要填写到货单，然后进行质量检验，检验合格后才能入库转为正式库存。对于不需要进行检验的采购件，可以直接入库。至于哪些订单类型需要进行到货处理，可以通过业务流程来定义。

采购到货是采购订货和采购入库的中间环节，一般由采购业务员根据供货方通知或送货单，确认对方所送货物、数量、价格等信息，以到货单的形式传递到仓库作为保管员收货的依据。在 ERP 系统中，采购到货单（如表 6-4 所示）可以手工录入，也可以参照采购订单生成。当采购到货后，系统冲减订单未到数量。

表 6-4　采购到货单

到货单号：051128001　　业务类型：普通采购　　日期：2005-11-28

供应商：大地公司　　申请部门：采购一部　　业务员：李朋

币种：人民币　　税率：17.00

物料编码	物料名称	物料规格型号	计量单位	数量	含税单价/元	含税金额/元	仓库	订单号
0101	台式计算机	HP	台	2	8 000.00	16 000.00	城西库	051018001

续表

物料编码	物料名称	物料规格型号	计量单位	数量	含税单价/元	含税金额/元	仓库	订单号

制单人：李朋　　审核人：张勇

6．采购入库管理

采购入库是通过采购到货、质量检验环节，对合格到货的存货进行入库验收。仓库管理人员要根据检验报告填制采购入库单，办理采购入库手续。采购入库单（如表6-5所示）是根据采购到货的实收数量填制的单据。采购入库单按进出仓库方向分为蓝字采购入库单、红字采购入库单。

表6-5　采购入库单

入库单号：051128001　入库日期：2005-11-28　仓库：城西库
入库类型：采购入库　订单号：051018001　到货单号：051128001
供应商：大地公司　业务员：李朋
币种：人民币　税率：17.00

物料编码	物料名称	物料规格型号	计量单位	数量	含税单价/元	含税金额/元
0101	台式计算机	HP	台	2	8 000.00	16 000.00

制单人：李朋　　审核人：张勇

7．采购发票管理

采购发票是供应商开出的销售货物的凭证，系统将根据采购发票确认采购成本，并据以登记应付账款。采购发票按业务性质分为蓝字发票、红字发票；按发票类型分为增值税专用发票、普通发票和运费发票。

在收到供货单位的发票后，有两种处理方法：如果没有收到供货单位的货物，可以对发票压单处理，待货物到达后，再输入系统做报账结算处理；或者先将发票输入系统，便于实时统计在途货物。

8．采购结算管理

采购结算也称为采购报账，是将采购发票与采购入库进行匹配，确认采购成本的过程。采购核算人员根据采购入库单、采购发票核算采购入库成本。采购结算的结果是采购结算单，它是记载采购入库单记录与采购发票记录对应关系的结算对照表。

ERP 系统可以提供自动结算、手工结算两种方式。自动结算是由系统自动将符合结算条件的采购入库单记录和采购发票记录进行结算，其结算的业务规则为入库单与发票、红蓝入库单、红蓝采购发票。

（1）入库单与发票：将供应商、存货、数量完全相同的入库单记录和发票记录进行结算，生成结算单。发票记录金额作为入库单记录的实际成本。

（2）红蓝入库单：将供应商、存货相同、数量绝对值相等符号相异的红蓝入库单行记录进行对应结算，生成结算单。入库单记录可以没有金额，只有数量。

（3）红蓝采购发票：将供应商、存货相同、金额绝对值相等符号相异的采购发票记录对应结算，生成结算单。结算的金额即为各发票记录的合计金额。

9．财务处理

（1）应付账款处理

及时进行应付账款确认以及付款处理是财务核算工作的基本要求，这些工作由应付款管理系统完成。应付款管理系统主要完成对采购业务转入的应付款项的处理，提供各项应付款项的相关信息，以明确应付款的发生原由，有效掌握付款核销情况，提供适时的查询依据，有效利用信用期内的浮游资金，提高资金利用率。

（2）成本核算

采购入库后，要进行入库成本的确认。采购入库单是采购入库成本核算的载体。对采购业务的核算，是以采购入库单为依据的，通过对采购入库单与采购发票进行结算，确定采购业务的成本。一般系统有自动结算和手工结算两种方式。

采购业务成本核算包括三种情况。

① 货票同行：采购存货与采购发票在同一会计期内到，用户可以根据采购发票得到采购入库成本。

② 暂估业务：采购入库的货物发票未到，在不知道具体单价时，财务人员期末暂时按估计价格入账。

③ 采购在途：采购发票先到，采购商品尚未到达，用户可以先挂账，等货到时再处理。

10．采购退货管理

在采购活动中，如果发生退货，可分为以下情况进行处理。

（1）如果该项业务的采购发票没有录入系统，不论货物是否办理入库手续，即不论是否已输入了入库单，都可以不进行处理，不必要求供应商开具红字发票，只需将发票退给供应商即可。

（2）如果该项业务的发票已录入系统，那么若该采购发票还没有采购结算，则可以删除该发票，不必要求供应商开具红字发票；如果该发票已经结算，则必须要求供应商开具红字发票，并录入系统与相应的红字入库单进行结算。

（3）如果原入库单有错，用户重输一张红字入库单冲错，在进行采购结算时，选择原有错的蓝字入库单和冲错的红字入库单进行结算。

在采购活动中，如果实际业务有到货环节，则退货业务可用如下方式处理。

（1）入库后退货：到货环节未发生拒收，货物入库后因某种原因需要退货，则由采购业务员填退货通知单，仓库负责实物退库。此种业务的处理是先参照原到货单或订单生成到货退回单，再根据到货退回单生成红字入库单。

（2）入库前退货：采购不良品处理单的退货数量回写到货单，根据到货单生成到货退回单。

在采购活动中，退货结算可以分为三种情况：结算前全额退货、结算前部分退货、结算后退货。

（1）结算前全额退货：已经录入采购入库单，但未进行采购结算，并且全额退货。其处理步骤为：填制一张全额数量的红字采购入库单；把这张红字采购入库单与原入库单进行结算，冲抵原入库单数据。

（2）结算前部分退货：已经录入采购入库单但未进行采购结算，并且部分退货。其处理步骤为：填制一张部分数量的红字采购入库单；填制一张相对应的采购发票，其中发票上的数量为原入库单数量减去红字入库单数量；把这张红字入库单与原入库单、采购发票进行结算，冲抵原入库单数据。

（3）结算后退货：已录入采购入库单和采购发票，并且已进行了采购结算。其处理步骤为：填制一张红字采购入库单，再填制一张红字发票；把这张退货单与红字发票进行结算，冲抵原入库单数据。

11．采购分析管理

采购分析管理应包括采购统计和采购分析。

采购统计主要是对采购业务的各种信息进行汇总、统计、分析，如可从各种存货的到货情况、入库情况、采购结算情况、采购计划完成情况等多角度、多方位进行统计与分析。

采购分析主要包括如下分析。

（1）采购成本分析：根据发票，对某段日期范围内的存货结算成本与参考成本、计划价进行对比分析。

（2）采购类型结构分析：根据发票，对某段时期内各种采购类型的业务比重进行分析。

（3）采购资金比重分析：根据采购发票，对各种货物占用采购资金的比重进行分析。

（4）采购费用分析：根据采购发票，对应税劳务存货占采购货物的比重进行分析。

（5）采购货龄综合分析：采购货龄综合分析是对采购入库未结算的存货，分析到目前某日期为止它们各自的货龄。

在 ERP 系统中，通过业务数据可以进行采购统计和上述各种类型的采购分析，更好地指导企业的经营活动。

6.7 采购管理子系统与其他子系统的关系

采购管理与销售管理、库存管理、财务管理、质量管理、主生产计划管理是紧密相联的，采购管理子系统与其他子系统的关系如图 6-7 所示。

1．采购管理子系统与销售管理子系统的关系

采购管理子系统可参照销售订单生成采购订单；销售管理子系统的直运销售订单可参照生成采购管理子系统的直运采购订单，直运销售发票与直运采购发票可互相参照。

2．采购管理子系统与财务管理子系统的关系

直运采购发票在财务管理子系统中进行记账登记存货明细账、制单生成凭证；采购结算单可以在财务管理子系统中进行制单生成凭证；财务管理子系统中根据采购管理子系统结算的入库单进行记账和制单，没有结算的入库单进行暂估处理；采购发票录入后，在财务管理子系统中对采购发票进行审核登记应付明细账，进行制单生成凭证，已审核的发票与付款单进行付款核销，并回写采购发票有关付款核销信息。

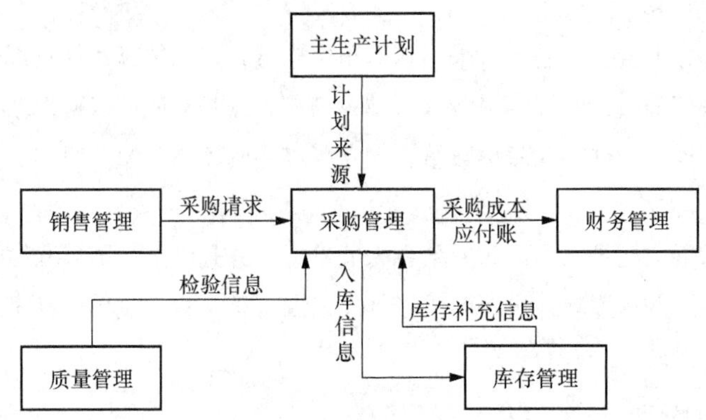

图 6-7 采购管理子系统与其他子系统的关系

3．采购管理子系统与库存管理子系统的关系

库存管理子系统可以参照采购管理子系统的采购订单、采购到货单生成采购入库单，并将入库情况反馈到采购管理子系统；采购管理子系统可以参照库存管理子系统的 ROP 计划生成采购订单；采购管理子系统可以参照库存管理子系统的采购入库单生成发票。采购管理子系统根据库存管理子系统的采购入库单和采购管理子系统的发票进行采购结算。

4．采购管理子系统与主生产计划子系统的关系

采购管理子系统可以参照主生产计划子系统 MPS/MRP 计划生成请购单、采购订单。采购请购单、采购订单、采购到货单为主生产计划子系统 MPS/MRP 运算提供数据来源。

5．采购管理子系统与质量管理子系统的关系

采购到货单报检生成来料报检单。来料不良品处理单的退货数量回写到货单，根据到货单生成到货退回单。

课堂讨论题

1. 讨论采购管理的作用。
2. 简述采购管理子系统与其他子系统的关系。

思考题

1. 谈谈采购管理的作用。
2. 服务或物料采购循环包括哪几个过程？
3. 采购类型主要有哪几种？
4. 绘制各种采购类型的业务流程。
5. 概要描述采购管理的主要业务内容。
6. 采购管理有哪些主要单据？各单据的主要内容是什么？
7. 谈谈采购管理与其他业务管理的关系。

第7章 库存管理

核心要点

- 库存管理的任务
- 库存分类
- 库存费用
- 库存事务
- 库存控制
- 库存的业务
- 库存管理的功能

学习目标

通过本章的学习，读者应该能够掌握库存的分类以及库存管理的业务，了解库存管理所需要的单据以及库存管理的基本功能，认识库存管理在ERP系统中的作用。

库存是可以交换和销售的流动资产，一般占企业资产的20%～60%，是财务报表上的重要项目，管理好库存就是管理好企业的资金。库存信息与财务的资产负债表和损益表有直接的关系，库存信息在资产负债表中以存货的形式出现，在损益表中以销售产品成本的形式出现，是说明企业收益的重要因素。库存反映了企业财务状况的好坏。因此，库存管理非常重要，不能仅仅看成是一个记好库存台账的问题，要实现对企业的实物进行管理，每项存货的收发都须经过库存保管方的监督、管理和确认，存货记录是仓库或成本核算的重要基础数据来源之一，并随时为企业提供存货结存数量，保证企业的正常运营。

7.1 库存管理的任务

库存管理是企业生产过程的重要组成部分，是企业物料管理的核心，是指企业为了生产、销售等经营管理需要而对计划存储、流通的有关物品进行相应的管理，如对存储的物品进行接收、发放、存储保管等一系列的管理活动。库存管理的对象是企业中的所有物料，包括原材料、零部件、在制品、半成品及产品以及其他辅助物料。

库存既是计划的结果，又是支持计划实现的先决条件。因此，库存管理的首要任务是根据产品计划的要求来控制库存。人们习惯把库存管理理解为物料的入库、存储、出库，这种理解是很片面的。库存管理如果不同计划管理相结合，就不能说明库存物料的品种、数量和存储时间是否满足需求。库存量应当是计划的结果，库存脱离了计划，就谈不上管理与控制。库存管理除了保证库存信息准确，满足客户和市场需求计划外，还要控制库存量，控制库存占用的资金额，加速库存周转，降低成本。

总之，库存管理是在供需之间建立缓冲区，达到缓和用户需求与企业生产能力之间、最终装配需求与零件配件之间、零件加工工序之间、生产厂家需求与原材料供应商之间的矛盾，保证企业的正常运营。

7.2 库存分类

库存的分类方法有多种，按照不同的分类标准会得出不同的分类结果，下面从几种角度来看库存的分类。

（1）按库存价值划分，可分为贵重物品与普通物资，如库存 ABC 分类法就属于按价值分类的方法。

（2）按物品在企业的产品成型状态划分，可分为原材料库存、半成品库存和产品库存。

（3）按库存物品的形成原因划分，可分为安全库存、储备库存、批量库存、在途库存、囤积库存和正常周转库存。

① 安全库存：是为了应付需求、制造与供应的意外情况而设立的一种库存。企业的需求和供应商的供给都可能出现偏离计划或预测的情况，存在许多不确定因素。为了不影响生产，在计划需求量之外经常保持一定的库存量作为安全储备。安全库存是物料主文件中用户设定的参数，当实际库存量低于安全库存量时，系统会自动生成订单建议用户补足安全库存。

② 储备库存：受季节供应约束的采购件（如农产品），受季节市场需求约束的产品（如服装），或为工厂休假日及因设备计划检修需要事先储备的物料，统称储备库存。这类库存一般是可以预计的。

③ 批量库存：因为供应、加工、运输、包装或享受折扣优惠等因素的影响，必须按一定的批量生产或采购，可能形成超出实际需要的库存称为批量库存。当批量规则是采用固定批量法时，这类库存尤为突出。

④ 在途库存：由于材料和产品运输而产生的库存量。对企业内部来讲，在途库存是生产工序之间因传送、等待、缓冲而形成的在制品库存。对企业外部来讲，在途库存是为了保持连续向用户供货或连续满足本企业需求，在运输途中保有一定数量的物料。

⑤ 囤积库存：针对生产常用物料涨价趋势，企业需要储备一定数量的物料，以控制成本。由于这样做要积压库存资金，必须分析涨价因素同多付利息之间的关系。

⑥ 正常周转库存：一般用于生产等企业经营需要而产生的库存，如按生产计划采购的物资等。

（4）按物品需求的相关性可分为独立需求库存与相关需求库存。独立需求库存是指某一物品的库存需求与其他物品没有直接关系，库存量是独立的；相关需求库存是指某一物品的库存量与有些物品有关系，存在一定的量与时间的对应关系。例如，MRP 的计划项目均属相关需求型库存项目，其订货时间和订货量是相关的、确定的。

（5）按照库存在会计记账中的需要，不同类型的企业会有所差异。在商业企业中，一般将库存分为库存商品、委托代销商品、受托代销商品等；在工业企业中，一般将库存分为原材料、包装物、低值易耗品、在制品、自制半成品、产成品、委托加工物资等。不同类型的库存在出入库时会记入不同的会计科目。

7.3 库存费用

企业在库存管理过程中，比较注意的问题是库存费用，确定库存费用要考虑以下 4 个因素。

1．物料价值

物料价值是指物料的单位标准成本或计划价格，在物料主文件中记录。

2．订货费用

订货费用是指为了获取物料需要支付的费用，如准备订单、洽谈、运输、搬运、验收等费用。订货费用同订货批量和订货次数有关，订货批量小，订货次数多，订货费用就高。订货费用或订货成本通常在物料主文件中记录。

3．保管费用

保管费用是指为了保存物料所支付的费用，如利息、折旧、损耗、财产税、保险等。

4．短缺损失

短缺损失是指由于出现物料短缺造成停工待料的损失、紧急订货的额外开支、未按期交货造成的客户索赔、撤销订货甚至丧失市场等经济损失。

以上几个因素相互影响。例如，库存量大可能短缺损失小，但保管费用高；要降低保管费用就要降低批量，但批量小订货次数增加，订货费用增加。库存管理的目的就是要平衡这些费用，使总费用达到最低。

7.4 库存事务

库存管理人员的日常工作主要是库存事务处理，企业的库存事务包括以下 4 个方面。

（1）物料存储位置的变化。例如，从供应商到检验区，从检验区到仓库，从仓库到车间，从车间到检验区，从发货区到客户等。

（2）物料数量的变化。物料位置的变化会伴随物料数量的变化。但是也有存放位置不变，数量却发生变化的情况，例如盘点后数量的调整等。

（3）物料价值的变化。在物料存放位置和数量都未变化的情况下，物料的价值由于质量过时废弃等原因在金额（标准成本）上的调整。

（4）物料状态的变化。在订单已经下达但是尚未付款或到货的情况下，ERP 系统将物料设为“订单状态”，而物料到货入库时则 ERP 系统将物料设为“实物状态”。

在日常经营生产活动中，企业应当列出都有哪些库存事务，并分析这些事务同什么物理位置发生关系，涉及哪些会计科目、借贷关系如何，又与哪些订单有关。在 ERP 系统中对各种库存事务都要编码并明确定义。

企业在处理库存事务的同时，要分析相关的业务流程是否合理，定义库存事务的过程也是发现业务流程存在问题的过程。

7.5 库存控制

7.5.1 ABC 分类系统

企业的库存物资种类繁多，每个品种的价格不同；且库存数量也不等，有的物资的品种不多但价值很大，而有的物资品种很多但价值不高。由于企业的资源有限，因此，对所有库存物品均给予相同程度的重视和管理是不可能，也是不切实际的。为了使有限的时间、资金、人力、物力等企业资源能得到更有效的利用，应对库存物资进行分类，将管理的重点放在重要的库存物资上，对库存物资进行分类管理和控制，即依据库存物资重要程度的不同，分别进行不同的管理，这就是 ABC 分类法的基本思想。

企业库存物资存在着这样的规律：少数库存物资占用着大部分的库存资金，而大多数的库存物资仅占全部库存资金的极少部分（即符合关键的少数和次要的多数规律）。ABC 库存分类系统就是利用该规律，按照品种和占用资金的多少，将库存物资按重要程度分为特别重要的库存（A 类库存）、一般重要的库存（B 类库存）和不重要的库存（C 类库存）三个等级，然后针对不同的级别分别进行管理和控制。ABC 分类管理方法包括两个步骤：一是如何进行分类，二是如何进行管理。

1．如何进行 ABC 分类

对库存物资通常按库存物资所占总库存资金的比例和所占库存总品种数目的比例这两个指标来分类。ABC 分类库存物资的划分一般如图 7-1 所示。

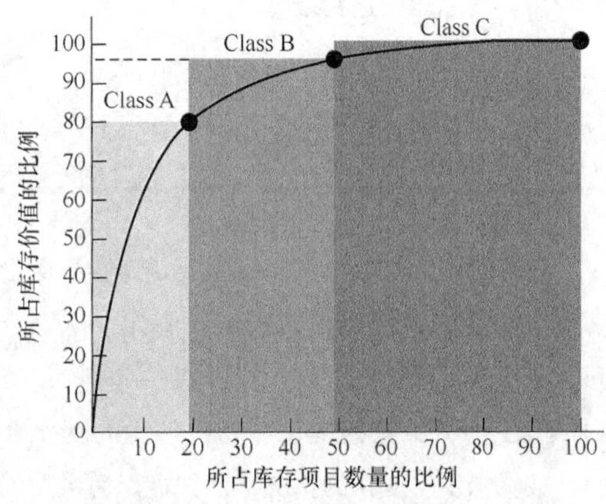

图 7-1 ABC 分类库存物资的划分

具体来说，A 类库存品种数目少但资金占用大，即 A 类库存品种占库存总品种数的 5%～20%，而其占用资金金额占库存占用资金总额的 70%～80%。C 类库存品种数目大但资金占用小，即 C 类库存品种占库存品种总数的 60%～70%，而其占用资金金额占库存占用资金总额的 15%以下，占 5%～10%。B 类库存介于两者之间，B 类库存品种占库存品种总数的 15%～20%，其占用资金金额占库存占用资金总额的 20%左右。

以上按所占金额大小来分类的方法有一定的缺陷，例如，按金额来分类，可能出现某个品种被归为 C 类物资但却是生产过程中不可缺少的重要部件的现象。一旦发生缺货则会造成生产的停顿。为了弥补按金额大小分类方法的不足，发展出了重要性分析方法（critical value，CVA）。这种方法的基本点是按照工作人员的主观认定对每个库存品种进行重要程度打分，评出的分数称为分数值（point value），再依照分数值的高低将物资品种划分为 3～4 个级别，即最高优先级（top priority）、高优先级（high priority）、中优先级（medium priority）、低优先级（low priority）。

2．如何进行 ABC 分类管理

在对库存进行 ABC 分类之后，接着便是根据企业的经值策略对不同级别的库存进行不同的管理和控制。

A 类库存：这类库存物资数量虽少但对企业却最为重要，是最需要严格管理和控制的库存。企业必须对这类库存定时进行盘点，详细记录及经常检查分析物资使用、存量增减、品质维持等信息，加强进货、发货、运送管理，在满足企业内部需要和顾客需要的前提下维持尽可能低的经常库存量和安全库存量，加强与供应链上下游企业的合作，降低库存水平，加快库存周转率。对 A 类要重点进行管理，做到实时记录，严格控制，谨慎预测，保证订货供应。

B 类库存：这类库存属于一般重要的库存，对于这类库存的管理强度介于 A 类库存和 C 类库存之间。对 B 类库存一般进行正常的例行管理和控制，灵活调整。

C 类库存：这类库存物资数量最大但对企业的重要性最低，因而被视为不重要的库存，对于这类库存一般进行简单的管理和控制。例如，大量采购大量库存、减少这类库存的管理人员和设施、延长库存检查时间间隔等。

7.5.2　库存控制的分类

为研究方便可对库存控制问题进行以下分类。

（1）根据是否重复订货，分为一次性的库存控制问题和重复性订货问题。

（2）根据供应来源，可分为外部供应的库存控制问题和内部供应库存控制问题。

（3）根据对未来需求量的知晓程度，可分为不变需求量和可变需求量的库存控制问题。

（4）根据对前置时间的知晓程度，分为不变前置时间的库存控制问题和可变前置时间的库存控制问题。

（5）根据所采取的库存控制系统的类型，可分为固定订货量系统、固定订货间隔期系统、一次订货量系统和物料需求计划系统。

不管是何种类型的库存控制，都要回答以下问题。

（1）如何优化库存成本。

（2）怎样平衡生产与销售计划，来满足一定的交货要求。

（3）怎样避免浪费，避免不必要的库存。

（4）怎样避免需求损失和利润损失。

归根结底，库存控制要解决 3 个主要问题。

（1）确定库存检查周期。

（2）确定订货量。

（3）确定订货时间点（何时订货）。

在库存控制系统中不可控的因素是需求、订货提前期。可控的因素是一次订多少（订货量）、何时提出订货（订货点）。

从图 7-2 中我们可以直观推断出：

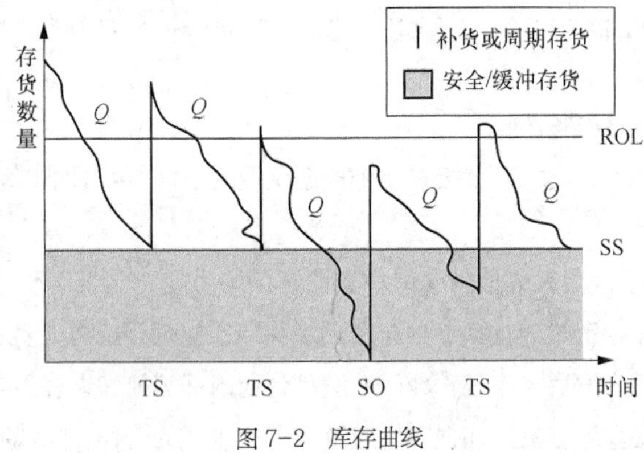

图 7-2　库存曲线

① 由供给和需求活动得到的库存曲线，即库存水平在一段时期随供给和需求的变化的曲线；

② 到货的时间（图 7-2 中的 TS）和数量（图 7-2 中的 Q）；

③ 订货的时间点，图 7-2 中当库存达到 ROL 水平时对应的时间点；

④ 为防止供应和需求的不确定性而设立的安全库存，图 7-2 中 SS；

⑤ 缺货时间点，图 7-2 中的 SO。

下面介绍两种基本的库存模型，即定量订货模型和定期订货模型。

1．定量订货模型（定量订货模型也称为订货点控制）

图 7-3 中 Q 是每次的订货量，L 为订货提前期，R 为订货点。定量订货就是预先设定一个再订货点（图中的 R），在日常管理中连续不断地监控库存水平，当库存水平降低到订货点时就发出订货通知，每次按相同的订货批量 Q 补充订货。

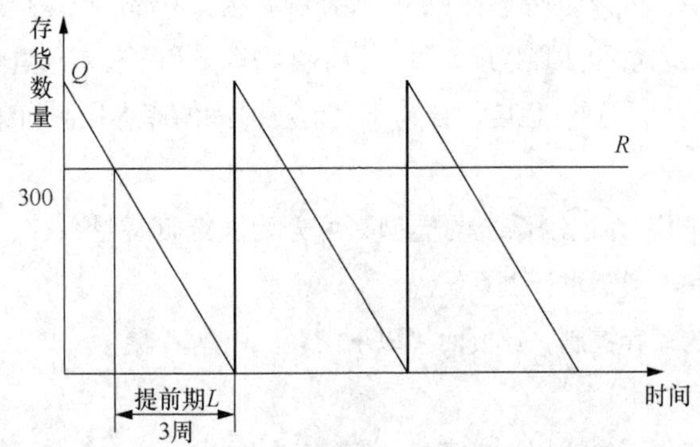

图 7-3　定量订货控制模型

2．定期订货控制系统

针对定量订货费用较大、工作量加大的缺陷，定期订货控制系统按照预先确定的时间间隔，周期性地检查库存，随后发出订货，将库存补充到目标水平。

图 7-4 中 Q 是各次的订货量，R 是库存检查周期，L 仍为订货提前期。定期订货没有订货时间点，每次只按预定的周期检查库存，依据目标库存和现有库存的情况，计算出需要补充的库存量，然后按照订货提前期发出订货，使库存达到目标水平。

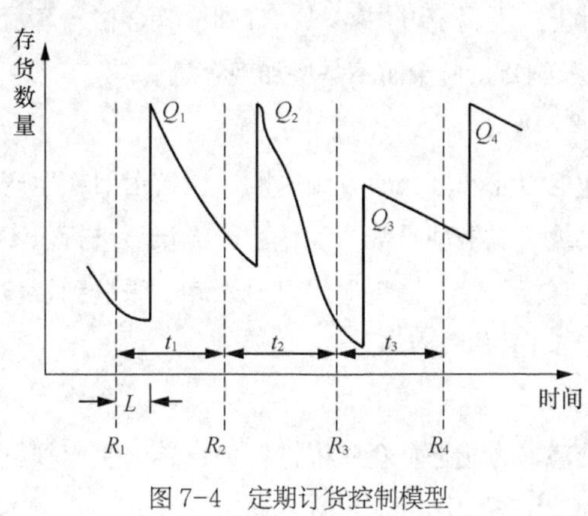

图 7-4 定期订货控制模型

3．两种库存控制系统的比较

两者的基本区别是，定量订货模型是“事件驱动”，而定期订货模型是“时间驱动”。也就是说，定量订货模型在达到规定的再订货水平后，就进行订货，这种时间有可能随时发生，主要取决于对物资的需求情况。相比而言，定期订货模型只限于在预定时期期末进行订货，是由时间驱动。两者系统的比较如表 7-1 所示。

表 7-1 定量订货模型与定期订货模型的比较

特征	定量订货模型	定期订货模型
订货量	每次订货量相同	每次订货量不同
何时订货	在库存量降低到在定购点时	在盘点期到来时
库存记录	每次出库都做记录	只在盘点期记录
库存大小	比定期订货模型小	比定量订货模型大
持续所需时间	由于记录持续，所以较长	比定量订货模型短
物资类型	昂贵、关键或重要物资	一般物资
适用范围	需求相对稳定的 C 类，电子购物	稳定的、可持续预测的需求且价值低、小批量的物品

7.6 库存管理业务分析

企业库存管理的主要业务包括到货、入库、出库，以及调拨或转库、倒冲领料、形态转换、盘点等。

1．到货

到货用于处理需要进行质量检验的物料，一般处理流程为到货、质量检验、入库。物料到货后，仍然不属于可用物料，直到检验合格入库后，才能进行生产或销售领用。到货处理的业务类型包括采购到货、销售退回的到货、其他到货等。

由于到货待检的物料仍然不属于可用物料，直到检验合格入库后才能进行生产或销售领用，所以到货数量应该记入到货待检量而不是增加现存量。

2．入库

入库是库存管理最基本的业务。仓库收到采购、销售退回或生产完工的货物后，仓库保管员验收货物的数量、质量、规格型号等，确认验收无误后进行入库及相应账簿的登记。入库业务类型主要包括采购直接入库、销售退回直接入库、采购到货检验转入库、销售退回到货检验转入库、产成品入库、其他入库等。

3．出库

出库也是库存管理最基本的业务。仓库根据销售订单、生产领料单等进行出库。出库业务类型主要包括销售出库、生产领用、其他出库等。

4．调拨或转库

调拨或转库是指仓库之间的转库业务或部门之间的存货调拨业务。同一张调拨单上，如果转出部门和转入部门不同，表示部门之间的调拨业务；如果转出部门和转入部门相同，但转出仓库和转入仓库不同，表示仓库之间的转库业务。调拨或转库分为以下几个层次：同一公司不同库存组织之间的调拨或转库；同一库存组织不同仓库之间的调拨或转库；同一仓库不同货位之间的转库。

转库或调拨在系统设计中有一步式转库、两步式转库两种处理方式。

（1）一步式转库是指发货、收货同步执行，不监控在途数据的调拨或转库过程。一般用来处理在同一个仓库内不同货位之间或距离很近的两个仓库之间的物料调拨或转库。一步式转库的单据是“转库单或调拨单”。

（2）两步式转库是指发货、收货分步执行，可以监控在途数据的调拨或转库过程。发货后，货物记到收货方的在途项目中。收货方必须在发货方进行“调拨或转库”发货后，才能做收货处理。两步式转库的单据包括转库单或调拨单——发货，转库单或调拨单——收货。

转库或调拨业务处理主要通过调拨申请单（如表 7-2 所示）和调拨单（如表 7-3 所示）来进行。

表 7-2　调拨申请单

申请单号：050928001　　日期：2005-09-28

转出部门：生产一部　　转入部门：生产二部

转出仓库：城西库　　转入仓库：城东库

出库类别：调拨出库　　入库类别：调拨入库

物料编码	物料名称	物料规格型号	计量单位	数量	单价/元	调拨数量	金额/元	备注
0101	台式计算机	HP	台	1	8 000	1	8 000	

申请人：张朋　　制单人：张朋　　审核人：李勇

表 7-3 调拨单

申请单号：050929001　　日期：2005-09-28

转出部门：生产一部　　转入部门：生产二部

转出仓库：城西库　　转入仓库：城东库

出库类别：调拨出库　　入库类别：调拨入库

物料编码	物料名称	物料规格型号	计量单位	数量	单价/元	调拨数量	金额/元	入库单号
0101	台式计算机	HP	台	1	8 000.00	1	8 000	050929002

申请人：张朋　　制单人：张朋　　审核人：李勇

5．倒冲领料

包装不可分割或价值较低的材料，通常会存放在生产线或委外商处（将材料从普通仓库调拨到现场仓库或委外仓库），在产品完工后由系统根据完工或入库产品耗用的材料自动倒扣现场仓或委外仓的材料数量。倒冲领料主要应用于生产制造过程中一些经常使用并且价格便宜的材料的领用。倒冲包括生产倒冲和委外（入库）倒冲，生产倒冲又分为工序倒冲和入库倒冲。这种方式多应用于重复制造方式的工厂。

要实现倒冲领料，必须在仓库和库位设置中，为车间管理“倒冲物料”的地点设置一个仓库或库位；在生产工艺路线设置中，指定某工序消耗某物料的“倒冲仓库或库位”。有了以上基本设置后，就可以实现倒冲领料。

6．形态转换

某种存货在存储过程中，由于环境或本身原因，使其形态发生变化，由一种形态转化为另一形态，从而引起存货规格和成本发生变化，在库存管理中需对此进行管理记录。例如特种烟丝变为普通烟丝；煤块由于风吹、雨淋，天长日久变成了煤渣；硫酸在存储过程中，由于吸收空气中的水分，浓度发生变化；活鱼由于缺氧变成了死鱼等。库管员需根据存货的实际状况填制形态转换单，报请主管部门批准后进行调账处理。

如果形态转换前后成本不变，其账务处理相对简单。如果成本发生变化，就要根据变化的物料及其变化原因将差异记入相应的科目。

7．库存盘点

所谓盘点就是定期或不定期地对仓库（或商店）内的存货（或商品）进行全部或部分的清点，以确实掌握当前的实际库存量，并针对账面数量与实际数量的差异，寻求差异原因，加以改善，加强管理。盘点处理主要通过盘点单（如表 7-4 所示）来进行。

表 7-4 盘点单

盘点单号：050929001　　日期：2005-09-28　　盘店会计期间：9

盘点仓库：城西库　　盘点部门：库存一部

物料编码	物料名称	物料规格型号	计量单位	单价/元	账面数量	账面金额/元	调整入库数量	调整出库数量	账面调节数量	盘点数量	盘点金额/元	盈亏数量	盈亏金额/元
0101	台式计算机	HP	台	8 000	1	8 000	0	0	0	1	8 000	0	0

续表

物料编码	物料名称	物料规格型号	计量单位	单价/元	账面数量	账面金额/元	调整入库数量	调整出库数量	账面调节数量	盘点数量	盘点金额/元	盈亏数量	盈亏金额/元

制单人：张朋　　　　审核人：李勇

为了保证企业库存资产的安全和完整，做到账实相符，企业必须对存货进行定期或不定期的清查，查明存货盘盈、盘亏、损毁的数量以及造成的原因，并据以编制存货盘点报告表，按规定程序报有关部门审批。经有关部门批准后，应进行相应的账务处理，调整存货账的实存数，使存货的账面记录与库存实物核对相符。

企业的实际运作过程中，会采用不同的盘点方式。下面根据不同的划分标准介绍几种不同的盘点类型。

（1）按照盘点的对象是“账”还是“实物”来划分，可以将盘点分为账面存货盘点和实际存货盘点。账面存货盘点也叫作“永续盘点”，是指根据出入库的数据资料，计算出存货（或商品）的账面结存的方法。实际存货盘点也叫作“实地盘点”，是针对当前仓库（或商店）中的库存（或商品），进行实地清点统计，记录当前实际结存数量的方法。

（2）按照盘点的区域来区别，可以将盘点分为全面盘点和分区盘点。全面盘点是指在规定的时间内，对仓库（或商店）内所有存货进行盘点；分区盘点是指对仓库（或商店）内的存货（或商品）按货位或类别区分，每次依顺序盘点一定区域。

（3）按照盘点时间来划分，可以将盘点分为营业中盘点、营业前（后）盘点、停业盘点。营业中盘点就是“即时盘点”，营业与盘点同时进行；营业前（后）盘点适用于商业企业，是指开门营业之前或下班之后进行盘点；停业盘点是指在正常的营业时间内停业一段时间来盘点。

（4）按照盘点周期来划分，可以将盘点分为定期和不定期盘点。定期盘点是指每次盘点间隔时间相同，包括年度盘点、季度盘点、月度盘点、每日盘点、交接班盘点；不定期盘点是指每次盘点间隔时间不一致，是在调整价格、改变销售方式、人员调动、意外事故、清理仓库等情况下临时进行的盘点。

尽管有多种盘点类型，但盘点作业的实际业务处理还有许多相似之处，一般盘点作业的业务处理流程如下。

（1）统一制订公司的盘点制度。包括盘点方法、盘点周期、账务处理、差异处理及奖惩规定。

（2）区域划分及责任落实。盘点的区域及存货（或商品）要责任到人。

（3）盘点前的准备及培训。包括打印盘点用表格、人员组织、工具通告、工作分配与盘前培训、各种资料整理。

（4）盘点作业。实际盘点，填写盘点表。

（5）差异因素追查。盘点结束后，如果账面数据与实际盘点数据不符，应追查差异的主因。

（6）盘盈、盘亏处理。查明差异原因后，根据盘盈、盘亏的原因进行相关账务处理。

8．组装与拆卸

企业中的某些商品既可单独出售，又可与其他商品组装在一起销售，如计算机销售公司既可将显示器、主机、键盘等单独出售，又可按客户的要求将显示器、主机、键盘等组装成计算机销售，这时就需要对计算机进行组装；如果企业库存中只存有组装好的计算机，但客户只需要买显示器，此时又需将计算机进行拆卸，然后将显示器卖给客户。

组装是指将多个散件组装成一个配套件的过程，而拆卸是指将一个配套件拆卸成多个散件的过程。配套件是由多个存货组成，但又可以拆开销售的存货。配套件和散件在物料清单中设置之间是一对多的关系。

7.7 库存管理子系统的功能

1．仓库管理

存货一般是用仓库来保管的。库存管理应该处理多个不同仓库的库存，即在各仓库物料的进、出、存等作业，任何一种物料可同时存放于不同的仓库。因此，对存货进行管理，首先应对仓库进行管理，进行仓库设置是库存管理子系统的重要功能。

在 ERP 系统中，企业必须建立仓库档案之后才能处理库存业务。企业可以根据实际需要设置仓库的属性，例如：同一存货在不同仓库设置不同的盘点周期、安全库存参数；如果需要对车间存放的存货进行管理，可以设置现场仓；如果需要对委外商处存放的材料进行管理，可以设置委外仓等。

2．到货管理

企业应该对各种类型的到货进行有效管理。到货管理的业务单据为到货单，到货单应该保留采购订单、销售退回单的信息，同时增加到货数量、到货日期、到货仓库及货位、到货验收人等信息。

在 ERP 系统中，到货单应该支持以下 3 种处理方式。

（1）根据采购订单生成到货单。

（2）根据销售退货订单生成到货单。

（3）手工输入到货单。

3．入库管理

入库管理是库存管理子系统的基本功能，是对物料进入各个仓库进行管理。入库管理的业务单据为入库单，入库单应该保留采购订单、销售退回单、到货检验单等原始单据的信息，同时增加入库数量、入库日期、入库仓库及货位、库管员等信息。

在 ERP 系统中，入库单应该支持以下几种处理方式。

（1）根据采购订单生成入库单。

（2）根据销售退货订单生成入库单。

（3）根据采购到货检验单生成入库单。

（4）根据销售退货检验单生成入库单。

（5）根据生产订单生成入库单。

（6）手工输入入库单。

对于直接入库（采购直接入库、销售返回直接入库、产成品完工直接入库），ERP 回写订单（采购订单、销售返回单、生产订单）的未入库数量，同时增加现存量。对于检验入库（采购到货检验、销售退回检验），系统应该回写检验单（采购到货检验单、销售退回检验单）的检验合格转入库数量等，回写订单（采购订单、销售退回单）的未入库数量，同时增加现存量。

4．出库管理

出库管理是库存管理子系统的基本功能，是对从各个仓库发出的物料进行管理。出库处理的业务单据为“出库单”，出库单应该保留销售订单、生产领料单等原始单据的信息，同时增加出库数量、出库日期、出库的仓库及货位、库管员等信息。

在 ERP 系统中，出库单应该支持以下几种处理方式。

（1）根据销售订单生成出库单。

（2）根据生产订单对应的领料定额生成出库单。

（3）手工输入出库单。

对于销售出库，ERP 系统应该回写销售订单中的未出库数量等，同时减少现存量；对于生产领料，ERP 系统应该回写生产订单定额领料单的已领数量、未领数量等，同时减少现存量。

5．盘点管理

ERP 系统提供多种盘点方式，如按仓库盘点、按批次盘点、按类别盘点、对保质期临近多少天的存货进行盘点等，还可以对各仓库或批次中的全部或部分存货进行盘点，盘盈、盘亏的结果自动生成其他出入库单。

盘点还可以分为普通仓库盘点和倒冲仓库盘点。倒冲仓库盘点是指对现场仓或委外仓进行盘点，盘点单审核后盈亏数分摊到生产订单或委外订单中生成材料出库单；普通仓库盘点审核后盈亏数生成其他出入库单。

在 ERP 系统中，盘点的作业处理流程如下。

（1）选择要盘点的仓库、货位及存货，生成盘点单。

（2）打印盘点单。

（3）输入盘点结果。

（4）审核确认盘点结果。

（5）打印盘点差异报表。

（6）差异数量记账。

6．调拨管理

在 ERP 系统中，调拨管理应该具有以下功能。

（1）调拨单生成：调拨单可以手工填写，也可以参照生产订单、委外订单或调拨申请单填制。

（2）调拨单可以修改、删除、审核、弃审。

（3）调拨单审核后生成出库单、入库单。

7．形态转换管理

在ERP系统中，形态转换管理应该具有以下功能。

（1）形态转换单手工填写。

（2）形态转换单可以修改、删除、审核、弃审。

（3）形态转换单审核后生成出库单、入库单。

8．组装拆卸管理

组装是指将多个散件组装成一个配套件的过程。组装单相当于两种单据，一种是散件出库单，另一种是配套件入库单。

在ERP系统中，组装处理应该具有以下功能。

（1）组装单手工填写。

（2）组装单可以修改、删除、审核、弃审。

（3）组装单审核后生成出库单、入库单。

拆卸是指将一个配套件拆卸成多个散件的过程。拆卸单相当于两种单据，一种是配套件出库单，另一种是散件入库单。

在ERP系统中，拆卸处理应该具有以下功能。

（1）拆卸单手工填写。

（2）拆卸单可以修改、删除、审核、弃审。

（3）拆卸单审核后生成出库单、入库单。

9．倒冲管理

在ERP系统中，倒冲领料的主要方法有两种：一种是在生产订单或委外订单完工入库时，自动生成"倒冲领料单"；另一种是以批处理的方式选定生产完工入库单，选定"倒冲仓库或库位"的"倒冲领料单"。

自动生成倒冲领料单是指在生产订单或委外订单完工入库时，自动生成"倒冲领料单"。要实现自动生成倒冲领料单，必须在工艺路线设置中针对具体工序、具体物料进行设定，如是否倒冲、倒冲仓库或库位是哪个、是否自动生成倒冲领料单、在什么时候生成（工序完工时/整个物料生产完工入库时）等。

批处理生成倒冲领料单是指根据用户选定的具体生产完工入库单或委外完工入库单生成"倒冲领料单"。使用批处理方式生成倒冲领料单，也必须在工艺路线设置中针对具体工序、具体物料进行设定，如是否倒冲、倒冲仓库或库位是哪个等。

针对于不同类型的倒冲，系统的处理流程也有差异。

生产倒冲的处理流程如下。

（1）计划人员填制生产订单，需要工序倒冲的材料在生产订单用料表中供应类型选择"工序倒冲"；需要入库倒冲的供应类型选择"入库倒冲"。

（2）调拨模拟：根据已审核的生产订单计算材料需用量，与转出仓库可用量进行比较，提供建议调拨量，确认后将材料从普通仓库调拨到现场仓（生产线）。

（3）自动倒冲：针对工序倒冲，工序转移单保存时，如果加工的产品在生产订单中有工序倒冲子件，则系统按规则自动生成材料出库单，倒扣现场仓材料数量；针对入库倒冲，产成品入库单保存时，如果入库产品在生产订单中有入库倒冲子件，则系统按规则自动生成材料出库单。

（4）盘点补差：对现场仓的材料进行盘点，与系统记录的现存量进行比较，有差异的按盘点期间倒冲料材料出库单出库量分配，分摊到生产订单各产品各工序上生成新的材料出库单，将差异调平。

委外倒冲的处理流程如下。

（1）计划人员填制委外订单，需要倒冲的材料在委外订单用料表中供应类型选择“倒冲”。

（2）调拨模拟：根据已审核的生产订单计算材料需用量，与转出仓库可用量进行比较，提供建议调拨量，确认后将材料从普通仓库调拨到委外仓。

（3）自动倒冲：采购入库单（业务类型为委外加工）保存时，如果入库产品在委外订单中有倒冲子件，则系统按规则自动生成材料出库单。

（4）盘点补差：对委外仓的材料进行盘点，与系统记录的现存量进行比较，有差异的按盘点期间倒冲料材料出库单出库量分配，分摊到委外订单各产品上生成新的材料出库单，将差异调平。

10．统计分析

统计分析主要是对库存业务的各种信息进行汇总、统计、分析，如可从各种存货在各仓库的收入、发出、存货情况等多角度、多方位进行统计与分析。

7.8 库存管理子系统与其他子系统的关系

库存管理与销售管理、采购管理、财务管理、生产计划管理是紧密相联的，库存管理子系统与其他子系统的关系如图7-5所示。

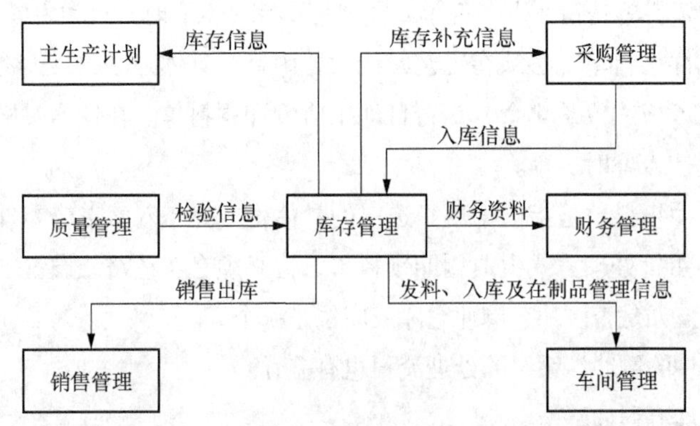

图7-5 库存管理子系统与其他子系统的关系

1．库存管理子系统与销售管理子系统的关系

库存管理子系统参照销售管理的子系统的发货单、销售发票、销售调拨单、销售出库单；销售出库单也可以在销售管理子系统生成后传递到库存管理子系统，库存管理子系统再进行审核；库存管理子系统为销售管理子系统提供可用于销售的存货可用量。

2．库存管理子系统与采购管理子系统的关系

库存管理子系统可以参照采购管理子系统的采购订单、采购到货单生成采购入库单，并将入库情况反馈到采购管理子系统；采购管理子系统可以参照库存管理子系统的采购入库单生成发票。采购管理子系统根据库存管理子系统的采购入库单和采购管理子系统的发票进行采购结算。采购管理子系统可以参照 ROP 采购计划生成采购订单；采购请购单、采购订单、采购到货单为 ROP 运算提供数据。

3．库存管理子系统与财务管理子系统的关系

财务管理子系统对出入库单记账登记存货明细账、制单生成凭证，为库存管理子系统提供出入库成本；库存管理子系统为财务管理子系统提供产成品入库累计入库量。

4．库存管理子系统与主生产计划子系统的关系

库存管理子系统可以参照生产订单生成产成品入库单、配比出库单、材料出库单。以上单据的执行情况反馈到主生产计划子系统，用户可以跟踪查询生产订单的执行情况。生产订单的子项物料可参照生成调拨单，但不回写生产订单。调拨单审核后生成其他出库单、其他入库单，可用于从工厂的大库调入车间小库或虚拟库；实际出库时再参照生产订单或自动倒冲生成材料出库单。库存管理子系统中的限额领料单、配比出库单、调拨单、组装单、拆卸单、缺料表可以参照主生产计划子系统中的物料清单（BOM）展开。库存管理子系统提供主生产计划子系统各种可用量信息。

5．库存管理子系统与车间管理子系统的关系

车间管理子系统的生产订单工序转移单保存后，如果有工序倒冲则自动生成库存管理子系统中的材料出库单。

6．库存管理子系统与质量管理子系统的关系

根据质量管理子系统中来料检验、产品检验、发退货检验以及在库检验的记录生成各种出、入单据。

课堂讨论题

1. 讨论库存管理的作用。
2. 库存管理子系统与其他子系统的关系。

思考题

1. 概要说明库存的概念与分类。
2. 什么是 ABC 分类系统？
3. 概要描述库存管理的主要业务内容。
4. 库存管理有哪些主要单据？各单据的主要内容是什么？
5. 分析哪些因素会影响企业总体库存状况。
6. 谈谈库存管理与其他业务管理的关系。

第 8 章　生产计划

核心要点

- ERP 的计划体系
- 生产计划大纲
- 主生产计划
- 物料需求计划
- 能力需求计划

学习目标

通过本章的学习，读者应该能够掌握 ERP 的计划体系，了解生产计划大纲和资源需求计划，了解主生产计划、物料需求计划和能力需求计划的对象和作用，掌握主生产计划和物料需求计划制订步骤，进一步了解主生产计划和物料需求计划子系统的功能。

8.1 ERP 中的计划体系

计划与控制是企业管理的首要职能，统一指导企业的各项经营生产活动。计划是使企业如何通过制造和销售产品获取利润，控制是使计划执行的结果不超出允许的偏差。

ERP 中有 5 个层次的计划，即经营规划（第 1 层）、生产计划大纲（第 2 层）、主生产计划（第 3 层）、物料需求计划（第 4 层）、生产作业计划及采购作业计划（第 5 层），如图 8-1 所示。在 5 个层次中其中第 1 层到第 3 层为决策层的计划，是制订企业经营战略目标的层次，第 4 层为管理层计划，第 5 层为执行层计划。

在 ERP 中，计划层次的划分，体现计划管理由宏观到微观，由战略到战术，由粗到细的深化过程。在 5 个层次中，经营规划和生产计划大纲带有宏观规划的性质，主生产计划是宏观向微观过渡的层次，物料需求计划是微观计划的开始，是具体的、详细计划；而生产作业计划和采购作业计划已进入执行或控制计划的阶段。

企业的各个层次的计划必须是现实的、可行的。上一层计划是下一层计划的依据，下层计划要符合上层计划的要求。如果计划偏离了企业的经营规划，那么计划执行得再好也是没有意义的。

以下分别介绍 ERP 计划体系的各个层次。

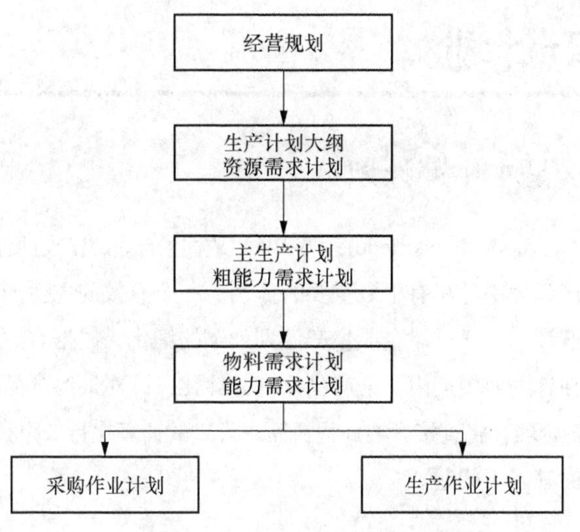

图 8-1 ERP 中的计划体系

1．经营规划

经营规划是企业战略规划，是从长远规划开始的，是企业总目标的具体体现。企业的经营规划由企业决策层制订，主要包括在未来的 2～7 年时间内，对企业产品开发方向、市场定位、产品在市场上应占有的份额、营业额、产品的销售收入及利润等的规划。

经营规划通常以货币或金额表达，它是 ERP 计划体系中其他计划层次的制订依据，其他计划的制订都是对经营规划的细化。经营规划的制订要考虑企业现有及未来的资源情况，经营规划的变更只能由企业决策层完成。

2．生产计划大纲

生产计划大纲是为了完成经营规划的目标，确定企业每一系列产品在未来 1～3 年内，每年每月生产的数量及需要的资源。生产计划大纲将经营规划中用货币表达的目标转换为用生产产品系列的数量来表达。

3．主生产计划

主生产计划以生产计划大纲为依据，将产品系列具体化，按时间段计划企业应生产的最终产品的数量和交货时间。主生产计划需要通过粗能力需求计划检验其可行性，只有可行的主生产计划，才能作为下一层次计划——物料需求计划的输入信息。

4．物料需求计划

物料需求计划是对主生产计划的细化，它根据主生产计划对最终产品的生产数量和交货期，按照产品的物料清单（BOM）确定产品相关物料需求数量和需求日期。物料需求计划需要通过细能力需求计划检验其可行性。根据物料需求计划可以确定自制零部件的生产建议订单和采购件采购建议订单。

5．采购作业计划及生产作业计划

采购作业计划及生产作业计划处于 ERP 计划的最底层，也是执行层。根据物料需求计划生成的采购建议订单和生产建议订单，分别编制采购作业计划和生产作业计划。

8.2 主生产计划

8.2.1 什么是主生产计划

主生产计划（master production schedule，MPS）又称为产品出产进度计划，它在生产计划管理系统乃至整个生产管理中都具有十分重要的作用。一个有效的主生产计划是企业对用户需求的一种承诺。主生产计划是通过对企业生产计划大纲的细化，根据客户订单的预测，在企业可用资源的条件下，在计划展望期内，把产品系列具体化，即对最终产品所制订的生产计划。主生产计划的制订是否合理，将直接影响到物料需求计划的计算执行效果和准确度。

主生产计划主要回答以下问题。

（1）生产什么?

（2）生产多少?

（3）什么时间开始生产?

（4）什么时间交货?

主生产计划是物料需求计划的主要依据，主生产计划的计划对象是具有独立需求的物料，统称为“最终项目”。由于计划环境不同，最终项目的含义也不尽相同。主生产计划的最终项目并不一定都是产品，还可以是主要组件、虚拟物料单中的组件，甚至可以是产品结构中最高层次上的单个零件。主生产计划是对最终项目的需求日期和数量的说明。

在面向库存生产的环境下，最终项目指产品、备品、备件等独立需求物料。

在面向订单生产的环境下，存在两种情况：如果产品是标准设计或专项设计，最终项目一般就是产品；如果产品是一个系列，结构大致相同，都是由若干基本组件和通用件组成，每项基本组件又有多种可选件，从而可形成一系列多种规格的变型产品，在这种情况下，最终项目指的是基本组件和通用件。

8.2.2 主生产计划的作用

我们已经知道，主生产计划位于 ERP 计划层次的第 3 层，它体现经营规划和生产计划大纲的要求。主生产计划是计划体系的关键环节，也是 ERP 的主要工作内容。

简单地说，主生产计划是关于“将要生产什么”的描述，它成为展开物料需求计划与能力需求计划运算的主要依据，它起着联系市场销售与生产制造的桥梁作用，和承上启下、从宏观计划向微观计划过渡的作用。

企业的经营活动是按计划进行的，也就是为企业达到特定的目标而制订的活动顺序，但是在企业计划层次中很多人有这样的问题：为什么要先制订主生产计划然后再生成物料需求计划？直接根据销售预测和客户订单来制订物料需求计划不可以吗？回答是不可以的。概括地说：物料需求计划的制订方式就是追踪需求。如果直接根据预测和客户订单的需求来制订物料需求计划，那么得到的计划将在数量和时间上与预测和客户订单需求完全匹配。但是预测和客户订单是变化的、不均衡的，直接用其安排生产将会出现时而加班加点也不能完成生产任务，时而设备闲置、很多人没有活干的现象，这将给企业带来严重的后果。

在制订物料需求计划之前，编制主生产计划就是要通过人工干预，均衡安排，使得在一段时间内主生产计划量和预测及客户订单在总量上相匹配，而不追求在每个具体时刻上均与需求相匹配，从而编制一份稳定、均衡的计划。由于在产品或最终项目（独立需求项目）这一级上的主生产计划是稳定的，后续所制订的物料需求计划也将是稳定和匀称的。因此制订主生产计划是为了得到一份稳定、均衡的生产计划。

主生产计划是一项重要的计划层次，它直接与经营规划、生产计划大纲以及物料需求计划相联系，连接了制造、销售、工程设计及生产计划等部门。其主要作用概括如下。

（1）主生产计划在整个计划体系中起着承上启下的作用，实现了宏观计划到微观计划的过渡与连接。它根据客户订单和预测，把生产计划大纲进一步具体化，使之成为制订物料需求计划、能力需求计划等计划的主要依据。从长期上讲，主生产计划是估计本企业生产能力、人员和资金等资源需求的依据；从短期上讲，主生产计划是制订物料需求计划、能力需求计划的依据。

（2）主生产计划协调了生产需求与企业可用资源之间的差距，保证了计划的可行性和对企业资源的充分利用。在制订主生产计划后，要检验它是否可行，就应编制粗能力需求计划，对生产过程中的关键工作中心进行能力和负荷的平衡分析，以关键工作中心判断是否满足生产需求并确定工作中心的数量。稳定、均衡的主生产计划将使后续的生产活动保持在稳定和匀称状态中。

（3）主生产计划将销售、工程、生产等部门紧密地联系到一起，成为连接市场销售和生产制造的桥梁。主生产计划是生产部门的工具，它指明了未来某时段将要生产什么。同时，主生产计划也是销售部门的工具，它指出了将要为客户提供什么。主生产计划还为销售部门提供生产和库存信息，提供可供销售产品的信息，一方面它可以指导企业的销售部门和最终的客户签订销售订单；另一方面，也可使生产部门较精确地估计生产能力，如果能力不足以满足客户需求，应及时将此信息反馈至销售部门。企业决策层通过从主生产计划反馈的信息来及时了解生产计划大纲及经营规划能否实现。

8.2.3 主生产计划的编制步骤

主生产计划的编制步骤包括：确定主生产计划的需求数据，编制主生产计划初步方案，编制粗能力需求计划，评估主生产计划初步方案，批准和下达主生产计划等步骤，它们之间的关系如图 8-2 所示。

1．确定主生产计划的需求数据

在编制主生产计划时，应首先收集整理与计划对象相关的完整、准确的需求数据，作为计划编制的有力依据。

主生产计划的主要需求来源包括未交付的订单及客户订单、最终项目的预测、企业内部的需求、客户备件以及客户选样件及附加件等。

（1）未交付的订单及客户订单。是指那些尚没有发货的订单需求，可以是上期没完成的或新的指定在本期内要求交货的项目需求。

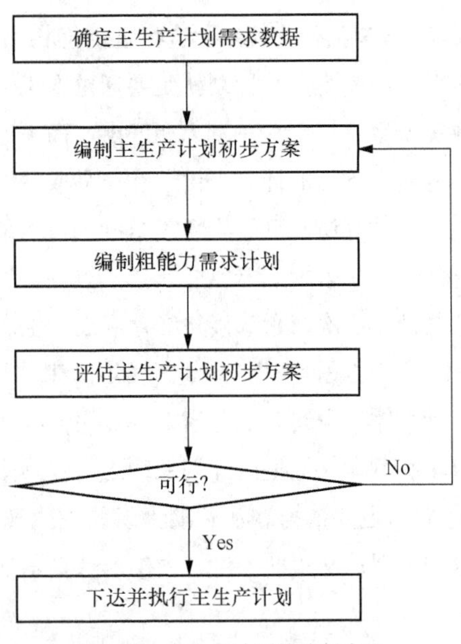

图 8-2　主生产计划的编制步骤

（2）最终项目的预测。是指根据现在和历史的资料，预测将来可能的项目需求。

（3）企业内部的需求。企业内部由于产品生产或维护所产生的项目需求。

（4）客户备件。是指客户提出的、用于维护时更换使用的项目需求。

（5）客户选样件及附加件。是指企业销售时，根据客户特殊要求配置的项目需求。

2．主生产计划初步方案的制订

（1）主生产计划的时间术语

主生产计划是按照特定的时间基准进行计划编制的。主生产计划的时间基准主要有计划展望期、时段、时界和时区。时间基准对主生产计划编制有很大的影响。

① 计划展望期

主生产计划的计划展望期是主生产计划所覆盖的时间范围，一般为 3～18 个月。对于主生产计划，计划展望期应至少等于项目的累计提前期或多出 3～6 个月。

② 时段

时段是指计划展望期的时间周期单位。时段就是时间段落、间隔、时间跨度。主生产计划的时段可以按每日、每周、每月或每季度来表示。划分时段的目的就是为了区分出计划需求的优先级别。时段越短，计划就越详细，越便于控制计划实施，同时有效地利用企业资源，保证生产的均衡有序，提高企业销售订单交付的履约率。

③ 时区与时界

企业信息化管理尽管能够快速响应市场的变化，但是企业的生产计划要保持相对的稳定，以利于生产的正常进行，不至于造成生产混乱。因此在 ERP 中把产品的计划展望期划分成 3 个时间区段。随着时间的推移，在各个时间点预测变化对计划的影响是不同的。因此，在 ERP 中引入了时区与时界的概念。

时区是说明某一计划的产品在某时刻处于该产品的计划跨度内的时间位置。在 ERP 系统中，一般根据需要将计划展望期按顺序分为 3 个时区：需求时区（时区 1）、计划时区（时区 2）和预测时区（时区 3），每个时区包含若干个时段。时区与时区之间的分割点称为时界或时间栏（time fence），如图 8-3 所示。

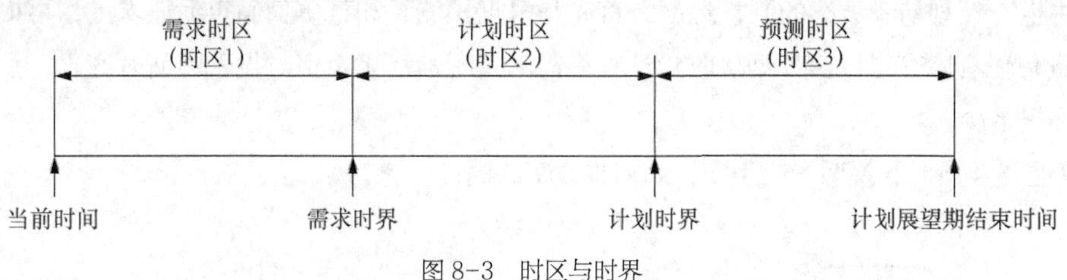

图 8-3　时区与时界

下面详细解释各时区与时界的内容。

- 需求时区（时区 1）：是产品的总装提前期的时间跨度，即指从产品加工开始到产品装配完工的时间跨度。在该时区内，订单经过确认并已经下达执行，订单进入“下达订单”状态。在需求时区内，产品生产数量和交货期一般是不能变动的，计划的变动，会对企业造成严重损失。
- 计划时区（时区 2）：是在产品的累计提前期的时间跨度内，超过需求时区以外的时间跨度。在该时区内，表明企业已经安排了生产，订单进入“确认订单”状态，在计划时区内产品生产数量和交货期一般是不能变动的。
- 预测时区（时区 3）：是在产品总提前期或计划展望期的时间跨度内，超过需求时区和计划时区以外的时间跨度。在该时区内，订单进入“计划订单”状态，由于在这个时区内企业对客户的需求了解得很少，只好利用预测，在预测时区内的产品数量和交货期可由系统任意变更。

时界是 ERP 系统中用来控制主生产计划变化的参考和依据，用于保持计划的严肃性、稳定性和灵活性。MPS 设有两个时界：需求时界和计划时界。

- 需求时界（demand time fence，DTF）。DTF 是需求时区与计划时区之间的分割点，DTF 的作用在于标记了预测被废弃的时点。MPS 单纯以客户订单需求作为驱动，即以客户订单需求作为计划的需求来源。
- 计划时界（planning time fence，PTF）。PTF 是计划时区与预测时区之间的分割点，在计划时界与需求时界之间，包含了实际以及预测的订货，MPS 系统不能自动确定 MPS 的需求，而只能由主生产计划员确认和安排。在 MPS 系统中，DTF 之前的时段，系统只取订单量；在 DTF 和 PTF 之间系统取订单量和预测量较大者（若预测超过实际订单，则表示可能尚有订单未到；若实际超过预测，则表示预测偏低，以实际为准），PTF 之后则系统只取预测量（因为实际订单不可能超过预测）。

客观环境是不断变化的，生产计划应当随着客观环境变化而变化。但是，如果一味追随变化，朝令夕改，势必造成企业生产的混乱。因此，控制计划的变动是保证计划可执行程度的主要内容。当需要变动时，要分析变动计划的限制条件、难易程度、需要付出的代价并确定审批权限，从而保证主生产计划的相对稳定。主生产计划提出了时区与时界的概念，为主生产计划人员提供了控制计划的手段。时界表明了修改计划的困难程度，修改的时间越接近当前时间，则修改的困难越大，企业付出的代价越大。

（2）主生产计划初步方案的制订步骤

主生产计划初步方案的制订过程，首先是根据预测量和订单量确定毛需求量，再根据毛需求量和现有库存量以及计划接收量计算净需求量，从而确定何时投入、何时产出、投入多少、产出多少。

如图 8-4 所示，说明了主生产计划初步方案的制订步骤。

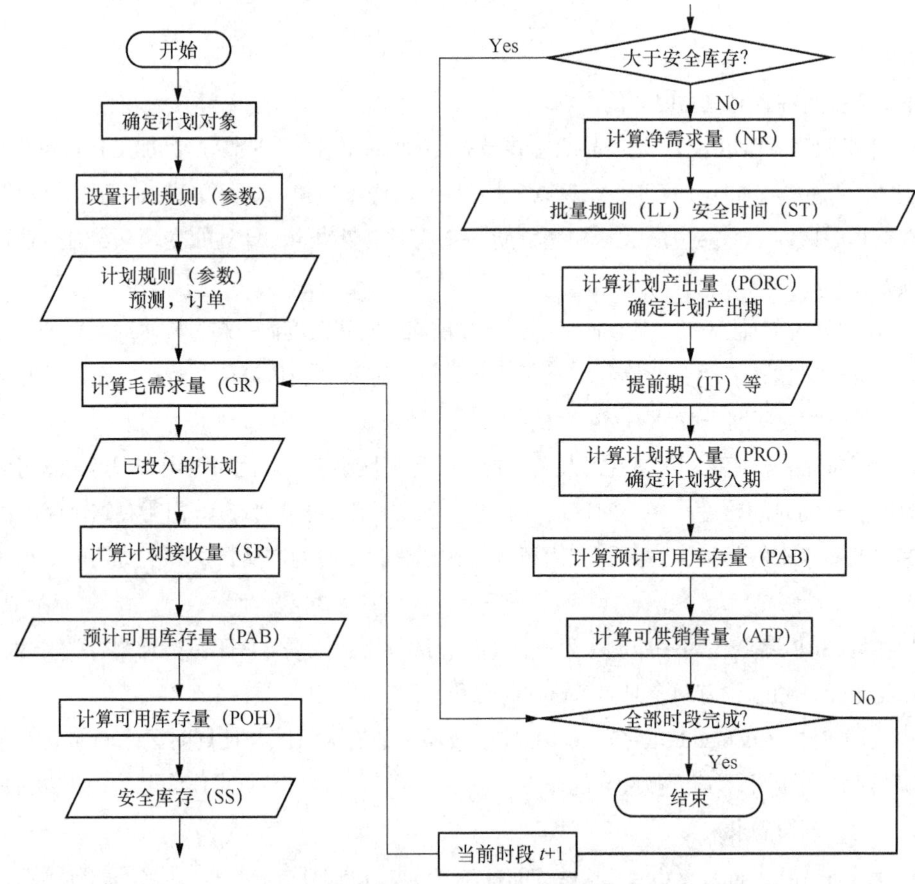

图 8-4　主生产计划初步方案的制订步骤

从上面的制订步骤可以看到，主生产计划初步方案是以时段为单位分别编制的，最终形成 MPS 报表。

下面对主生产计划初步方案制订过程中的概念加以解释。

① 毛需求（gross requirement，GR）

毛需求是指在特定时段需要生产的项目的数量。因此，毛需求不再是一种假定或估计，而是生产信息，并且具有时段性，它不是某一计划期的一个平均值。毛需求的确定没有固定的模式，因企业的实际需求而定。其中用得较多的是依据每阶段所在的时区确定。

在需求时区内，订单已经确定，毛需求等于实际客户订单量。

在计划时区内，毛需求取预测量和订单量中的最大值。

在预测时区内，毛需求则取预测量或者是取预测量和订单量中的较大值。

例如计划展望期为 10 周，需求时界为第 3 周，计划时界为第 7 周，则毛需求的计算结果如表 8-1 所示。

表 8-1　毛需求的计算案例

时段	1	2	3	4	5	6	7	8	9	10
预测量	20	40	35	20	30	40	35	50	60	65
订单量	35	30	20	45	25	30	45	40	60	45
毛需求量	35	30	20	45	30	40	45	50	60	65

② 计划接收量（scheduled receipts，SR）

计划接收量是指在计划日期之前早已下达的订单，而在计划日期之后完成接收的数量。计算净需求量和预计可用库存时应考虑计划接收量。计划接收量可以在计划时段的任一期到达。

③ 安全库存

安全库存是指为防止意外波动导致缺货而保留的项目库存数量。设置安全库存是为了避免生产或供应的中断，缓解客户需求与企业之间、供应商和企业之间、制造和装配之间的矛盾，充分地利用企业现有的人力、物力资源，更好地满足客户的需求。

④ 可用库存（projected on-hand inventory，POH）

可用库存是指安排新计划前，现有库存满足需求后，剩余的项目数量。

可用库存 = 前期预计可用库存量 + 计划接收量 − 毛需求

在计算可用库存后，根据上面的制订步骤，需要将可用库存与安全库存进行比较，如果可用库存大于安全库存，则表明现有库存已完全满足需求，在本时段就不用安排生产计划，可以进行下一时段的计划方案的制订。否则，如果可用库存小于安全库存，就表明现有库存无法满足需求，出现需求缺口，那么就要安排生产，则需要接下来计算净需求，即计算“缺多少”。

⑤ 净需求（net requirement，NR）

净需求是满足毛需求量和安全库存的目标数量，净需求是一个实际的需求，和毛需求量不一定相等。因为毛需求量是一个比较粗的需求，它只是根据客户订单和预测得到的一个需求值，并没有考虑项目的现有库存。举例来说，如果某种产品在某期的毛需求是 100 台，现有库存为 30 台，则若不设置安全库存，实际需求并非 100 台而是 70 台。除了考虑现有库存，还必须考虑计划接收量，如果计划接收量为 20 台，则实际需求就变为 70 − 20 = 50 台。若考虑安全库存，则实际需求还应加上安全库存。所以说，净需求量的确定要根据该项目的毛需求、现有库存、计划接收量和安全库存来计算。由上述介绍可得知：

净需求量 = 安全库存−可用库存量

净需求量 = 安全库存 −（前期预计可用库存量 + 计划接收量 − 毛需求量）

⑥ 计划产出量（planned order receipts，PORC）

计划产出量是指为了满足净需求，系统根据设置的批量规则计算得到的项目。此时计算的是建议数量，不是计划的投入数量。

⑦ 批量规则

主生产计划的计划产出量有时并不等于实际的净需求量，这是由于在实际加工或采购中，都是按照批量来进行的。确定加工或采购的数量的规则称为 MPS 的批量规则，不同的批量规则决定计划产出量。企业考虑加工或采购批量，主要是为了降低订货成本、准备成本、运输成本及在制品成本。

批量规则共分为两大类，即静态批量规则和动态批量规则。静态批量规则的每一批的数量都不变，动态批量规则每批下达的数量都可以不同。目前常用的批量法有很多，这里列举常见的 4 种方法，即固定批量法、经济批量法、直接批量法、定期用量法。其中固定批量法和经济批量法属于静态批量规则，直接批量法和定期用量法属于动态批量规则。

⑧ 固定批量法（fixed quantity）

固定批量法是指每次主生产计划的计划产出量是按照批量的倍数下达的， 该规则一般用于订货费用较大的物料。

固定批量法案例表如表 8-2 所示。

表 8-2 固定批量法案例表

时段	1	2	3	4	5	6	7	8	9	10
净需求量	70	40	120	20	30	150	160	60	30	90
计划产出量	100	50	150	50	50	150	200	100	50	100

在案例表 8-2 中，如果生产批量为 50 台，即生产一批为 50 台产品。由于第 1 时段净需求为 70 台，按照固定批量 50 台，则需要生产 2 批即 100 台，才能满足净需求，因此第 1 时段的计划产出量为 100 台。以此类推可以计算其他各时段的计划产出量。

⑨ 经济批量法（economic order quantity）

经济批量法是一种在 1915 年就已开始使用的批量法，是指某种物料的订购费用和保管费用之和为最低时的批量规则。当订货费用等于保管费用时，总费用（订货费用和保管费用之和）最少。计算方法如下：

令保管费 = 订货费

$$\frac{\mathrm{EOQ}}{2} \times C \times I = \frac{U}{\mathrm{EOQ}} \times S$$

$$\mathrm{EOQ} = \sqrt{2US / IC} \text{（件）}$$

式中：U——年需求量（件）

S——每次订货费（元/次）

I——年保管费占年平均库存值的百分数（%）

C——物料单价（元）

⑩ 直接批量法（lot for lot，L4L）

直接批量法也叫作因需定量法，是完全根据实际需求量来确定 MPS 的计划产出量的方法，不加任何修订，即计划产出量等于净需求。直接批量法是一种动态批量规则，是保持库存量最小的方法。

这种批量规则往往适用于生产或订购数量及时间基本上能给予保证的物料，而且所需要的物料价值较高，不能过多地生产或保存。

直接批量法案例表如表 8-3 所示。

表 8-3　直接批量法案例表

时段	1	2	3	4	5	6	7	8	9	10
净需求量	70	40	120	20	30	150	160	60	30	90
计划产出量	70	40	120	20	30	150	160	60	30	90

在表 8-3 中，采用直接批量法计算计划产出量，即净需求等于计划产出量，由于时段 1 的净需求量为 70，则计划产出量也为 70，以此类推，可以计算其他各时段的计划产出量。

⑪ 固定周期法（fixed period requirements）

固定周期法是一种动态批量规则，是指人为地设定相同的计划间隔周期，但其计划产出量却不尽相同。这种批量法一般用于内部加工自制品生产计划，旨在便于控制。

固定周期法案例表如表 8-4 所示。

表 8-4　固定周期法案例表

时段	1	2	3	4	5	6	7	8	9	10
净需求量	70	40	120	20	30	150	160	60	30	90
计划产出量	110		140		180		220		120	

在表 8-4 中，设定固定周期为 2 个计划周期，则第 1 时段的计划产出量为第 1 时段和第 2 时段的净需求总和，第 3 周的计划产出量为第 3 时段和第 4 时段的净需求总和。以此类推，可以计算出其他各时段的计划产出量。

⑫ 计划投入量（planned order releases，POR）

根据计划产出量、规定的提前期及物品的成品率等计算出来的投入数量称为计划投入量。由计划投入量说明“什么时间下达计划”，订单的下达到交货通常有个周期，这个周期就是所谓的提前期，因此计划订单的下达日期是用计划产出日期减去提前期。

计划投入日期 = 计划产出日期 − 提前期

⑬ 预计可用库存量（projected available balance，PAB）

预计可用库存量是指某个时段的期末库存量。每个时段的预计可用库存，可用上个时段预计可用库存加上本时段的计划接收量和本时段的计划产出量，减去本时段的毛需求。由上述介绍得知：

预计可用库存 = 可用库存量 + 计划产出量

预计可用库存 = 前期预计可用库存 + 计划接收量 + 计划产出量 − 毛需求

⑭ 可供销售量（available to promise，ATP）

由于企业按照批量生产，计划产出量经常会大于净需求。此外，若预测量大于订单量，毛需求取预测量时，也会出现产出量大于实际订单的情况。那么在某一个期间内，如果项目的产出数量会大于订单数量，这个差值就是可供销售量，它是一种多余的库存，可以随时向客户出售。这里所说的“某一个期间”是指连续两次产出该项目的时间间隔，也就是从一次产出的时间到下批再产出时的时间间隔。这个可供销售量主要为销售部门提供决策信息，它是销售人员同临时来的用户洽谈供货条件时的重要依据，通俗的意思是“我们还有多少没有主的存货可卖”。

可供销售量的计算方法如下。

第 1 时段：

ATP = 前期预计可用库存量 + 计划产出量 + （期间）计划接收量合计 −（期间）订单量合计

其他时段：

ATP = 计划产出量 + （期间）计划接收量合计 −（期间）订单量合计

如果在某个时段内，需求量大于计划量，即出现负的 ATP，那么超出的需求可从早先时段的可供销售量中预留出来，ATP 调整是从计划展望期的最远时段由远及近逐个时段进行的。

可供销售量中应当包括安全库存，因为安全库存的作用就是为了弥补供需两方面的不确定因素。

3．主生产计划的编制案例

编制主生产计划应满足客户的需求，且库存量不应该低于安全库存，并实现均衡生产，通过以下编制案例来详细说明主生产计划的编制步骤。

例：某公司主要生产计算机显示器，其产品的相关信息如表 8-5 所示，试编制该产品的主生产计划（MPS）。

表 8-5　计算机显示器的信息表

物料编码：10001	前期可用库存：40 台	计划员编号：J030
物料名称：显示器	安全库存量：50 台	计划展望期：10 周
需求时界：第 3 周	计划时界：第 7 周	提前期：1 周

批量规则：固定批量 80 台

时段	1	2	3	4	5	6	7	8	9	10
预测量	100	70	60	60	60	60	110	70	70	60
订单量	110	70	50	70	50	80	110	60	70	30
计划接收量	50									

解：

（1）计算毛需求量

毛需求量是指在特定时段需要生产的项目的数量。是根据预测和实际需求合并得到确定的毛需求量。

在此例中，由于需求时界为第 3 周，计划时界为第 7 周，则需求时区为第 1 周至第 3 周，计划时区则为第 4 周至第 7 周，预测时区为第 8 周至第 10 周。按照不同时区确定需求的规则：在需求时区内，毛需求量等于实际客户订单量；在计划时区内，毛需求量取预测量和订单量中的最大值；在预测时区内，毛需求量则取预测值。因此，在此 10 个时段的计划展望期内，从时段 1 开始，各时段的毛需求量分别为 110、70、50、70、60、80、110、70、70、

60。如表 8-6 所示。

表 8-6　毛需求量的计算

时段	1	2	3	4	5	6	7	8	9	10
预测量	100	70	60	60	60	60	110	70	70	60
订单量	110	70	50	70	50	80	110	60	70	30
毛需求量	110	70	50	70	60	80	110	70	70	60

接下来，按照主生产计划初步方案的制订步骤，以时段 1 为例，讲解主生产计划的制订过程。

（2）计算可用库存量

根据计算出来的毛需求量计算可用库存量。可用库存量是指安排新计划前现有库存满足需求后剩余的产品数量。

可用库存量 = 前期预计可用库存量 + 计划接收量 − 毛需求量

以时段 1 为例：

时段 1 的可用库存量 = 40 + 50 − 110 = −20（台）

（3）计算净需求量

计算净需求量即计算"缺多少"。净需求量的确定要根据该产品的毛需求量、现有库存量、计划接收量和安全库存来计算。

净需求量 = 安全库存 −（前期预计可用库存 + 计划接收量 − 毛需求量）

净需求量 = 安全库存 −可用库存量

对于时段 1 而言，净需求量=50−（−20）= 70（台）

（4）计算计划产出量

计划产出量是指为了满足净需求，系统根据设置的批量规则计算得到的供应数量。

对于时段 1 而言，实际需要也就是净需求是 70 台，但根据企业设置的固定批量规则，生产是按批量进行的，生产一批是 80 台，所以时段 1 的计划产出量为 80 台。

（5）计算计划投入量

计划投入量是根据计划产出量、规定的提前期及物品的成品损耗率等计算出的投入数量。如果假定成品损耗率为零，则时段 1 计划产出的 80 台显示器，在时段 1 的前 1 周投入，计划投入量也为 80 台。

（6）计算预计可用库存量

预计可用库存量是指某个时段的期末库存量。

时段 1 的预计可用库存量 = −20 + 80 = 60（台）

（7）计算可供销售量

在某一个时段内物料的产出数量可能会大于订单数量，这个差值就是可供销售量。根据上面的介绍，可供销售量的计算方法如下：

第 1 时段：ATP = 预计可用库存量 + 计划产出量 +（期间）计划接收量合计 −（期间）订单量合计

其他时段：

ATP = 计划产出量 +（期间）计划接收量合计 −（期间）订单量合计

因此，时段 1 的可供销售量 = 40 + 80 + 50 −110 = 60（台）

时段 4 的可供销售量 = 80 −（70 + 50）= −40（台）

以此类推，从而得到某公司生产计算机显示器的主生产计划报表，如表 8-7 所示。

表 8-7　MPS 报表

时段	0	1	2	3	4	5	6	7	8	9	10
预测量		100	70	60	60	60	60	110	70	70	60
订单量		110	70	50	70	50	80	110	60	70	30
毛需求量		110	70	50	70	60	80	110	70	70	60
计划接收量		50									
可用库存		−20	−10	20	30	50	−30	−60	30	40	60
预计可用库存量	40	60	70	100	110	50	50	100	110	120	60
净需求量		70	60	30	20		80	110	20	10	
计划产出量		80	80	80	80		80	160	80	80	
计划投入量	80	80	80	80		80	160	80	80		
可供销售量		60	10	30	−40		0	50	20	−20	

8.2.4　粗能力需求计划

1．粗能力需求计划的编制

粗能力需求计划是一种中期能力计划，是伴随主生产计划运行的。粗能力需求计划是对生产中所需的关键工作中心进行计算和分析，它的计划对象是关键工作中心。粗能力需求计划的运算与平衡是确认主生产计划的重要过程，未进行粗能力平衡的主生产计划是不可靠的。尽管主生产计划的对象主要是最终项目，但必须对下层物料所用到的关键资源和工作中心进行确定与平衡。

粗能力需求计划的编制方法有资源清单法、资源总量法及资源负荷表法，目前最常用的编制方法是资源清单法。下面就以资源清单法为例讲解粗能力需求计划的制订过程。

（1）确定最终产品的总能力需求。

① 确定关键工作中心。

② 确定关键工作中心的可用能力。

③ 从产品系列中选出代表产品。

④ 对每个代表产品确定其单位产品对关键工作中心的需求量。确定的根据包括生产计划、物料清单（BOM）、工艺路线、定额工时、平均批量等。

⑤ 将主生产计划的计划产量与单位产品对关键工作中心的需求量相乘，得到最终产品的对关键工作中心的总需求。

⑥ 将产品系列所需求的能力加起来，得到对应计划的总能力需求。

（2）分析各个关键工作中心的需求与可用能力情况，确定超负荷的时段。

（3）确定超负荷原因，并提出调整负荷或能力的建议。

根据以上过程制订的粗能力需求计划以及进行需求负荷与能力分析的结果，最后都将以资源清单的形式表达。资源清单的样式如表 8-8 所示。

表 8-8 资源清单

关键工作中心	能力/负荷分析	周期				
		1	2	3	4	5
WC20	负荷	1.5	3	1.6	2.5	3
	可用能力	2.0	2.0	2.0	2.0	2.0
	能力超/少	0.5	−1	0.4	−0.5	−1
	负荷率	75%	150%	80%	125%	150%
WC40	负荷	3.6	3.2	4.5	4.4	3.3
	可用能力	4.0	4.0	4.0	4.0	4.0
	能力超/少	0.4	0.8	−0.5	−0.4	0.7
	负荷率	90%	80%	113%	110%	83%

2．粗能力需求计划的编制案例

例：产品 X 的物料清单（BOM）、主生产计划（MPS）、工艺路线及关键工作中心的可用能力分别如图 8-5、表 8-9、表 8-10 及表 8-11 所示。在图 8-5 中，零件 C、D、G、H、I、J 为外购件，不需要在制订能力计划中考虑，试编制产品 X 的粗能力需求计划并进行能力分析。

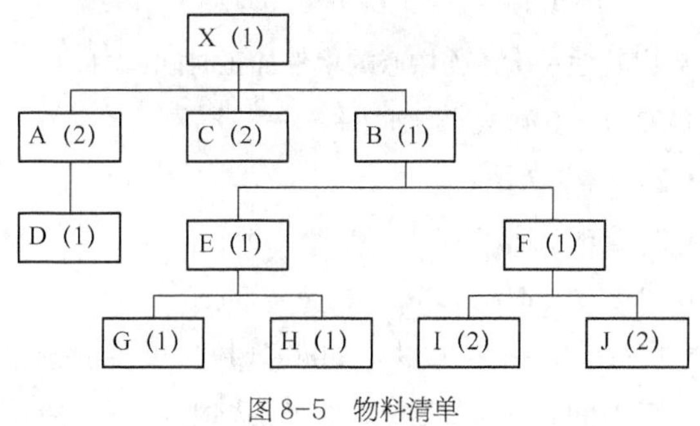

图 8-5 物料清单

表 8-9 产品 X 的主生产计划

时段	1	2	3	4	5	6	7	8
X	18	15	18	20	15	20	15	20

表 8-10 产品 X 的工艺路线

零件	工序号	关键工作中心	单件加工时间/时	生产准备时间/时	平均批量/件
X	20	WC25	0.17	0.40	40
A	20	WC20	0.04	0.35	70
B	20	WC10	0.15	1.60	40
	10	WC15	0.20	1.60	80

续表

零件	工序号	关键工作中心	单件加工时间/时	生产准备时间/时	平均批量/件
E	20	WC05	0.13	0.80	80
	10	WC10	0.28	0.85	85
F	20	WC05	0.2	0.30	60

表8-11　关键工作中心的可用能力

关键工作中心	WC05	WC10	WC15	WC20	WC25
可用能力/时/时段	6.5	9.0	4.0	2.0	3.5

解：

（1）根据题中已知信息，分别计算单位产品 X 对每个关键工作中心的能力需求，即单件总时间。

$$单件总时间 = 单件加工时间 + 单件准备时间$$

单件加工时间是指单位产品在某个关键工作中心的加工时间。

单件准备时间是指单位产品在某个关键工作中心的准备时间。

① 计算单位产品 X 在每一个关键工作中心的加工时间，即单件加工时间。

在工作中心 WC05 中，单件产品 X 需要 1 件 E 和 1 件 F，所以工作中心 WC05 的单件加工时间为：

$$1 \times 0.13 + L \times 0.2 = 0.33 \text{ 定额工时/件}$$

以此类推，可以计算出其他关键工作中心的单件加工时间：

WC10：$1 \times 0.15 + 1 \times 0.28 = 0.43$ 定额工时/件

WC15：$1 \times 0.20 = 0.20$ 定额工时/件

WC20：$2 \times 0.04 = 0.08$ 定额工时/件

WC25：$1 \times 0.17 = 0.17$ 定额工时/件

② 计算单位产品 X 在每一个关键工作中心的准备时间，即单件准备时间。

$$单件准备时间 = 加工件数 \times（生产准备时间 \div 平均批量）$$

加工件数是指单位产品在关键工作中心的加工件数。

在工作中心 WC05 中，单位产品 X 需要 1 件 E 和 1 件 F，所以工作中心 WC05 的单件准备时间为：

$$1 \times (0.80 \div 80) + 1 \times (0.30 \div 60) = 0.015 \text{ 定额工时/件}$$

以此类推，可以计算出其他关键工作中心的单件准备时间：

WC10：$1 \times 0.04 + 1 \times 0.01 = 0.05$ 定额工时/件

WC15：$1 \times 0.02 = 0.02$ 定额工时/件

WC20：$2 \times 0.005 = 0.01$ 定额工时/件

WC25：$1 \times 0.01 = 0.01$ 定额工时/件

③ 根据上述单位产品对关键工作中心的能力需求公式，就可计算出单位产品 X 对每个关

键工作中心的所需的能力，单位产品 X 的能力清单如表 8-12 所示。

表 8-12　单位产品 X 的能力清单

关键工作中心	单件加工时间	单件生产准备时间	单件总时间
WC05	0.33	0.015	0.345
WC10	0.43	0.05	0.48
WC15	0.20	0.02	0.22
WC20	0.08	0.01	0.09
WC25	0.17	0.01	0.18

（2）根据上述计算出的产品 X 的能力清单和已知的主生产计划，就可以计算出产品 X 在每个时段所承受的负荷，即粗能力需求。

关键工作中心的负荷 = 最终产品的计划产量 × 关键工作中心的单件总时间

产品 X 的粗能力需求计划如表 8-13 所示。

表 8-13　产品 X 的粗能力需求计划

关键工作中心	1	2	3	4	5	6	7	8	总计
WC05	6.21	5.175	6.21	6.9	5.175	6.9	5.175	6.9	
WC10	8.64	7.2	8.64	9.6	7.2	9.6	7.2	9.6	
WC15	3.96	3.3	3.96	4.4	3.3	4.4	3.3	4.4	
WC20	1.62	1.35	1.62	1.8	1.35	1.8	1.35	1.8	
WC25	3.24	2.7	3.24	3.6	2.7	3.6	2.7	3.6	
总计	23.67	19.725	23.67	26.3	19.725	26.3	19.725	26.3	185.415

（3）分析产品 X 的需求负荷与可用能力，分析结果如表 8-14 资源清单所示。

表 8-14　资源清单

关键工作中心	能力/负荷分析	1	2	3	4	5	6	7	8
WC05	负荷	6.21	5.175	6.21	6.9	5.175	6.9	5.175	6.9
	可用能力	6.5	6.5	6.5	6.5	6.5	6.5	6.5	6.5
	能力超/少	0.29	1.325	0.29	−0.4	2.325	−0.4	2.325	−0.4
	负荷率	96%	80%	96%	106%	80%	106%	80%	106%
WC10	负荷	8.64	7.2	8.64	9.6	7.2	9.6	7.2	9.6
	可用能力	9.0	9.0	9.0	9.0	9.0	9.0	9.0	9.0
	能力超/少	0.36	1.8	0.36	−0.6	1.8	−0.6	1.8	−0.6
	负荷率	96%	80%	96%	107%	80%	107%	80%	107%
WC15	负荷	3.96	3.3	3.96	4.4	3.3	4.4	3.3	4.4
	可用能力	4.0	4.0	4.0	4.0	4.0	4.0	4.0	4.0
	能力超/少	0.04	0.7	0.04	−0.4	0.7	−0.4	0.7	−0.4
	负荷率	99%	83%	99%	110%	83%	110%	83%	110%
WC20	负荷	1.62	1.35	1.62	1.8	1.35	1.8	1.35	1.8
	可用能力	2.0	2.0	2.0	2.0	2.0	2.0	2.0	2.0

续表

关键工作中心	能力/负荷分析	1	2	3	4	5	6	7	8
WC20	能力超/少	0.38	0.65	0.38	0.2	0.65	0.2	0.65	0.2
	负荷率	81%	68%	81%	90%	68%	90%	68%	90%
WC25	负荷	3.24	2.7	3.24	3.6	2.7	3.6	2.7	3.6
	可用能力	3.5	3.5	3.5	3.5	3.5	3.5	3.5	3.5
	能力超/少	0.26	0.8	0.26	−0.1	0.8	−0.1	0.8	−0.1
	负荷率	93%	77%	93%	103%	77%	103%	77%	103%

8.2.5 主生产计划子系统的功能

功能完善的主生产计划子系统可以很好地为销售承诺提供基准，并用以识别所需资源及其所需要的时机。可以使用主生产计划子系统调节或平滑生产，以便有效地利用资源，并驱动物料需求计划。本系统通过预测和客户订单，考虑现有库存，而生成主生产计划。

主生产计划子系统大致包括以下几个功能。

1．基本信息管理

（1）工作日历管理

系统中要建立企业的工作日历档案，并随时进行维护。如建立工作日历系统，在系统工作日历的维护单中设置从 2005 年 1 月 1 日至 2005 年 12 月 31 日的工作日历，星期一至星期五每天工作时间为 8 小时，星期六、星期日休息。

在计算主生产计划时，应以公司有效工作日为准，即当物料生产的计划投入日期、计划产出日期为休息日时，系统将自动调整为前一工作日，使计划符合实际。

2005 年 1 月企业的工作日历如表 8-15 所示。

表 8-15　工作日历档案

日	一	二	三	四	五	六
						1
2	3 8.00	4 8.00	5 8.00	6 8.00	7 8.00	8
9	10 8.00	11 8.00	12 8.00	13 8.00	14 8.00	15
16	17 8.00	18 8.00	19 8.00	20 8.00	21 8.00	22
23	24 8.00	25 8.00	26 8.00	27 8.00	28 8.00	29
30	31 8.00					

（2）时区与时段管理

从上面介绍的主生产计划制订过程得知，企业要根据实际情况人为设定时区和时段，因此系统对时区和时段分别进行维护管理。如果当前系统时间为 2005 年 1 月 1 日，时区与时段的维护表单如表 8-16 及表 8-17 所示。那么从表 8-16 的各时区天数的设置得知，需求时区为 2005 年 1 月，计划时区为 2005 年 2 月和 3 月，预测时区为 2005 年 4 月至 6 月，由此得知计划展望期为 6 个月。从表 8-17 时段档案得知时段的基本单位为月。

表 8-16　时区档案

时区名称	天数	需求来源
需求时区（时区 1）	31	订单量
计划时区（时区 2）	59	订单与预测两者的最大值
预测时区（时区 3）	91	预测量

表 8-17　时段档案

时段	单位
1	月
2	月
3	月
4	月
5	月
6	月

2．需求来源管理

（1）预测订单管理

主生产计划系统提供预测订单的管理如表 8-18 所示。在系统中可对预测订单进行增加、删除、修改。

表 8-18　预测订单

物料编码	物料名称	起始日期	结束日期	预测数量	备注
0101	计算机（P4）	2005 年 3 月 1 日	2005 年 5 月 31 日	1 500	平均到各月
0102	计算机（P4）	2005 年 4 月 1 日	2005 年 6 月 31 日	3 000	平均到各月

（2）销售订单管理

在 ERP 系统中，销售订单的管理主要在销售管理子系统中进行维护，主生产计划制订过程中，使用的销售订单是直接从销售管理子系统中转换过来的。

3．计划参数的管理

制订 MPS 时，还需要物料的提前期、批量规则、安全库存、现有库存量等参数，其中物料的提前期、批量规则、安全库存等参数是从物料档案中直接转换过来，而物料的现有库存量可以从库存管理子系统中取得。

4．生成 MPS 计划

根据上述数据的设置，生成主生产计划，形成 MPS 报表。

对于系统经 MPS 运算生成的主生产计划，其结果不一定符合企业的实际需求，同时在进行了粗能力计算后，可能需要根据企业的实际产能状况对主生产计划进行调整，以达到能力的平衡和有效利用，为此，现有 ERP 平台一般都提供由企业对主生产计划进行手工调整和维护的功能。同时，对于不运行 MPS 运算的企业，也可通过主生产计划维护功能直接手工录入主生产计划，以作为系统进行物料需求计划运算的依据。

尽管目前不同的 ERP 平台，主生产计划子系统的开发各有特色，但主生产计划的流程是基本相同的，都是将先进的生产管理思想和先进信息技术相结合，通过将独立的需求（销售或预测）与现有库存进行比较，得到最终项目的主生产计划，从而更好地指导企业生产活动。

8.2.6 主生产计划子系统与其他子系统的关系

主生产计划子系统与其他子系统的关系紧密。简单地说，销售管理子系统的销售订单是 MPS 运算的毛需求的来源，同时库存管理子系统为 MPS 运算提供了最终产品可用量。MPS 是制订 MRP 方案的主要依据，MPS 将生成最终产品的生产订单传送到生产作业计划子系统。具体关系如图 8-6 所示。

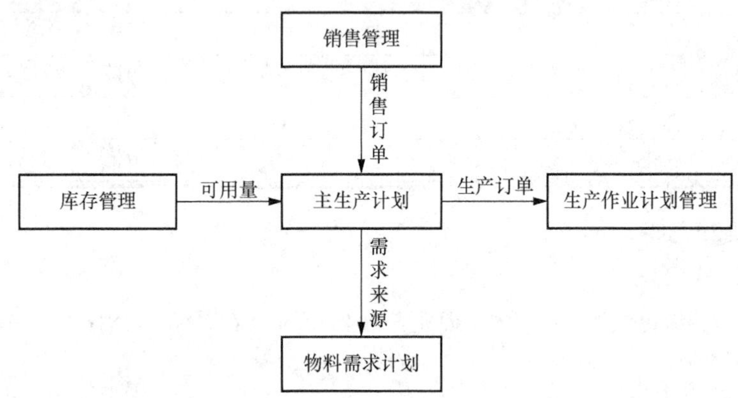

图 8-6　MPS 子系统与其他子系统的关系

8.2.7 主生产计划的维护

尽管经营规划、预测和生产规划为主生产计划的编制提供合理的基础，但主生产计划的更新是不可避免的。主生产计划员负责更新生产计划，主生产计划员主要是平衡供需，核实并确认计划，保证计划的可行性。

一般来说，第一次编制主生产计划比较容易，但是修改计划却是一件繁重的工作。修改计划前要注意以下事项，防止朝令夕改，大起大落。

（1）弄清问题的性质，明确修订的必要性，注意问题出现在产品结构的哪个层次。例如预测生成的计划，不一定要修订；已确认或下达的订单系统是不能随意修改的。

（2）利用系统的功能，追溯有关计划任务（订单）的来源，查询问题影响的范围，若在需求时界以内的变动，要有审批手续。

（3）分清轻重缓急，重新调整优先级。

在主生产计划系统中，计划总是随着时间的变化而变化的。系统处理这种变化的方法有再生法（regeneration）和净改变法（net change）。

1．再生法

再生法是作废所有的计划数据，重新制订主生产计划。原有计划订单都会被系统删除并重新编排。再生式的优点是全部计划重新被理顺一遍，以免出现差错。其重排时间间隔要根据产品结构的复杂程度等来确定。有的企业每周末要重排一次，但有的企业产品结构比较简单，运行一次只需要十几分钟或一个小时左右，可根据情况及时运行即可。

2．净改变法

净改变法只对订单中变动的部分进行局部修改，不需要全部重排，改动量比较小，运算时间快，一般用于计划变动较多但影响面不大的情况。但是，大量经常性地局部修改可能会导致全局性的差错，因此企业隔一定时间还是有必要用再生法将全部计划重新理顺一次的。

8.3 物料需求计划

8.3.1 什么是物料需求计划

物料需求计划是一种优先级计划，是对主生产计划的各个最终产品所需的全部制造件和全部采购件制订的网络支持计划和时间进度计划。由于在制订物料需求计划时要对大批数据进行处理，所以这项工作一般由计算机进行。

物料需求计划根据主生产计划规定的最终产品的交货日期，规定必须完成各项作业的时间，编制所有较低层次零部件（构成最终产品的装配件、部件、零件）的生产进度计划。对外计划各种零部件的采购时间与数量，对内确定生产部门应进行加工生产零部件的时间和数量。当作业不能按时完成时，MRP 系统可通过重新计算，对采购和生产进度时间与数量加以调整，使各项作业的优先顺序符合实际情况。

因此物料需求计划是一种基于计算机的生产计划与控制系统，它从最终产品出发，以倒排方式对生产产品所需的全部物料（相关需求）在数量和时间上做出预先安排，从而避免物料的缺货或积压。

物料需求计划主要解决以下 5 个问题。

（1）生产什么？生产多少？（来源于主生产计划）

（2）要用什么？（根据产品 BOM 表可知）

（3）已经有了什么？（根据物料库存信息可知）

（4）还缺什么？（根据物料需求计划计算结果可知）

（5）什么时间安排？（根据物料需求计划计算结果可知）

8.3.2 物料需求计划的作用

物料需求计划是一种优先级计划，也是一种较精确的生产计划系统。物料需求计划是 MRPⅡ微观计划阶段的开始，也是制造业 ERP 的核心。

主生产计划只是对最终产品所制订的生产计划，但产品结构是复杂且多层次的，一个产品可能会包含成百上千种需要制造的零部件与外购物料，而且所有物料的提前期各不相同，各零部件的投产顺序也有差别。但是加工必须是均衡的，才能满足主生产计划的需求，因此物料需求计划是主生产计划需求的进一步展开，也是实现主生产计划的重要保证和支持。

物料需求计划可有效地降低库存，提高生产效率，提高及时交货服务水平。物料需求计划将生产作业计划和采购作业计划统一起来。

8.3.3 物料需求计划的制订

物料需求计划的目标是控制库存水平，确定最终产品的生产优先顺序，满足交货期的要求，计划生产承载能力，并使其达到均衡等。

物料需求计划是由最终产品的主生产计划和其他独立需求导出相关需求物料需求量与需求时间，同时根据物料的提前期确定投产或订货时间。

物料需求计划的制订过程如图 8-7 所示。

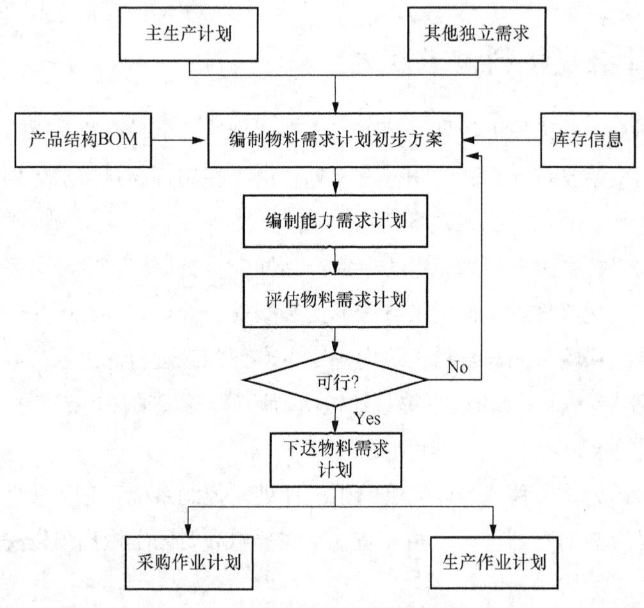

图 8-7　物料需求计划制订过程

1．物料需求计划的输入数据

MRP 的输入有 4 个部分：主生产计划、其他独立需求、物料清单（BOM）、库存信息。

（1）主生产计划（MPS）

MPS 是 MRP 的主要输入部分，是 MRP 运行的驱动力量。在编制 MRP 时，必须要有一个有效的主生产计划，从 MPS 中得知在何时、应产出何种产品及产品数量。

（2）其他独立需求

在极少数情况下，对零部件的独立需求不包括在 MPS 中，如维修、服务用的备件与特殊目的的需要等。

（3）物料清单（BOM）

BOM 是一种产品结构，为装配或生产一种最终产品所需要的零部件、配件或原材料的清单。物料清单说明最终产品是由什么组成的，各需要多少。由于最终产品结构中的各个子件加工周期不同，即对同一 BOM 中的物料需求时间不同，因此，MRP 要根据产品的 BOM 对 MPS 进行需求展开运算，对相关需求物料制订生产计划。

（4）库存信息

企业最终产品结构是相对稳定的，而物料库存却是不断变化的。MRP 每运行一次，就发生一次大的变化。

物料库存在 MRP 处理过程中起着重要作用。MPS 告诉 MRP 最终产品计划产出的时间和数量，MRP 根据 MPS 中的最终产品按 BOM 展开，并按照库存信息，确定生产最终产品所需要的零部件及数量。

2．物料需求计划初步方案的编制步骤

物料需求计划进一步细化了主生产计划，它是根据主生产计划和其他独立需求，展开物料清单，编制相关需求物料的计划。具体地说是将最终产品结构自上而下展开，对所有最终产品的相关需求物料进行汇总，合并计划它们在各个时段的需求量，并进一步进行 MRP 运算。MRP 方案制订与 MPS 基本相同，并且都是以报表形式体现。只是 MPS 的计划对象是最终产品，而 MRP 的计划对象是相关需求物料。MRP 的相关需求物料的毛需求是由 MPS 和其他独立需求提出的，没有订单和预测的取舍问题，也不需要计算可供销售量。

如图 8-8 所示，说明了物料需求计划初步方案的编制步骤。

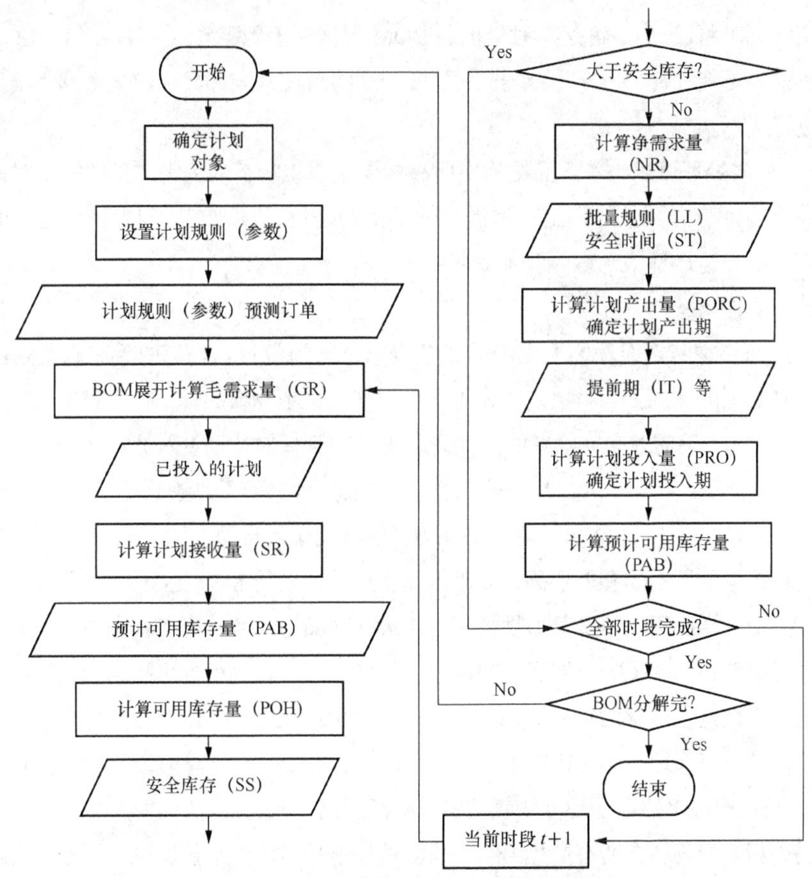

图 8-8　物料需求计划初步方案编制步骤

按照以上 MRP 制订流程，下面详细介绍 MRP 的制订步骤。由于 MRP 运算过程与 MPS 基本相同，有些内容请参见第 4 章主生产计划。

（1）确定计划对象

MRP 运算是按 BOM 的层次从上到下进行的，每种物料在 BOM 中都有相应的层次码，即每种物料相对于最终产品的位置。最终产品的层次码为 0，直接与最终产品有父子关系的物料层次码为 1，与该物料又有直接父子关系的物料层次码为 2，以此类推。即 BOM 结构的顶层为 0 层，依次为 1 层、2 层、3 层等。因此，对 BOM 进行分层编码时，层次码数字越小层次越高。层次码的案例如图 8-9 所示。

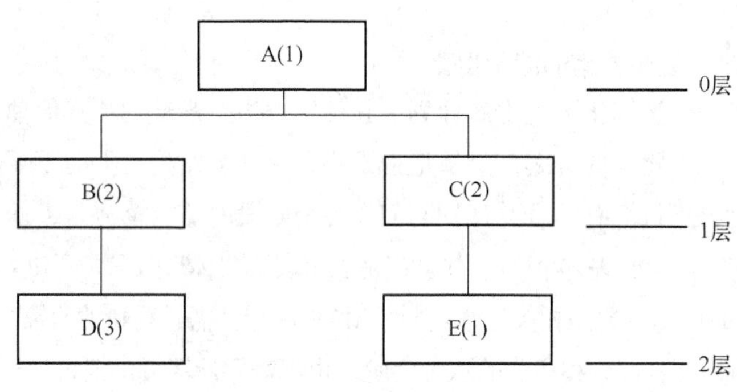

图 8-9　层次码案例

在确定计划对象进行 MRP 运算时，按照 BOM 层次从上到下确定。X 层（BOM 的父项）未计算完毕前，不能计算 X+1 层（子项），即一个物料在其全部父项均被计算完毕后，才能对该物料进行运算。

MRP 的分层处理可以将各产品结构中所有各层次对该物料的毛需求量按需求时间计算，避免提前将现有库存分配给时间上较迟需求的层次的物料，导致在时间上较早需求的层次的物料不得不提前下达计划，无形中增大库存。

（2）计算毛需求量

毛需求量是指在特定时段需要生产的相关需求物料的数量。物料的毛需求量是由物料的独立需求、其父项的计划投入量决定的，需求日期就是父项物料的计划投入日期。

毛需求量 = 物料的独立需求 + 父项物料的计划投入量

× BOM 规定的单位父项物料中子项的数量

需求日期 = 父项物料的计划投入日期

（3）比较物料的层次码和低层码，以确定是否进一步进行 MRP 运算

在 BOM 中，层次码反映了某项物料相对于最终产品的位置，但是，在 BOM 中，存在着同一物料同时出现在 BOM 的不同层次的现象，另外，同一种物料也可能出现在不同 BOM 的不同层次上，出现这些情况的物料被称为通用件。通用件在进行 MRP 运算时，不得不多次重新计算需求，这将极大地影响 MRP 工作效率，因此，在 MRP 运算时，一种物料只进行一次 MRP 运算，那么解决上述问题的办法就是引入“低层码”概念。

低层码是指某个物料在所有产品结构中所处的最低层数。低层码案例如图 8-10 所示。

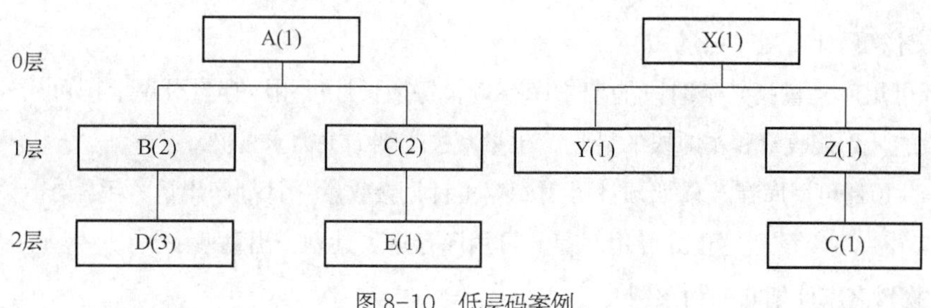

图 8-10　低层码案例

在上述案例中，物料 C 出现在两个 BOM 中，且分别处于第 1 层和第 2 层，因此物料 C 的低层码为 2。

一个物料只有一个低层码，利用低层码可以确定各种物料最早的使用时间，并简化 MRP 运算。

MRP 在运算时，对于通用件要先将各层需求量加到总需求量上，在 MRP 运算展开到低层码时，再综合地进行毛需求量和计划产出量、计划投入量的计算。

在上述案例中，当 MRP 运算展开到第 1 层时，遇到产品 A 的 C 物料时，由于 C 的低层码为 2，此时 C 的层次码不等于低层码，那么就保留第 1 层的物料 C 的需求量，暂停对该物料 MRP 的运算。当 MRP 运算展开到第 2 层时，遇到产品 X 的 C 物料时，此时 C 的层次码等于低层码，这时就要释放物料 C 在第 1 层的需求量，计算它的总需求，进行 MRP 运算。

因此，在对某种物料进行 MRP 运算时，如果发现物料的低层码不等于层次码，就暂停对其进行 MRP 运算，确定下一个计划对象，进行 MRP 的制订。如果物料的低层码等于层次码，接下来就计算物料的可用库存量，展开运算。接下来的运算过程与主生产计划的运算过程相同。

（4）计算可用库存量

在计算可用库存后，根据上面的制订步骤，我们需要将可用库存与安全库存进行比较，如果可用库存大于安全库存，则表明现有库存已完全满足需求，在本时段就不用安排生产计划，可以进行下一时段的计划方案的制订。否则，就表明现有库存无法满足需求，出现需求缺口，那么就要安排生产，则需要接下来计算净需求，即计算“缺多少”。

（5）计算净需求量

净需求量是满足毛需求量和安全库存量的目标数量。净需求量是一个实际的需求，和毛需求量不一定相等，净需求量的确定要根据该物料的毛需求、现有库存量、计划接收量和安全库存来计算。

净需求量 = 安全库存 −（前期预计可用库存量 + 计划接收量 − 毛需求量）

净需求量 = 安全库存 − 可用库存量

（6）计算计划产出量

计划产出量是指为了满足净需求，系统根据设置的批量规则计算得到的供应数量。此时计算的是建议数量，不是计划的投入数量。

（7）计算计划投入量

计划投入量根据计划产出量、规定的提前期及物料的生产损耗率等计算出来的投入数量。

（8）计算预计可用库存量

预计可用库存量指某个时段的期末库存量，每期预计可用库存量可用上期可用库存量加上本时段的计划接收量和本时段的计划产出量减去本期的毛需求量。

预计可用库存 = 前期预计可用库存 + 计划接收量 + 计划产出量 − 毛需求

预计可用库存 = 可用库存量 + 计划产出量

3．物料需求计划的编制案例

例：产品 A 的 BOM 如图 8-11 所示，其主生产计划确定的计划投入量如表 8-19 所示，B 的其他独立需求如表 8-20 所示，B、C、D 的信息如表 8-21 所示，试编制该产品的物料需求计划（MRP）方案。

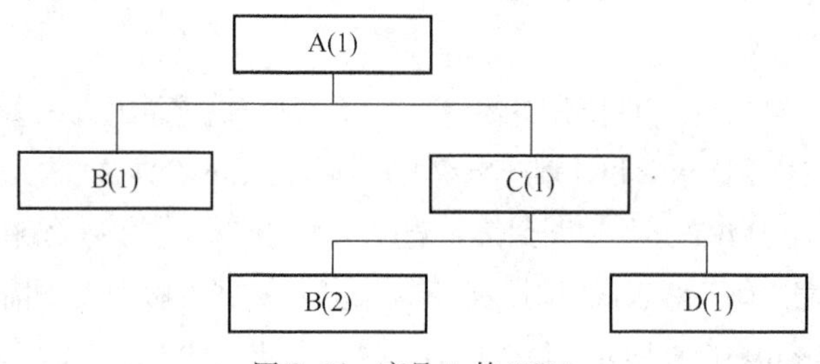

图 8-11　产品 A 的 BOM

表 8-19　产品 A 的计划投入量

时段	1	2	3	4	5	6
计划投入量	20	35		50		55

表 8-20　B 的其他独立需求

时段	1	2	3	4	5	6
计划投入量				10		20

表 8-21　B、C、D 的信息表

物料名称	现有库存	提前期	安全库存	固定批量
B	90	1	20	60
C	40	1	20	10
D	60	2	10	30

解：根据上面介绍的 MRP 制订步骤，制订产品 A 的 MRP 方案。

第 1 步，确定计划对象。

因为 MRP 运算是按 BOM 的层次从上到下进行的，因此要制订产品 A 的 MRP 方案就是首先对第 1 层的物料 B、C 进行 MRP 运算，然后对第 2 层的 B、D 进行 MRP 运算。由于物料 B 出现在不同层次中，所以在对物料 B 运算时，要注意低层码的应用。

第 2 步，计算毛需求量。

根据产品 A 的 BOM 得知，第 1 层的物料 B、C 的毛需求分别是由它们的父项物料 A 的计划投入量所决定。而第 2 层的物料 B、D 毛需求是由物料 C 的计划投入量所决定。由于 B

是通用件，所以B的总需求量是B所在的两个层次的毛需求与B的其他独立需求之和。

根据A的计划投入量及投入日期得知，C的毛需求量在时段1、2、4、6分别为20、35、50、55。层次码为1的物料B的毛需求量在时段1、2、4、6分别为20、35、50、55。

第3步，比较物料的层次码与低层码，以确定是否进一步进行MRP运算。

在A的BOM中，物料B出现在同一BOM的不同层次，B的低层码是2。按照MRP运算规则：将物料的底层码与当前层次码进行比较，只有两者相同时才进行MRP计算。因此，暂时保留层次码为1的物料B的毛需求，先不做MRP运算，当层次分解到物料B的第2层时，再一并进行MRP运算。

此时物料C的层次码等于低层码，可以进行MRP运算，接下来我们按照物料C来讲解MRP运算的其他流程。

第4步，计算可用库存量。

可用库存量是指安排新计划前，现有库存满足需求后剩余的物料数量。

可用库存量 = 前期预计可用库存量 + 计划接收量 − 毛需求量

以物料C的时段1为例：可用库存量 = 40 − 20 = 20

由于物料C的安全库存为20，这个时段的可用库存量为20，说明物料C的现有库存完全可满足本时段的需要，因此物料C在时段1不需要安排生产。这样在本时段此物料的预计可用库存为20。以此计算方法，物料C在时段2的可用库存量-15，因此该物料在时段2要安排生产。

第5步，计算净需求量。

净需求量是满足毛需求量和安全库存量的目标数量。净需求量是一个实际的需求，和毛需求量不一定相等，净需求量的确定要根据该产品的毛需求量、现有库存量、计划接收量和安全库存来计算。

净需求量 = 安全库存 − 可用库存量

对于物料C时段2：净需求量 = 20 −（−15）=35

第6步，计算计划产出量。

计划产出量是指为了满足净需求，系统根据设置的批量规则计算得到的供应数量。

对于物料C时段2来说，实际需要即净需求是35，但根据企业设置的固定批量规则，所以时段2的计划产出量为40。

第7步，计算计划投入量。

计划投入量根据计划产出量、规定的提前期等计算物料的投入数量和时间。物料C时段2的计划投入量也就是计划下达量是40。由于提前期是1周，因此时段2的计划投入日期在第1时段。

第8步，计算预计可用库存量。

预计可用库存量是指某个时段的期末库存量，每期预计可用库存量可用上期可用库存量加上本时段的计划接收量和本时段的计划产出量，减去本期的毛需求量。

计算公式也可为：

预计可用库存量 = 可用库存量 + 计划产出量

因此物料C时段2的期末库存量为25。

以此类推，可以制订出在 6 周的计划展望期内，物料 C 的 MRP 方案。如表 8-22 所示。

接下来根据 A 的 BOM，应该进行第 2 层的 MRP 运算。根据物料 C 的计划投入量及投入日期可以计算出层次码为 2 的物料 B 及物料 D 的毛需求量，此时物料 B 的层次码等于低层码，因此在第 2 层要进行物料 B 的 MRP 运算，那么物料 B 的总需求就是层次码为 1 和层次码为 2 的物料 B 的毛需求及 B 的其他独立需求之和。因此根据上面的计算步骤，依次可以制订出物料 B 和 D 的 MRP 方案。具体结果如表 8-23、表 8-24 所示。

表 8-22　物料 C 的 MRP

时段	0	1	2	3	4	5	6
毛需求量		20	35		50		55
计划接收量							
可用库存量		20	−15		−25		-30
预计可用库存量	40	20	25	25	25	25	20
净需求量			35		45		50
计划产出量			40		50		50
计划投入量		40		50		50	

表 8-23　物料 B 的 MRP

时段	0	1	2	3	4	5	6
毛需求量		100	35	100	60	100	75
计划接收量							
可用库存量		−10	15	−25	−25	−65	−20
预计可用库存量	90	50	75	35	35	55	40
净需求量		30	5	45	45	85	40
计划产出量		60	60	60	60	120	60
计划投入量	60	60	60	60	120	60	

表 8-24　物料 D 的 MRP

时段	0	1	2	3	4	5	6
毛需求量		40		50		50	
计划接收量							
可用库存量		20	20	-30	30	-20	
预计可用库存量	60	20	20	30	30	10	
净需求量				40		30	
计划产出量				60		30	
计划投入量		60		30			

8.3.4　CRP 的编制

能力需求计划（CRP）是伴随物料需求计划（MRP）运行的短期能力计划，由于运行物料需求计划（MRP）后，全部物料都已展开，因此，CRP 就是对各生产阶段和各工作中心所需的各种资源进行准确计算，得知各种资源负荷情况，并做好生产能力与生产负荷的平衡工作。能力需求计划的对象是所有工作中心。

1．能力需求计划的逻辑流程图

CRP 的逻辑流程如图 8-12 所示。

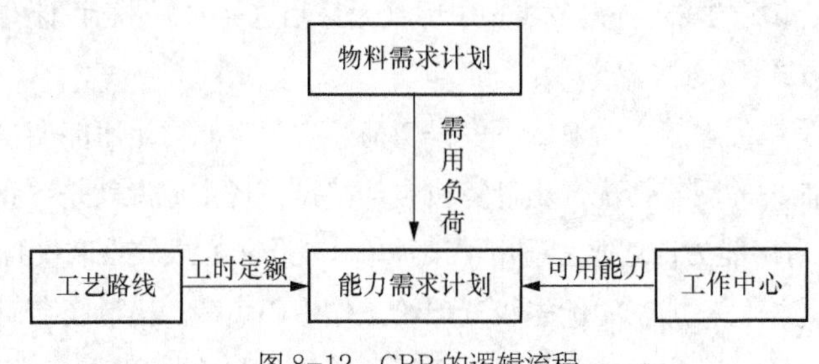

图 8-12　CRP 的逻辑流程

CRP 是根据物料需求计划下达的生产订单任务、工艺路线提供的工序信息（完成生产订单任务要使用哪些工作中心，占用时间是多少。）及工作中心的工作日历及可用能力信息，对在各个工作中心加工的所有物料，计算出加工这些物料在各时段所占用的该工作中心的总负荷小时数，并与工作中心的可用能力进行比较的过程。

能力需求计划可回答以下几个问题。

（1）生产什么，生产多少，什么时间生产。

（2）生产的物料要使用什么工作中心，各工作中心的负荷是多少。

（3）各工作中心的可用能力是多少。

CRP 可用报表形式体现，也可以用直方图形式表达，说明计划展望期的每个时段的负荷小时、若干时段累计负荷小时及累计可用能力。如果个别时段负荷超过可用能力，但在某个时期的累计负荷没有超过累计能力，说明是有可能调整的。

能力需求计划（CRP）与粗能力需求计划（RCCP）是相似的，都是为了平衡工作中心的能力与负荷，但是它们又是有区别的，两者的区别可由表 8-25 来说明。

表 8-25　RCCP 与 CRP 的比较

项目	RCCP	CRP
计划阶段	MPS	MRP
计划对象	关键工作中心	全部工作中心
负荷计算	独立需求物料	相关需求物料
工作日历	工厂日历、关键工作中心日历	加工中心日历
提前期	以计划周期为最小单位	物料开始与完工时间

2．CRP 的分类

ERP 制订 CRP 的方式可分为无限能力方式和有限能力方式。

（1）无限能力方式

无限能力方式是不考虑能力的限制，对各个工作中心的能力与负荷进行计算，得出工作中心的负荷情况，产生能力报告。在负荷大于能力的情况下，为超负荷。对超过的部分应进行负荷调整，负荷调整策略有延长工作时间、转移工作中心、选择替代工序、采用替代加工级别、进行外协加工或直接采购等。在采取以上各项措施都无效的情况下，还可以延期交货或取消订单。负荷与能力平衡工作是反复进行的，直到得到较为满意的计划方案为止。这里所说的无限能力方式只是暂时不考虑能力的约束，尽量去平衡与调度能力，发挥最大能力，或进行能力扩充，目的是为了满足市场的需求。大多数 ERP 系统是采用这种方法进行设计的。

（2）有限能力方式

有限能力方式是在考虑能力的限制下安排负荷。它假定能力是不能调整的，因而有限能力计划是完全按照能力的现实情况，由计算机自动编排。通俗地说就是“我就这些能耐，多的活我完成不了”。有限能力计划通常适用于某种单一工作中心或较难调整的能力单元。

有限能力计划是按物料加工的优先级分配给工作中心负荷。当满负荷时优先级低的物料加工被推迟，这样是不会产生超负荷的，是不需要做能力与负荷调整的。但采用这种方法有时是很难保证交货期的，所以企业是结合有限能力与无限能力这两种方式共同制订能力需求计划的。

3．能力需求计划的编制方法

能力需求计划（CRP）的对象是所有的工作中心。它是将 MRP 计划的各时间段内需要加工的所有物料通过工艺路线进行编制，计算出所需要的各工作中心的负荷，然后同各工作中心的可用能力进行比较，在出现负荷过小或超负荷时，视具体情况进行调整。

能力需求计划具体编制方法如下。

（1）收集数据

编制能力需求计划需要收集数据，其中包括已下达的车间订单、MRP 计划订单、工作中心数据、工艺路线数据及车间的工作日历等。

（2）根据收集的数据，计算工作中心负荷

在不考虑能力的前提下，根据已下达的车间订单、MRP 计划订单及订单的工艺路线计算出每个有关工作中心的负荷。当不同的订单使用同一个工作中心时，将按时间段合并计算。最后将每个工作中心的负荷与工作中心可用能力进行比较，得出工作中心负荷与能力之间的对比以及工作中心的利用率。

（3）分析各工作中心的负荷情况

编制的能力需求计划指明了工作中心的负荷情况，如负荷不足、负荷刚好或超负荷。存在的问题是多种多样的，有在主生产计划阶段产生的问题，有在物料需求计划阶段存在的问题，也有工作中心和工艺路线方面产生的问题。具体问题要具体分析研究，确认产生各种具体问题的原因，从而寻求解决问题的方法。

（4）调整各工作中心的能力与负荷

在解决工作中心负荷过小或超负荷能力的问题时，应视具体情况对能力与负荷进行调整，通过增加或降低能力、增加或降低负荷，或两者同时调整来调节。调整能力的方法多种多样，可以通过增加工作时间、增加人员与设备、提高工作效率、改变工艺路线、增加外协处理等方式；调整负荷的方法也有很多种，可以通过修改生产计划、调整生产批量、推迟交货期、撤销订单等方法。通过反复的能力和负荷的调整，使能力和负荷达到平衡，最后确认能力需求计划。

4．物料需求计划的评价与下达

编制物料需求计划初步方案后，MRP 的可行性要通过能力需求计划进行验证。能力需求计划的运算与平衡是确认 MRP 的重要过程，不经过能力平衡的 MRP 是不可靠的。

进行能力平衡后，要对 MRP 进行确认。企业按照确认的 MRP 计划执行，如果某物料是需要加工的，就产生一个生产建议订单，并下达加工单到相应的车间生产；如果某物料是需要采购的，就产生一个采购建议订单。

因此在图 8-1 阐述的 MRP 的输出有两个部分：采购作业计划、生产作业计划。

8.3.5 物料需求计划的维护

由于计划是随着时间的变化而变化的，为了保持物料需求计划的准确性，在发生变化时必须更新 MRP 系统。系统处理这种变化的方法有再生法和净改变法。

1．再生法

再生法是要完全作废所有的计划数据，重新编制物料需求计划。再生法是更新整个计划，即对 MRP 系统控制下的所有物料的需求和库存进行重新计算。再生法是采用批处理方式进行的，每次只能按一定的时间间隔定期进行。在两次批处理之间发生的所有变化，如主生产计划的变化、产品结构的变化等都要累计起来，等到下次批处理时一起处理。在每次批处理作业中，每一个物料的需求量和净需求量都要重新计算，每一项计划下达订货的日程计划也都要重新安排。处理的全过程是逐层进行的，从最高层次（最终产品）直到最低层次（采购作业计划、生产作业计划）。

2．净改变法

在一个动态的生产环境中，生产状态处于连续的变化之中。在这种情况下主生产计划经常更改，客户需求时时波动，订货每天都可能变化，常有紧急维修的订单，也有报废的情况发生，产品的设计不断更新，所有这些都意味着每种物料的需求数量和需求时间都要随之变化。在这类生产环境中，要求 MRP 系统有迅速适应变化的能力。而利用再生法维护 MRP 系统最多也只能每周重排一次，在比较稳定的生产环境中，仅就物料需求而论，再生式 MRP 系统也许能满足需求，然而 MRP 并不只局限于库存管理，它还要确保下达订单的交货期符合实际要求，已下达订单的交货期是正确制订作业任务优先级和作业顺序的基础。因此要保证订单的完成期能随时更新，使它总能符合实际情况，这是非常重要的。然而，一个以周（甚至更长时间）为周期重排计划的 MRP 系统，显然不能使订单的完成期处于与当前情况相符的状态。由以上讨论可以看出，在 MRP 系统的使用中，重排计划的时间是一个重要问题，要想以小于一周的间隔来运行再生式系统是不切实际的。为了能以更小的时间重排计划，必须寻找一种新的方法，而这种方法就是净改变法。

使用净改变法，MRP 系统只对订单中变动的部分进行局部修改，不需要全部重排，改动量比较小，运算时间快，一般用于计划变动较多但影响面不大的情况。

净改变式系统最突出的优点是它能对状态变化迅速做出反应，但是大量经常性地局部修改可能会导致全局性的差错，因此企业隔一定时间还有必要用再生法把全部物料的需求计划重新理顺一次。

课堂讨论题

1. 讨论时区与时界的深层次作用。
2. 可供销售量是如何产生的？作用是什么？
3. 讨论主生产计划制订过程和物料需求计划制订过程的相同点和不同点。
4. 讨论底层码的具体应用。

思考题

1. 简要阐述 ERP 的计划体系。
2. 什么是主生产计划？
3. 简要描述主生产计划的对象。
4. 图示说明时区与时界的概念。
5. 简要描述主生产计划初步方案的制订步骤。
6. 简要描述主生产计划的维护方式。
7. 什么是物料需求计划？MRP 主要解决哪些问题？
8. 简要描述 MRP 的输入与输出。
9. 简要描述物料需求计划初步方案的制订步骤。
10. 举例说明层次码及低层码的概念。
11. 某公司产品编号 10002 的激光打印机的相关信息如表 8-26 所示，试编制该产品的主生产计划的初步方案。

表 8-26 激光打印机的信息表

物料编码：10002	前期可用库存：60 台	计划员编号：J031
物料名称：激光打印机	安全库存量：10 台	计划展望期：10 周
提前期：2 周	需求时界：第 3 周	计划时界：第 7 周

批量规则：固定批量：30 台

时段	1	2	3	4	5	6	7	8	9	10
预测量	80	50	40	40	10	40	90	50	50	10
订单量	40	50	40	50	10	60	90	50	40	10
计划接收量	30									

12. 产品 X 的 BOM 如图 8-13 所示，其主生产计划确定的计划投入量如表 8-27 所示，Z 的其他独立需求如表 8-28 所示，Y、Z、Z1 的信息如表 8-29 所示，试编制 Y、Z、Z1 的物料需求计划（MRP）方案。

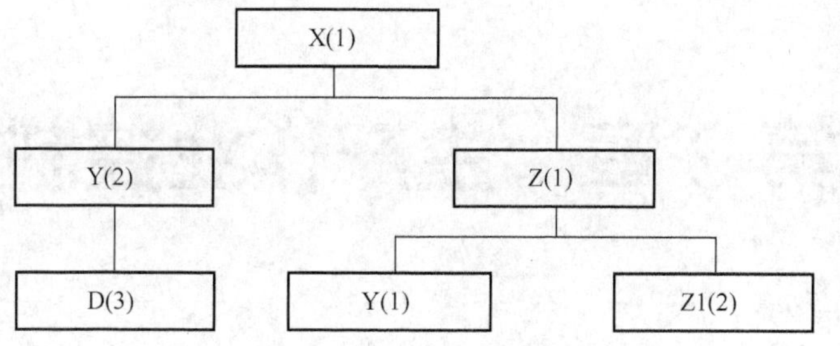

图 8-13 产品 X 的 BOM

表 8-27 产品 X 的计划投入量

时段	1	2	3	4	5	6	7	8
计划投入量	10	25	30	50	65	35	10	35

表 8-28 Z 的其他独立需求

时段	1	2	3	4	5	6	7	8
需求	30	20				10	20	

表 8-29 Y、Z、Z1 的信息表

物料名称	现有库存	提前期	安全库存	固定批量
Y	80	2	10	60
Z1	30	1	20	50
Z	70	1	10	30

第 9 章　生产作业控制

核心要点

- 生产作业计划编制方法
- 加工单的形式和作用
- 派工单的形式和作用
- 投入与产出报告的分析

学习目标

通过本章的学习，读者应该能够掌握生产作业计划的编制方法，掌握加工单及派工单的形式和作用，了解生产作业计划的监督与控制内容。

生产作业控制（production activity control，PAC），也称作车间控制，它与采购作业计划同属于 ERP 计划层次的执行层。它是在物料需求计划产生的生产建议订单的基础上，产生的零部件生产计划，是一种实际的执行计划，它对车间生产的有关事务进行动作管理和分析控制。

9.1　生产作业控制概述

生产作业控制是在物料需求计划输出的生产建议订单的基础上，按照交货期的先后和生产优先级的选择原则，以及车间的设备、人员、加工能力等生产资源情况，将零部件的生产计划以订单的形式下达给相关的车间。在车间内部，根据车间的工作日历、零部件的工艺路线等信息制订车间生产的日计划，并组织生产。同时，在订单的生产过程中，适时采集车间生产的动态数据，随时了解生产进度，及时发现并解决问题，尽量使车间的实际生产接近于计划。

生产作业控制的目标是通过对生产过程中，车间层及车间层以下各层次的物料流的合理计划、调度与控制，缩短产品的制造周期，减少在制品，降低库存，提高设备、人员等生产资源的利用率，最终提高生产率。

9.2　生产作业控制的编制方法

生产作业计划的编制包含以下几个内容。

9.2.1 核定生产建议订单

物料需求计划为生产建议订单规定了计划下达日期，但它只是一个建议日期，并没有真正下达给车间。尽管这些订单是由物料需求计划输出的，并且经过能力平衡，但在生产控制人员批准这些订单开始生产之前，还必须检查物料、能力、提前期和工具的可用性。

作为一个生产计划控制人员，应该知道并能够找出当前所有需要的生产要素的可用性，在最终订单下达之前决定生产什么是可能的。

核定生产建议订单的过程就是核定生产作业任务的过程。作为生产计划控制人员，要通过生产建议订单、物料档案、库存文件、工艺路线文件、工作中心文件以及工作日历来完成以下任务。

（1）根据工艺路线确定加工工序。

（2）识别物料、工具、能力和提前期的需求。

（3）确定物料、工具、能力和提前期的可用性。

（4）解决物料、工具、能力和提前期的短缺问题。

9.2.2 建立车间任务

这个阶段是将上述核定过的 MRP 生产建议订单下达给车间，建立和落实车间任务。一般来说，由于企业的不同车间可以完成相同的加工任务，而且不同的车间可能会有不同的加工工艺路线，因而必须把物料需求计划明确下达给某个具体车间，当然也允许把同一物料需求计划分配给不同的车间。

车间任务一般是以报表的形式给出的，如表 9-1 所示。

表 9-1 车间任务

车间任务号	MRP编号	物料编码	需求数量	需求日期	车间编号	计划开工日期	计划完工日期
C001	MRP10	A001	100	2005/12/22	J01	2005/11/30	2005/12/22
C002	MRP20	A002	50	2005/11/16	J01	2005/11/13	2005/11/16
C003	MRP30	A003	25	2005/11/20	J01	2005/11/11	2005/11/20

车间任务生成并确认后，要对任务的物料再次进行落实，也就是对车间任务进行物料分配。完成物料分配后就可以下达任务，确保任务的执行。

9.2.3 下达加工单

1．加工单

建立车间工作任务后，生成该任务的工序作业计划，也就是生成加工单，即面向物料的说明物料需求计划的文件，有点像手工管理的传票，可以跨车间甚至厂际合作。加工单的格式如表 9-2 所示。

2．工序跟踪报告

加工单执行情况可以用工序跟踪报告来反映，工序跟踪报告是针对物料的报告，如表 9-3 所示。

表 9-2 加工单

订单号：20051129

物料号：A001　　需用数量：100 件　　计划日期：20051129

物料名称：X　　需用日期：2005-12-22　　计划员：王成

工序	工作中心	标准时间		本工序总时间	计划进度	
		准备	加工		开始日期	完工日期
10	WC01	0.5	0.26	26.5	2005-11-30	2005-12-01
20	WC05	1.0	1.30	131.0	2005-12-02	2005-12-07
30	WC07	1.0	2.00	201.0	2005-12-09	2005-12-18
40	WC21	0.5	0.50	50.5	2005-12-19	2005-12-21
50	WC13	1.0	0.10	11.0	2005-12-21	2005-12-21

表 9-3 工序跟踪报告

订单号：　2005-11-29　　物料号：A001　　物料名称：X

计划日期：2005-11-29　　计划员：王平

工序号	工作中心代码	开始日期	完成日期	计划数量	完成数量	合格数量	报废数量	原因代码	返修数量
10	WC01	2005-11-30	2005-12-01	100	100	100	0	…	0
20	WC05	2005-12-02	2005-12-07	100	98	98		…	2
30	WC07	2005-12-19	2005-12-18	100	98	96	2	…	0
…	…	…	…	…	…	…	…	…	…

9.2.4 下达派工单与作业排序

加工单生成后，根据各工作中心当前正在加工任务与排队任务等生产情况，进行各个工序的生产作业安排，即下达派工单，或称调度单，它是一种面向工作中心说明加工优先级的文件。生产计划控制人员在下达派工单时，要充分考虑各个任务的优先级、工作中心能力、任务用料的分配等情况，进行作业排序与派工。车间任务分配把作业分配给工作中心，紧接着的任务是排列作业的执行次序。

1．派工单

加工单是面向物料的，而派工单则是面向工作中心的。派工单说明工作中心在一周或一个时期内要完成的生产任务；它还说明哪些工件已经到达，正在排队，应当什么时间开始加工，什么时间完工，计划加工工时是多少，完成此工序后又应传送到哪道工序；它还说明哪些工件即将到达，什么时间到达，从哪道工序来。派工单如表 9-4 所示。

表 9-4 派工单

工作中心：WC02　　名称：磨床　　日期：2005-11-04 至 2005-12-31

物料号	物料名称	加工单号	数量		工序号	日期		剩余时间		上道工序工作中心	下道工序工作中心
			需用	完成		开始	完成	准备	加工		
正在加工工件											
002010	JE	051107	23 45	12	10 10	2005-11-04 2005-11-15	2005-11-14 2005-12-01	0.2	1.5 15.0	WC05 WC41	WC07 WC08

续表

物料号	物料名称	加工单号	数量		工序号	日期		剩余时间		上道工序工作中心	下道工序工作中心
			需用	完成		开始	完成	准备	加工		
已到达的待加工工件											
055023	FH	052125	46 24		20 30	2005-12-01 2005-12-11	2005-12-10 2005-12-15	0.5 0.2	15.0 5.0	WC06 WC43	WC24 WC23
将要到达的加工工件											
032008 …	BV …	054211 …	40 20 …		40 30 …	2005-12-16 2005-12-20 …	2005-12-19 2005-12-23 …	0.2 0.3 …	120 10.0 …	WC09 WC65 …	WC07 WC85 …

车间调度人员、工作中心的操作人员根据派工单，对目前的生产任务和即将到达的生产任务一目了然，如果出现问题，也容易被及早发现并解决。

2．作业排序

作业排序就是对工作中心的作业进行排序，确定工序优先级，即当多个物料在同一时间分配在同一个工作中心加工时，对物料的加工顺序进行排序。

作业排序的目的表现在以下几个方面。

（1）按优先级编排作业任务。

（2）按设备和人员能力分配任务。

（3）保证交货期。

（4）完成作业任务时间最短。

作业排序的方法有很多种，有先来先服务法、最小加工时间优先法、最短交付期优先法等。但不管是采用哪种方法排序，都要具体考虑以下 3 个因素。

（1）任务完成日期。

（2）到完工日期剩余的时间。

（3）剩余的工序数。

影响作业排序的因素有很多，主要有以下 3 个方面。

（1）作业任务的到达方式。

在实际生产过程中，作业任务订单的到达方式主要有两种：一种是静态到达，所有的工件成批到达；另一种是动态到达，是在一定时间段内按某种统计规律到达。静态到达并不是客户同时提出订单，而是计划控制人员将一段时间内的订单汇总，统一安排生产计划。在动态到达情况下，随时安排生产任务。

（2）车间的设备种类和数量。

设备的数量很大程度上影响作业排序的过程。如果只有一台设备，作业排序很简单，而当设备数量及种类增多时，各种生产任务由多台设备的加工才能完成，作业排序非常复杂，很可能就得不到有效的排序。

（3）车间中的人员数量。

在进行作业任务排序时，不仅是将作业任务分配给设备，同时也是分配给操作人员。对于特定的生产操作人员数量少于设备数量的情况下，生产操作人员则成为排序时的关键资源。

3．工作中心完工报告

派工单执行情况可以用工作中心完工报告反映，它是针对工作中心的反馈报告，如表 9-5 所示。

表 9-5 工作中心完工报告

工作中心名称：磨床　订单号：0367　工作中心代码：WC34　加工单号：050306
班组号：01　班次：1　报告日期：20050708　操作员：张红

序号	物料号	物料名称	工序号	开始日期	完成日期	计划数量	完成数量	合格数量	报废数量	返修数量
10 …	001 …	S …	10 …	0306 …	0707 …	900 …	877 …	877 …	0 …	13 …

9.3 生产作业控制的监督及控制

在生产过程中通常会发生很多问题。如果车间的生产很正常，不出现问题完全符合计划，那么就不用监控生产情况；但是实际的生产情况并不是十全十美的，总会发生各种各样的问题，例如生产时间拖后、加工件报废、设备出现故障等，因此要经常性地对车间的生产过程进行调控。

生产过程中出现问题是经常性的，重要的是应预见问题，因此要对生产过程进行监控。对生产过程的监控是通过投入/产出分析及采集相关车间的数据来实现的。发生问题后，要随时准备解决问题，也就是对生产作业计划的控制。

9.3.1 投入/产出控制

投入/产出控制也叫作输入/输出控制，是一种监控能力的方法，是衡量能力执行情况的方法。投入/产出报告，即 I/O 报告，是计划与实际投入以及计划与实际产出的控制报告。根据该控制报告了解生产进展的情况，分析出现的各种问题，并解决问题。如表 9-6 所示，是一份投入/产出报告。

表 9-6 投入/产出报告

工作中心：WC03　名称：磨床　能力：20 小时/日　投入/产出允许偏差：3 小时

项目	时段							
	1	2	3	4	5	6	7	8
计划投入	20	20	20	20	20	20	20	20
实际投入	18	21	19	18	22	21	19	17
累计投入偏差	−2	1	−1	−2	2	1	−1	−3
计划产出	20	20	20	20	20	20	20	20
实际产出	17	22	18	19	22	23	19	21
累计产出偏差	−3	2	−2	−1	2	3	−1	1

以下是上面相关项目的解释。

（1）计划投入：工作中心的计划订单及已下达订单所需的工时。

（2）实际投入：工作中心实际接收作业任务的工时。

（3）累计投入偏差：实际投入与计划投入的差额。

（4）计划产出：计划要求完成任务的工时。

（5）实际产出：实际完成任务的工时。

（6）累计产出偏差：实际产出与计划产出的差额。

在生产过程中，计划控制人员对计划投入与实际投入、实际投入与实际产出、计划产出与实际产出进行比较，分析计划和生产过程中产生的问题，并及时解决。

如表9-7所示，是投入/产出报告分析。

表9-7 投入/产出报告分析

对比结果	存在问题
计划投入 > 实际投入	加工件推迟到达
计划投入 = 实际投入	加工件按计划到达
计划投入 < 实际投入	加工件提前到达
实际投入 > 实际产出	在制品增加
实际投入 = 实际产出	在制品维持不变
实际投入 < 实际产出	在制品减少
计划产出 > 实际产出	工作中心落后计划
计划产出 = 实际产出	工作中心按计划
计划产出 < 实际产出	工作中心超前计划

对以上分析结果简单做以解释。

（1）计划投入与实际投入的关系表明加工订单进入工作中心的情况。

计划投入 > 实际投入：通常表明加工任务推迟到达该中心，此时应检查前道工序所使用的工作中心，以查清推迟原因。

计划投入 = 实际投入：表明加工任务按计划到达工作中心。

计划投入 < 实际投入：表明加工任务提前到达，应该检查前道工序工作中心生产定额，极可能是在制订计划时低估了工作中心能力。

（2）实际投入与实际产出的关系表明工作中心是否完成了进入该中心的所有加工任务。

实际投入 > 实际产出：表明工作中心未完成的任务较多，应考虑减少投入或加快产出。

实际投入 = 实际产出：表明工作中心已有的任务都已完成。

实际投入 < 实际产出：表明未完成的任务减少。

（3）计划产出与实际产出的关系表明工作中心执行计划的好坏。

计划产出 > 实际产出：表明工作中心落后于生产进度，往往会引起后道工序的工作中心的计划投入大于实际投入，经过比较分析，就会确定问题出现在哪个环节，产生在哪个工作中心。

计划产出＝实际产出：表明工作中心按计划进度生产。

计划产出＜实际产出：表明工作中心超前计划，这就可能意味着该工作中心正在追补前期拖欠任务，或意味着生产定额过低，低估了该工作中心的能力。

9.3.2 采集车间数据

只有及时、准确、有效地采集车间数据，才能有效地监控生产过程；只有采集到可靠的数据，才能解决生产中出现的问题，否则车间就会出现混乱状态。车间数据有助于制订计划、控制生产、保证生产质量。在企业中负责采集数据的人员可以是车间管理人员、质检员、生产人员等。车间数据主要包括生产数据、劳动力数据、物料数据、质量控制数据。

（1）生产数据：主要有生产工人数据、上/下班时间、出勤情况等。

（2）劳动数据：主要有工作中心数量、加工时间、准备时间、停工时间、生产统计、工具使用等。

（3）物料数据：主要有物料的接收、储存、检验、发放、移动、包装、工装及模具的数量和使用情况等。

（4）质量控制数据：主要有订单号/零件号、试验结果、返工量等。

车间数据采集的频繁程度和详细程度随企业不同而存在差异，并且受生产方式影响。采集数据有 5 种方式：工序报告、检测点报告、日常活动报告、订单报告和例外报告。工序报告提供比较详细的信息，根据这种报告可迅速采取措施；检测点报告则适用于多道工序的生产方式，针对关键作业和生产环节采集数据；日常活动报告则是对每日事务的汇总；订单报告是关于每张订单的详细信息；例外报告是在生产出现例外情况时才做，它不能进行单项任务跟踪。公司往往将各种方式结合使用，根据生产工序的类型进行选择。

采集的车间数据应定期进行审查，这样才能使计划更实际，生产更加容易控制。

9.3.3 解决生产过程中的问题

生产中出现问题是不可避免的，但重要的是应预见问题并准备迅速应变和正确地解决问题。只有快速而正确地做出反应并解决问题，才能减少停机时间，维护排产计划，减少返工并节省资金。对于投入/产出报告中出现超出允许偏差或限度的情况，生产控制人员应确定产生问题的原因，采取纠正措施，解决问题。生产过程中出现的问题主要产生在工具短缺、物料短缺、能力短缺及提前期不足等方面。

解决工具短缺应采取的措施有改变生产工具、改变工艺路线、委托外加工等。解决物料短缺的措施有变换物料、减少生产批量、生产一部分产品等。解决能力短缺的措施有增加人力、减少生产批量、生产一部分产品、委托外加工等。解决提前期不足的措施有工序分批、增加人员、改进加工工艺等。

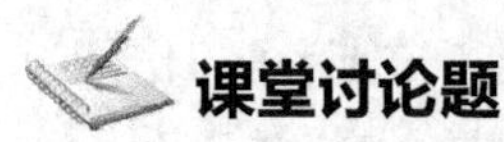

1. 讨论加工单与派工单的区别。

2. 讨论生产过程中会出现的问题，应如何解决这些问题。

思考题

1. 什么是生产作业控制？生产作业控制处于 ERP 计划的哪个层次？
2. 简要描述生产作业控制编制方法。
3. 什么是加工单？
4. 什么是派工单？
5. 什么是作业排序？影响作业排序的因素有哪些？
6. 如何分析投入/产出报告？
7. 车间数据有哪些？

第 3 篇

实施篇

本篇主要内容包括：

- ERP 项目的概念
- ERP 项目周期
- ERP 项目的前期准备
- ERP 项目的实施步骤
- SAP 实施方法论
- Oracle 实施方法论
- 用友实施方法论

第 10 章　ERP 实施前期准备

核心要点

- ERP 项目的含义
- ERP 项目周期
- ERP 的项目管理
- ERP 的前期准备

学习目标

通过本章的学习，读者应该能够掌握 ERP 项目周期的阶段划分以及 ERP 项目前期准备的内容，了解 ERP 项目各阶段的任务，认识 ERP 项目前期准备的重要性。

企业引入 ERP 系统的过程中，实施 ERP 系统是一个极其关键的环节。因为，实施的成败最终决定着 ERP 效益的充分发挥。据不完全统计，在所有的 ERP 系统应用中，存在 3 种情况：按期按预算成功实施实现系统集成的只占 5%～20%，没有实现系统集成或实现部分集成的有 30%～40%，而失败的却占 50%左右。并且在实施成功的 5%～20%实例中大多为外资企业。由此可见，ERP 实施困难已经成为制约 ERP 效益发挥的一大瓶颈因素。在介绍 ERP 实施之前，本章先了解 ERP 项目的相关知识以及 ERP 实施之前的准备工作。

10.1　ERP 项目的概念

项目是为完成某一特定的产品或者任务所做的一次性工作。项目一般要涉及一些人员，由这些人员完成一些相互关联的活动。项目发起人通常希望能够在最有效利用资源的基础上，及时、高效地完成项目任务。

ERP 项目是指构建基于 ERP 应用系统的企业管理运作体系和流程。从软件工程的角度来看，ERP 项目可以分为客户化产品和商品化产品两种类型。ERP 项目从本质上讲是一个管理改进项目，而不是计算机系统开发项目。因此，项目的实施需要关键业务部门和核心业务人员的参与。项目发起人通常是企业最高层领导，由发起人授权的高层经理担任项目经理。项目发起人希望通过 ERP 应用系统的实施提升管理水平，实现企业的战略业务目标。

10.2 ERP 项目周期

就像产品有生命周期一样，ERP 项目也是有生命周期的。ERP 的项目周期从任命项目经理并组成筹备小组之日开始，交付验收之日结束。对 ERP 项目来讲，项目周期一般包括 4 个阶段。

（1）前期阶段：包括 ERP 原理培训、需求分析、投资效益分析、目标设定、设计业务流程模型、分析风险和制订防范措施、制订明确的项目定义、选择合作伙伴及软件选型。

（2）规划阶段：包括软件和系统应用培训、工作分解、编制项目计划、落实项目组织、召开项目启动动员大会等。

（3）实施阶段：包括业务人员培训、数据录入、参数设置、原型测试和应用模拟、用户化或二次开发、业务流程改进。

（4）交付阶段：包括操作人员培训及考核、最后的模拟测试、制订工作准则与工作规程、切换运行、项目评价和验收。

ERP 供应商划分项目阶段是不包括“前期阶段”的，因为这时 ERP 供应商还没有接手工作，但是对企业来讲，“前期阶段”却是一个非常重要而且又往往被忽视的项目阶段。ERP 项目与一般的工程项目不同，它是由企业与 ERP 供应商共同实施，又以企业为主的合作项目。所以从购买软件开始到项目交付叫作 ERP 实施周期，主要指项目周期的后 3 个阶段。一个中型项目的实施周期一般不应超过 18 个月。

10.3 ERP 项目管理的内容

企业实施 ERP 系统，要有目的、有计划、有组织，并在正确的方法指导下分步实施项目。ERP 系统实施质量的好坏，成功概率的大小，在很大程度上取决于是否采用科学的方法来实施 ERP 项目，这里所说的科学的方法就是项目管理。实施 ERP 系统，所有参与成员都要遵循项目管理的原则办事。但由于 ERP 是一个涉及企业各主要核心业务的信息化管理系统，因此不仅需要各级项目实施成员理解项目管理，而且应当把项目管理作为一种基础管理知识，在企业内普及。事实证明，这样做将会使企业员工自觉地配合 ERP 系统的实施，这不仅有利于 ERP 项目的顺利进行，而且对企业开展其他工作也有帮助。

在 ERP 应用系统的实施中，除应用一般的项目管理方法，还突出了流程管理、方案管理、数据管理和技术管理等内容。ERP 项目管理主要包括以下内容。

1．项目的范围管理

项目范围管理是确定并管理为成功完成项目要做的全部工作。

2．项目计划管理

项目计划管理包括项目所需时间的估算，制订可以接受的项目进度，并确保项目的及时完工。

3．项目组织管理

项目组织管理指构建项目的组织架构，包括对项目的角色、责任以及报告关系进行识别、分配和归档。

4．项目人员配备

项目组织架构确定后，就要为项目挑选和配备合适的人员。一般来说，参与 ERP 项目的人员要有一定的业务知识，能熟练使用计算机，同时具备一定的管理知识。

5．项目准备评估

项目管理中一个重要的工作，是评估项目实施单位是否具备项目实施的条件。这个工作通常在项目开始前已完成。在实施过程中，如发现条件不足，要督促客户进行改进。

6．指导委员会工作管理

指导委员会通常是项目的发起人。对指导委员会工作的管理主要是确保他们对项目的期望是一致的，项目经理要定期向他们汇报项目的进展情况和问题。

7．文档管理

文档管理是对项目实施过程中产生的文档进行管理，包括产生、收集、发布和保存。有些文档是公司写的，大多数的文档是用户写的。好的文档管理能确保所有项目关系人对项目有一致的理解和认识。

8．项目质量管理

项目质量管理是确保项目满足明确约定的或者各方默认的要求。项目质量管理的主要手段是项目审计和评估。通过审计和评估，发现项目的质量偏差和潜在风险。

10.4 前期准备工作

“良好的开始是成功的一半”。ERP 项目的前期阶段，是关系到能否取得预期效益的非常重要的阶段，但又往往是一个容易被忽视的重要阶段。多数企业在立项、选型过程中，没有采用系统、科学的方法，结果造成目标模糊不清，期望值不切实际，选择软件的原则和方法不当，实施人员调配不力，最终导致实施效益出现严重偏差，并导致企业领导、各层管理人员及业务人员对 ERP 系统失去信心，甚至怀疑 ERP 理论。

项目周期中前期阶段的工作，可以由企业自己来做，也可以请管理咨询公司做，一般需要几个月的时间。如果企业对 ERP 系统比较理解，可以自主地按照 ERP 系统的要求准备基础数据。

10.4.1 成立项目筹备小组

当企业觉得有必要上 ERP 项目时，第一件事是成立一个“ERP 系统项目筹备小组”，有了这样的组织，项目周期才算开始。ERP 系统项目筹备小组的成员一般包括企业的管理者代表（如副总经理、副厂长等公司级或厂级领导）、企业管理部门（企管部、策划部等）主要领导、计算机信息部门主要领导、各业务部门的特选业务人员或管理人员（也可以作为联络员，并不全部参与）。概括地说是 3 种人员：领导、熟悉管理业务的人员及熟悉计算机业务的人员。另外，企业最好请专门的咨询机构来参与企业的筹备工作，这样便于展开以后的工作。

成立项目筹备小组的重要性有以下几点。

（1）为企业正式地导入 ERP 概念与必要的理论基础知识，为下一步工作打好基础。

（2）对企业的 ERP 项目进行可行性研究，提出分析报告，对项目总预算与总体计划做安排，为领导决策提供依据。

（3）进行企业 ERP 项目的需求分析，提供分析报告，为企业 ERP 系统的选型工作做好准备。

（4）进行 ERP 系统的选择，包括选择 ERP 软件系统、实施的顾问公司等。

为了保持工作的连续性，确保小组成员能够认真负起责任，筹备小组应当是项目实施小组的前身。

10.4.2 ERP 知识培训

培训是贯穿 ERP 实施过程始终的一项工作。企业要准备上 ERP 项目，就先要了解什么是 ERP，及 ERP 能为企业做什么，只有这样才能为进一步的可行性分析、需求分析及后续的选型提供理论基础。在 ERP 系统的技术支持中，经常会遇到这样的问题，企业的领导决策人员和中层管理人员甚至信息管理人员对 ERP 知识缺乏必要的了解，在听了几家 ERP 供应商的讲解宣传后，也只是了解到一点皮毛，在这种情况下，做好选型工作是比较困难的。同样，企业上 ERP 项目的必要性，企业实施 ERP 所需要的各种资源（如财力、人力、物力）是否具备等问题，都要在对 ERP 有了一定的认识之后才能做出正确的决定。

要进行 ERP 知识培训，主要有两种方式：一种是可以外派人员去学习，即走出去；另一种，可以请一些有关的咨询机构、软件公司进企业来授课，即请进来。较好的方法是请进来，通常是请 ERP 领域的咨询机构。因为通过咨询机构可以了解更多的 ERP 行业情况，可以让企业中更多人员接触 ERP 知识。

10.4.3 可行性分析与立项

进行任何一项重大的建设项目，都必须经过需求分析、投资效益论证，确立目标，编写可行性分析报告，经过上级或公司最高决策层审批后才能开始执行。ERP 系统这样带有较大风险的投资项目也不例外，它涉及企业方方面面的深化改革，如果没有一个经过认真论证的可行性报告，没有经过企业决策部门认真讨论和审批，是绝不可以轻易行事的。

通过对 ERP 必要知识的理解，企业的高层领导和各项目组人员，用 ERP 的思想对企业现行管理的业务流程和存在的问题进行评议和诊断，找出问题，寻求解决方案，用书面形式明确预期目标，并规定评价实现目标的标准。这一部分实际上包含了 ERP 项目的可行性分析工作。在对 ERP 有了一定的认识之后，项目组人员根据企业的现状做出可行性分析报告。报告中一般包含：ERP 基础知识介绍；实施 ERP 所需的资源（包括管理环境、人员要求、资金预算和时间计划)，并对资源的偏差做出计算与计划；企业实施的必要性分析；实施的目标与实施中预计的困难等。企业领导通过可行性分析报告来进行决策。

这样一个涉及企业方方面面的项目，必然会在企业内引起不同的反响。有的部门领导可能会提出反对意见，有些是客观的，但有些仅是出于部门自身利益考虑的，因为他们担心 ERP 会给他们带来更多的需要处理事物或会暴露一些管理问题，这就需要筹备小组从企业整体利益出发，客观地反映问题，并提出分析观点。经过企业领导决策批准后，正式对 ERP 项目进行立项，做出项目的预算，并由筹备小组对有关的资源需求计划进行落实，同时启动各项计划。

10.4.4 需求分析

在立项后，筹备小组要对企业进行需求分析。每个企业都有自身的不同特点和管理需求。需求分析的时间可能比较长，而且要求有相当的专业性和技术性，分析结果的好坏直接关系到以后 ERP 的选型工作。因此，最好是在有关专家，或者是专门的咨询公司或软件供应商等指导下进行。

需求分析是企业实施 ERP 系统的主要依据。需求分析的主要内容如下。

（1）各个部门需要处理的业务需求。如有关业务的数据流入、业务数据处理方式（处理步骤、处理点等）、业务数据流出的情况。尤其要注意产品结构特点、物料管理特点、生产工艺特点与成本核算特点。再根据各项业务需求，标识出企业需求的分类级别，如重点要求、一般要求或可有可无的需求等。

（2）考虑用计算机处理业务数据的软件使用权限的设置。有时企业的权限需求很特殊，例如：不只是对功能的控制权限有要求，而且对字段，甚至是字段内容的控制权限也有要求。

（3）业务报表需求。企业的报表形式非常丰富，尤其我国的汉字报表，更是千奇百怪。因此，对报表需求要列出清单，标识出必要需求、一般需求或最好需求等。

（4）数据接口的开放性。企业已有或未来会有各种各样的信息系统，如 CAM、CAL、CAD、PDM、DSS 等，因此，要考虑这些数据的传输问题。

10.4.5 测试数据准备

企业要从各主要业务数据中抽取一些典型数据，作为以后 ERP 选型的测试数据，各个业务部门要填写数据收集报表。

10.4.6 选型或转入开发

软件选型不是一件简单的买卖事务，而是同软件商和实施顾问公司建立长期合作伙伴关系的大事，是前期工作的一项重要任务。选型阶段应该是实施 ERP 前期工作的最后阶段，但不能因此说 ERP 前期工作很快就要结束，因为这个阶段还可能会经历比较长的时间。有的企业选型比较慎重，历时 1～2 年，但是一般 3～6 个月也就可以确定 ERP 软件供应商与咨询实施机构。

根据国内外长期实践的经验，对 ERP 软件选型，从总体上要把握“知己知彼”的原则。知己，就是要弄清楚企业的需求，即先对企业本身的需求进行细致的分析和充分的调研；知彼，就是要弄清楚软件的管理思想和功能是否满足企业的需求。这两者是相互作用的，可以通过软件先进的管理思想找出企业现有的管理问题；特定的软件则可能由于本身的原因，不能够满足企业一些的特殊需求，也需要对软件进行一定的补充开发。

在进行 ERP 选型时一般应考虑以下问题。

（1）软件的规模和功能是否适合本企业现阶段的需要和未来的发展。

ERP 系统一般可以分为大、中、小型，功能更是多种多样。第一，企业要了解软件是否包括了企业的主要业务功能范围，看软件是否适合本企业的各项业务流程和管理需要。第二，报表是企业数据流的主要部分，然而企业报表形式多样，内容复杂，所以一定要了解 ERP 软件所能提供的报表，不应只追求报表的形式，而更应该看重报表的实际内容和数据。第三，要对软件的数据处理量和处理速度加以考察。第四，要结合企业未来一段时间的发展规模考虑软件的扩展性。

（2）软件供应商/实施服务提供商的资质。

ERP 软件是一种管理型软件，一套先进的 ERP 软件不仅应该在技术上具有先进性，也应该在管理思想、理论和方法上具有先进性。这主要与软件供应商/实施服务提供商的资质有很大的联系。因为，一个成熟的 ERP 软件与成熟的实施方法，包含着管理知识的积累与沉淀，软件流程的成熟与稳定，要靠长时间的努力才能完成。这方面，更重要的是要看软件供应商/实施服务提供商的持续发展潜力，以便考察他们所能提供的支持、维护的能力和进行二次开发的实力等。

（3）方案的选择。

可以让相对比较满意的软件供应商/实施服务提供商做出整套的、系统的方案，以供企业进行对比选择。另外，在软件选型的时候，一定注意要尽量多走访一些实施 ERP 项目成功的企业，这是一种辅助进行方案比较的好方法。

（4）文档资料的规范与齐全。

ERP 软件使用的文档资料，如安装手册、培训教材、实施手册等，是否详细齐全，不仅可以从一个侧面反映软件供应商的水平和实力，同时也是企业实施、使用、管理 ERP 系统的重要依据。

（5）实施环境。

环境主要包括两个方面：国情和行业环境或企业的特殊要求。根据这些环境来实现流程和功能，从“用户化”和“本地化”的角度来为 ERP 选型。

在进行 ERP 选型时，一般按以下步骤进行。

1．了解同行业用户的应用情况

了解同行业的企业所采用的软件系统、实施服务情况、实施周期、投入人力。可以直接访问，或访问相关的政府或行业部门、咨询公司，或分析公开发表的资料和报道，对行业应用情况先要有一个总体上的了解。

2．访问软件公司

各软件公司的 ERP 产品，都具有本身的特点及行业定位，各有所长同时又各有不足。企业要根据自身的特点和需求，按照“知己知彼”的原则，挑选出几家公司进行重点访问。除了访问以外，也可采取向重点软件商发送“征询建议书”的形式，了解软件商提出的解决方案的水平和可操作性。

3．观摩演示

仅仅从软件商的宣传品和产品样本上了解软件是绝对不够的，一定要观看软件演示，对 ERP 系统有一个直观的认识。观摩演示前应组织相关的业务人员，准备好调查提纲，带着企业需要解决的问题请演示人演示，观察软件的功能是如何解决这些问题的。

4．访问软件公司的用户

请软件公司推荐行业或生产性质相近的企业用户。访问这样的用户，有助于对软件产品本身及对软件公司的全面了解。

5．请咨询公司参谋

有时访问同行业用户会有一定困难，其是竞争对手。针对这种情况，可以由咨询公司提供帮助和咨询。

6．用企业的数据上机操练

对最后挑选下来的几家软件公司，可用企业的实际数据，带着需要解决的问题，借用软件公司的条件实际操练，作为最后定案的判断。

7．招标和专家评审问题

企业在最后定夺之前，可以邀请几位业内有 ERP 实施经验的专家，对最后筛选的几家软件商进行评审。一般由软件商提出项目建议书或解决方案，请专家参与答辩会，提出问题，最后写出专家评审意见，为企业决策做参考。商务谈判在此阶段可以同时并行。

8．签约

经过周密的选型后，企业最高管理层做出决策，选定软件商和实施顾问单位，进入选型的最后阶段——签订合同。

课堂讨论题

1. ERP 项目与一般项目有什么区别？
2. ERP 项目前期准备工作的重要性。

思考题

1. ERP 项目周期包含哪几个阶段？
2. ERP 项目前期准备工作包含哪些内容？
3. ERP 选型工作由哪些步骤组成？

第11章 ERP实施

核心要点

- ERP 实施的含义
- 信息分类编码
- ERP 实施的流程
- ERP 的项目组织
- ERP 的培训与业务改革
- 用户化和二次开发
- ERP 的实施方法论

学习目标

通过本章的学习，读者应该能够掌握 ERP 实施的含义及流程，了解 ERP 项目的组织结构，认识 ERP 实施各阶段的工作。

11.1 ERP实施的含义

ERP 实施是在企业 ERP 系统建设过程中，由相关人员组成项目组，按照客户的需求，向企业提供的一种个性化、专业化的服务，即向企业提供有助于实现其管理目标的一整套有价值的解决方案，并指导企业完成管理软件的客户化工作，帮助企业实现科学管理，降低成本，提高效率。ERP 实施是一项专业性很强的活动，需要由专业的咨询顾问和客户方项目人员协同完成。

众所周知，ERP 系统是功能强大、数据关联复杂的应用软件系统，用户需要正规化培训才能掌握其操作，只有通过组织由很多步骤组成的规范化"实施"过程，系统才能真正运行起来。同时，ERP 系统的实施不仅仅是技术解决方案，更主要的是面向管理优化，在实施过程中只有将两者紧密结合起来，才能真正改善企业管理绩效。

11.2 信息分类编码

信息分类编码（information classifying and coding）是信息化建设的基础工作，也是 ERP 实施的重要工作，是保证信息在采集、处理、传输和使用的整个环节保持一致性、安全性和高效性的核心机制。信息分类编码标准是企业/行业信息资源管理（IRM）基础标准的重要组成部分。通过信息分类和编码工作，产生一系列的信息分类编码标准，对信息的管理、处理、使用和信息交换有非常重要的作用。

随着企业信息化的推进，信息系统要求有更高的集成性和开放性，对信息的共享要求越来越高。信息的管理、传播和使用都要求做好信息分类编码这个基础性工作，否则，无法保证信息在整个运行环节的一致性、高效性和安全性，生产的自动化和管理的科学化都会落空。

在信息化时代，信息的标准化工作越来越重要，没有标准化就没有信息化。信息分类和编码是信息标准化的新领域，是信息技术的组成部分，也是管理科学化现代化的基础工作。信息分类编码标准是信息标准中最基础的标准。

11.2.1 信息分类

信息分类就是根据信息内容的属性或特征，将信息按一定的原则和方法进行区分和归类，并建立起一定的分类系统和排列顺序，以便管理和使用信息。信息分类的基本方法有两种：线分类法和面分类法。

1．线分类法

线分类法也称层级分类法。它是将初始的分类对象（即被划分的事物或概念）按所选取的若干属性或特征（作为分类的划分基础）逐次地分成相应的若干层级的类目，并排成一个有层次的、逐级展开的分类体系。在这个分类体系中，同位类类目之间存在并列关系，下位类与上位类类目之间存在着隶属关系，同位类类目不重复、不交叉。

上位类：即在线分类体系中，一个类目相对于由它直接划分出来的下一级类目而言，称为上位类。

下位类：即在线分类体系中，由上位直接划分出来的下一级类目相对于上位类而言，称为下位类。

同位类：即在线分类体系中，由一个类目直接划分出来的下一级各类目，彼此称为同位类。

例如：GB/T 2260—2007《中华人民共和国行政区划代码》，是采用线分类法，并用 6 位数字代码表示。全国行政区划共分 3 个层级，每一层级用 2 位数字码表示。第一层级为省（自治区、直辖市），用第 1、2 位数字表示；第二层级为地区（市、州、盟），用第 3、4 位数字表示；第三层级为县（市、旗、镇、区），用第 5、6 位数字表示。例如，辽宁省的部分行政区划的划分与代码如表 11-1 所示。

表 11-1　辽宁省的部分行政区的划分与代码

代码	名称
……	……
21	辽宁省
2101	沈阳市
2102	大连市
210201	大连市中山区
210202	大连市沙河口区
……	……

线分类法的原则如下。

① 在线分类中，由某一上位类划分出来的下位类类目的总范围应与其上位类类目相等。

② 当某一个上位类类目划分成若干个下位类类目时，应选择一个划分基准。

③ 同位类类目之间不交叉、不重复，并只对应于一个上位类。

④ 分类要依次进行，不应有空层或加层。

线分类法的优点如下。

① 层次性好，能较好地反映类目之间的逻辑关系。

② 使用方便，既符合手工处理信息的传统习惯，又便于用电子计算机处理信息。

线分类法的缺点如下。

① 结构弹性较差，分类结构一经确定，不易改动。

② 效率较低，当分类层次较多时，代码位数较长，影响数据处理的速度。

2．面分类法

面分类法是将所选定的分类对象的若干个属性或特征视为若干个“面”，每个“面”可分成彼此独立的若干个类目。再按一定的顺序将各个“面”平等排列。使用时，可根据需要将这些“面”中的类目按指定的顺序组合在一起，形成一个新的复合类目。

例如：服装的分类就可采用面分类法，选服装材料、男女式样、服装款式作为 3 个“面”，每个“面”又可分成若干个类目，如表 11-2 所示，使用时将有关类目组配起来，如纯毛男式中山装、中长纤维女式西服等。

表 11-2　服装分类表

材料	男女式样	服装款式
纯棉	男式	中山装
纯毛	女式	西服
中长纤维	……	列装
……		连衣裙
		……

面分类法的原则如下。

① 根据需要选择分类对象本质的属性或特征，作为分类对象的各个“面”。

② 不同面内的类目不应相互交叉，也不能重复出现。

③ 每个“面”有严格的固定位置。

④“面”的选择以及位置的确定，根据实际需要而定。

面分类法的优点如下。

① 具有较大的弹性，一个“面”内类目改变，不会影响其他的“面”。

② 适应性强，可根据需要组成任何类目，同时也便于机器处理信息。

③ 易于添加和修改类目。

面分类法的缺点如下。

① 不能充分利用容量，可组配的类目很多，但有时实际应用的类目不多。

② 难以手工处理信息。

11.2.2 信息编码

信息编码就是将事物或概念（编码对象）赋予一定规律性的、易于被计算机和人识别与处理的符号。

信息编码的功能如下。

（1）标识：代码是鉴别编码对象的唯一标志。

（2）分类：当按编码对象的属性或特征（如工艺、材料、用途等）分类，并赋予不同的类别代码时，代码又可以作为区分编码对象类别的标志。

（3）排序：当按编码对象发现（产生）的时间、所占有的空间或按其他方面的顺序分类，并赋予不同的代码时，代码又可作为编码对象排序的标志。

（4）特定含义：由于某种客观需要而采用一些专用符号时，代码又可提供一些的特定含义。

（5）其他：上述以外的其他功能。

信息编码的以上几种功能中，标识功能是最基本的特性，任何信息编码都必须具备此基本特性。信息编码的其他功能是人们为了便于处理信息、管理信息而选用的，是人为赋予的。

编码的基本原则如下。

（1）唯一性：虽然一个编码对象可有很多不同的名称，也可按各种不同方式对其进行描述，但是，在一个分类编码标准中，每一个编码对象仅有一个代码，一个代码只唯一表示一个编码对象。

（2）合理性：代码结构要与分类体系相适应。

（3）可扩充性：编码必须留有适当的后备容量，以便适应不断扩充的需要。

（4）简单性：代码结构应尽量简单，以便节省机器存储空间和减少代码的差错率，同时提高机器的处理效率。

（5）适用性：代码要尽可能反映编码对象的特点，有助记忆，便于撰写。

（6）规范性：在一个分类编码标准中，代码的类型、代码的结构及代码编写格式必须统一。

在ERP实施的过程中，需要考虑和规范的信息分类编码如图11-1所示。

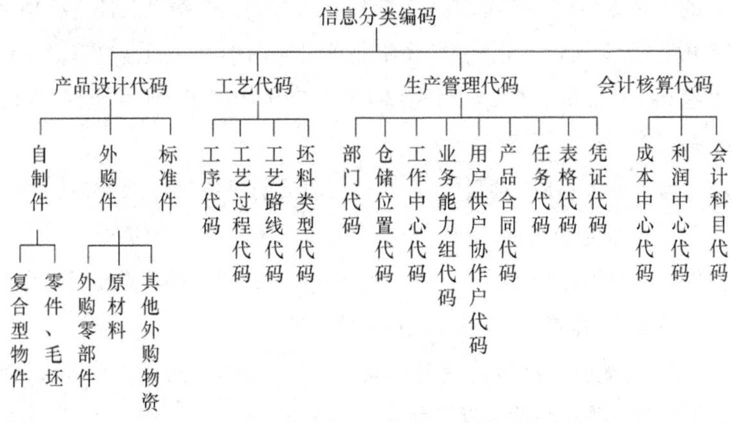

图11-1 ERP应考虑的信息分类编码系统

11.3 ERP 实施流程

目前各公司因 ERP 产品不同以及所处管理环境差异，形成了不同的实施方法论。但不管怎样，ERP 的实施一般是按照项目管理的原则进行，因而有着许多共同的地方。一般实施的流程如下：

（1）成立三级项目组织；

（2）制订项目实施计划；

（3）调研与咨询；

（4）系统安装；

（5）ERP 培训与业务改革；

（6）数据准备；

（7）原型测试；

（8）用户化；

（9）二次开发与模拟运行；

（10）建立工作点；

（11）并行；

（12）正式运行。

在不同的情况下，以上流程可以进行相应的调整，如不需要二次开发的就可以省略（7）、（8）、（9）三个步骤。而且实际中还可以采取不同的顺序和时间安排。总之，一切从实际出发。

11.4 ERP 实施内容

11.4.1 成立三级项目组织

按照对项目的实施作用，ERP 的项目实施组织可分为三个级别，即三级项目组织。三级项目组织分别为项目领导小组、项目实施小组与项目应用小组。通常这三级项目组织都是在 ERP 咨询机构的指导下成立的。小型项目可以由项目实施小组兼管项目应用小组的工作。

1．项目领导小组

项目领导小组就是整个 ERP 项目的领导，因此必须有足够的权威性。领导小组由企业负责人主持，与项目涉及业务有关的高层经理参与组成。实施小组的负责人（项目经理）是领导小组的成员。领导小组的组成要精干，一般由 5～7 人组成，便于定期召开会议研究工作，及时解决实施中比较紧迫的问题，保证项目实施顺利进行。

项目领导小组主要侧重于项目的战略决策，如系统目标的制订和实现、资源调配与协调，企业文化建设、管理改革与业务流程重组、效益的实现。

领导小组要指导并考核评议实施小组的工作，研究各项重大管理改革问题（包括业务流程重组和各种激励机制）、排除各种障碍和阻力，审批实施小组提出的各种报告以及最后的业务流程等。项目领导小组要对 ERP 项目的成败负责。

2．项目实施小组

项目实施小组是 ERP 项目实施的常务机构，又称为“核心小组”。ERP 的实施工作主要是由项目实施小组推动完成的，因此项目实施小组非常重要，它关系到项目的实施是否能够按计划正常地执行。实施小组应当是前期阶段项目筹备组的延续，一般来说项目筹备组组长就是项目经理。实施小组由项目经理主持，与项目有关的业务部门主管或业务骨干参加组成，承担全部 ERP 系统的应用及实施工作。

在 ERP 系统的实施过程中，实施小组的学习和工作任务最重，主要工作如下。

（1）同业务部门和软件公司、咨询公司保持密切的联系。

（2）承担企业内部各个层次的员工培训工作。

（3）完成各个阶段的模拟运行。

（4）实现需求分析，提出解决方案。

（5）提交各个阶段的工作报告。

（6）进行必要的用户化或二次开发工作。

（7）推动系统在基层执行。

（8）制订规范化的工作规程与工作准则。

（9）协同企业业务部门完成系统切换，负责系统在企业的推广应用。

（10）负责系统维护和继续改进。

实施小组要根据项目管理的原则，进行工作分解，制订并执行实施计划，编写阶段成果报告，整理实施过程中的有关文档，检查和控制工作进程。

3．项目应用小组

项目应用小组是指各个具体业务的执行组成人员，一般由各个部门的主要业务操作人员组成，主要是在基层贯彻执行 ERP 系统，并结合实际情况不断创新改进。项目应用小组要在项目实施小组的领导下，根据部门工作的特点，制订出本部门的 ERP 项目实施方法与步骤，熟练掌握与本部门各业务工作点有关的软件功能，提出具体意见，包括业务改革的执行意见。国内一些企业 ERP 系统之所以不能贯彻到基层应用，关键之一就是业务组形同虚设，只有实施小组，没有各个业务部门的应用小组。

总之，项目领导小组、项目实施小组和项目应用小组是紧密联系的项目整体（如图 11-2 所示），下一级的项目组负责人是上一级的项目组成员。如应用组的负责人是实施小组的成员，实施小组的组长是领导小组的成员，整个项目的负责人是企业的“一把手”。这样才能为成功实施 ERP 项目打下坚实的组织基础。

项目组织的人员一旦确定，在项目周期之内绝对不要轻率地更换，尤其是领导小组组长（高层经理）和项目经理，国内外很多项目之所以失败，人员变动是一个极其重要的原因。这里有外部的原因，如升迁调任，也有内部的各种复杂原因。因此，千万不要在领导班子即将换届的时刻开始实施 ERP 项目。

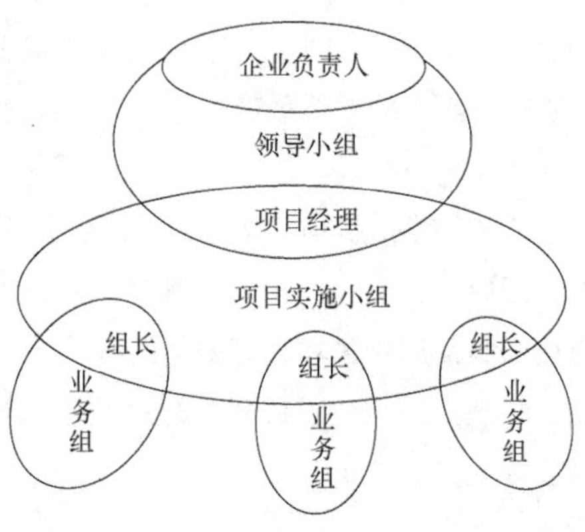

图 11-2 三级项目组织关系

11.4.2 制订项目实施计划

项目的实施计划一般由经验丰富的咨询公司制订，或在其指导下制订。由企业的项目实施小组根据企业的具体情况讨论、修改，最后由项目领导小组批准。项目实施计划一般分为两类：项目进度计划与业务改革计划。

一般来说，ERP 的项目实施会分为两到三个阶段，也就是常说的一期、二期或更多。期数的划分要依据企业的 ERP 软件模块需求、二次开发量、企业的业务工作量、项目资源、企业的市场销售情况而定。

制订项目实施计划时，关键是对项目进行合理的细分。项目管理采用工作分解结构方法（work breakdown structure，WBS），将各项工作细分为分项目或子项目、阶段和步骤、作业和任务，从而明确项目工作的内容、层次和顺序。

工作分解并不是简单地构建一个塔式的工作层次图，而主要是说明各项作业之间的关系，可能是依次顺序进行，也可能是并行的，甚至是网状的。要绘制工作流程图，标注每项作业的代码、名称、内容、责任人，结合计划进度，标注开始和完成时间。

每个公司有自己的实施方法，每个 ERP 产品都有它特有的数据、参数以及操作要求。对一个没有实施过 ERP 系统又不熟悉 ERP 产品的企业来讲，进行工作分解几乎是不可能的。正因为如此，才需要软件公司或顾问公司的服务支持。一般软件或顾问公司都有规范化的实施标准，有完整的工作分解图表，工作内容是非常清楚的。即使如此，也需要结合行业和企业的具体特点来补充修订。实施顾问对企业所属行业的经验越丰富，可以借鉴的案例越多，工作分解才能做得比较符合实际，反映实施 ERP 的工作流程。

最终，要制订分阶段、分步实施的系统模块的细化计划，详细到各个业务的具体实施计划，并对负责人做出规定，可以采用甘特图的形式表现。业务改革的计划应根据具体情况进行制订。

11.4.3 调研与咨询

在该阶段，对企业的 ERP 需求进行全面调研，并根据企业的实际情况提出管理改革方案。如果企业的业务比较复杂、规模较大，则会花费很多的时间。调研报告与咨询方案要由实施小组与领导小组讨论并通过。ERP 的调研报告与咨询方案通常包括以下几个部分。

（1）企业管理现状描述，即摸清企业自身的底。对企业的业务、部门的业务职责及业务关系进行详细描述，经过企业的确认，这样就保证了咨询方、实施方对企业的业务及管理等方面能够准确地理解。

（2）ERP 的管理方式。描述与具体 ERP 产品相结合的管理方式。

（3）业务实现与改革。根据对企业业务、管理的理解与 ERP 系统相互结合，说明企业的管理流程、业务是如何利用 ERP 来实现的。同时，根据 ERP 系统的需要与企业的管理现状，对企业现有业务流程进行详细描述与分析，找出流程中所有非增值作业和各种影响响应速度的因素，设计理想的业务流程，充分估计流程变革可能带来的各种问题，以及变革的难度和阻力，提出业务改革方案，即业务流程重组方案的目标（例如直接效益、管理效益等）。

根据哈默定义，"业务流程重组（business process reengineering，BPR）就是对企业的业务流程（process）进行根本性（fundamental）再思考和彻底性（radical）再设计，从而获得在成本、质量、服务和速度等方面业绩的显著性（dramatic）的改善"，使得企业能最大限度地适应以"顾客、竞争和变化为特征的现代企业经营环境"。"根本性""彻底性""显著性"和"流程"是业务流程重组应该关注的 4 个核心内容。

信息技术在企业管理中的应用主要是 ERP 系统。ERP 系统实现了对企业整个供应链各个环节的管理，其应用与企业业务流程紧密关联。ERP 系统的应用，不单单是引入一套现代化的管理软件，使企业的日常经营管理活动自动化，更重要的是要对企业传统的经营方式进行根本性的变革，使其更加合理化、科学化，从而大幅度地提高企业的经营效益。企业应用 ERP 后效益的提高，一方面是来自于软件本身，另一方面是得益于业务流程重组。ERP 软件的设计背景、功能实现、应用目标都要求企业进行相应的业务流程重组或分析。

同时，企业在实施 BPR 理顺和优化业务流程的基础上，以 ERP 系统作为现代化管理手段，实现对企业全部资源的有效利用和管理。为了保证 BPR 的实施成功并取得企业管理业绩的明显改善，必须借助 ERP 系统作为技术手段和管理工具。ERP 系统实现了对企业全部资源的一体化管理，而这点正是 BPR 所不能解决的。

因此，BPR 侧重企业业务流程的整体优化，ERP 侧重在合理的业务流程基础上实现对企业资源的有效利用与管理。为了实现两者的目标，BPR 和 ERP 几乎是互为条件，同时在流程管理与资源管理方面又互为补充。

11.4.4 系统安装

系统安装设计包括软、硬件的设计与安装。要根据企业的实际情况制订软、硬件方案。硬件的方案可以与调研同步进行，通过与硬件供应商合作，制订企业的硬件系统建设方案。制订企业的硬件系统建设方案时，要充分考虑安装顺序的灵活性，可以要求供应商提供几种方案供企业参考。在全面正式应用前，选择一些典型的部门做示范，应该优先考虑在计算机中心或一些主要的业务部门建立初步的系统安装与测试工作点，等到建立后续的应用工作点时，再安装相应的软件。一般来说，该过程以安装服务器系统软件为主，而后根据需要进行工作点扩充。初步的安装是为了培训与测试的需要。

11.4.5 ERP 培训与业务改革

ERP 是一个十分复杂的管理软件，它的数据流反映企业的业务流程，各个子模块之间存在严密的逻辑关系。如果不经过专业人员严格的培训，比较清晰地理解它是很困难的。培训的目的就是为了企业顺利地实施 ERP 系统，贯彻 ERP 的思想与理论，使企业的管理再上一个台阶。ERP 培训的类型有理论培训、实施方法培训、项目管理培训、系统操作应用培训、计算机系统维护培训等。要根据不同的层次、不同的管理业务对象制订不同的培训计划。培训层次主要包括企业高中层经理人员培训、项目实施小组成员培训、部门业务人员培训以及系统员和程序员培训等。

1．企业高中层经理人员培训

对企业高中层经理人员，侧重于供需链管理和 ERP 系统的原理和管理思想的培训，一般不涉及过细的细节。但是对在项目实施中，高中层经理人员必须关注的问题、对实施过程中可能遇到的问题以及高中层经理人员应承担的责任和起到的作用必须讲清楚。就是说，在培训过程中，既要讲原理，也要讲实施重点，要做到粗细有别，轻重有分。这是项目前期阶段要进行的培训。

在系统实施后期，要向高中层经理人员讲解如何查询所关切问题的操作方法，以及显示屏幕上各种信息数据的意义。一般来说，这是由软件公司或咨询公司来做的培训，也可以由企业的项目经理来做。

2．项目实施小组成员培训

在培训工作中，对项目实施小组的培训是非常关键的。因为实施小组的成员来自各个业务部门，承担着向基层部门贯彻落实的重任，还是企业内部对 ERP 知识进行广泛普及的教员；只有小组成员学得深透，才能带动其他员工学习。项目实施小组的成员不仅要接受高中层经理人员的培训内容，而且要对软件功能和操作非常熟悉，能够用 ERP 系统解决企业的实际问题。

3．部门业务人员培训

对管理业务的部门人员培训的内容，应当基本上和项目实施小组人员的培训相同，尽管他们对本身业务涉及的内容要非常精通，但必须对相关业务要有全面了解。只有从业务流程来理解 ERP 系统，才能理解一个部门的业务与全局的关系，才能理解每个员工自身工作同上下游流程作业的关系。

在 ERP 实施过程中，经常会有这样的现象：一些企业的部门业务人员，对系统应用的了解和掌握程度超过了软件公司派来的培训教员，以至软件公司不得不寻求他们的热线服务或更高级的顾问专家。

4．系统员和程序员培训

计算机专业技术人员对系统和硬件的配置和维护培训，是培训 IT 人员的主要内容。有二次开发任务时，还要培训有关平台和编程技术。同时，系统员和程序员也应当对供需链管理和 ERP 系统最基本的原理有所理解。

各级组织，尤其是领导小组、实施小组，在进行 ERP 的相关培训后，增强了对 ERP 理论、管理思想、业务流程的理解，对业务及管理的改革就有了更深的理解。在调研咨询报告中的业务改革的内容，是有关专家在了解企业的实际管理运作后，根据自身的理论与实际的实施工作经验，以及丰富的管理知识而提出的综合管理解决方案。经过系统的培训，领导小组、实施小组成员就可以对业务改革提出更为详细的执行计划，并且还会有一些补充意见与建议。

11.4.6 数据准备

在培训开展后，就可以进入准备数据阶段。这并不需要在培训完全结束后进行，数据准备的目的是用于实际操作经过培训的业务处理模块，并检验测试软件的处理结果。在前期工作中已经涉及对测试软件系统的测试数据的收集，但那个时候由于企业对 ERP 的了解不是很深，数据的录入与系统初始化的工作大部分已经由软件公司完成，如物品编码、库存初始等数据，当然这些数据只是用来测试用，没有规范性。

只有明白 ERP 系统的原理以后，才能明白要准备哪些数据，以及对每项数据的具体要求。运行 ERP 系统使用的数据，有些是传统管理中已经使用的，如客户档案、会计科目等；有些是需要补充或核对的，如物料、仓库等的编码；有些是以前从来没有使用过的，如物料清单、工作中心等；或者虽然在使用，但极不规范，如安全库存、采购提前期等。可见，数据准备是一项庞大、涉及各项业务的任务。有相应的大量数据要准备，有不少参数要设定，这就需要投入一定的人力，组织相关部门的人员来共同研究完成。而投入人力的多少，又将直接影响项目的实施进度，在制订实施计划时，必须考虑投入人力的因素。数据的准确、及时和完整是实施 ERP 系统成功的重要因素之一。

在加深了对 ERP 的理解后，可以在实施顾问的指导下，重新对业务数据进行收集。这些数据分为三类：初始静态数据、业务输入数据、业务输出数据。

11.4.7 原型测试

根据收集的数据，录入 ERP 软件，进行原型测试工作，这是对软件功能的原型测试，也称计算机模拟。在这个阶段，企业的测试人员应在实施顾问的指导下，系统地进行测试工作，因为 ERP 的业务数据、处理流程相关性很强，不按系统的处理逻辑操作，录入的数据就无法处理，或者根本无法录入。例如，要录入物料的入库单，就必须先录入物料编码、库存的期初数据等。

由于 ERP 系统是信息集成系统，所以在测试时，应当是全系统的测试，各个部门的人员都应该同时参与测试，这样才能理解各个数据、功能和流程之间相互的集成关系，找出不足的方面，提出解决企业管理问题的方案，以便接下来进行用户化或二次开发。通过原型测试，可以检验数据处理的正确性，进一步熟悉 ERP 的业务处理及操作方法，对比 ERP 的处理流程与企业现行实际流程的异同，为业务改革提供依据。同时，能够更好地理解各种数据定义、规范的重要性与作用，为制订企业数据规范提供依据。

11.4.8 用户化与二次开发

在原型测试之后，由于企业自身的特点，导致软件原型有些功能不能满足企业管理的需求，那么就要进行必要的用户化与二次开发。例如，用户的特殊操作界面、报表和特殊业务等需求。一般来说用户化指不涉及程序代码改动的工作，这种工作可以由实施顾问对系统维护人员进行培训，以后长期的维护工作就由这些人员完成。这些工作大部分是报表工作，有些更灵活的软件，含有工作流程定义的功能，今后这些也必须由企业自己来维护。

二次开发可能涉及源程序时要比较慎重，那些临时性的业务、非重要性的业务或者与改革的成本与效益相比没有太大意义的业务，一般不进行二次开发。进行二次开发时，应尽可能把软件的数据下载到一个工作站或微机上，对开发程序进行补充调整，然后再上传回去，不能触及源程序。二次开发会增加企业的实施成本，延长实施周期，并影响实施人员（服务方与应用方）的积极性。另外，二次开发的工作应该考虑，与现有的业务流程实施并行操作和管理，缩短实施周期，这也是制订实施计划要注意的一点。

当二次开发或用户化完成后，要组织人员进行实际数据的模拟运行，通过处理过程及输出结果的检验，确认成果，该过程类似于原型测试的过程。

11.4.9 建立工作点

工作点也就是 ERP 的业务处理点、计算机用户端及网络用户端。ERP 的业务、管理思想就是通过这些工作点来实现的，但它不等价于物理的计算机终端。例如，采购订单处理工作点与请购单处理工作点可以属于两个工作点，但可以在一个计算机终端实现。事实上，所有业务处理都可以在相同的计算机终端进行，只是系统使用权限不同，进行的业务操作不同。另一方面，这些工作点也不同于企业的业务处理点，例如采购订单处理与请购单处理可能是一个业务处理点，但可以根据流程的需要划分为两个工作点。

因此，应充分考虑 ERP 各个模块的业务处理功能，结合企业的硬件分布以及企业的管理状况，来建立工作点。建立工作点后，要对各个工作点的作业规范做出规定，即确定 ERP 的工作准则，形成企业的标准管理文档。

11.4.10 并行

并行是指 ERP 系统运行与现行的手工业务处理或原有的软件系统同步运行，保留原有的账目资料、业务处理与有关报表等。在相关的工作准备（如系统安装、培训、测试等）就绪后，则进入系统的并行阶段。并行是为了保持企业业务工作的连续性和稳定性，同时是 ERP 正式运行的磨合期。该阶段的前期工作即数据准备阶段包括静态数据收集、系统基础资料录入。

静态数据收集有物品编码规则与资料收集、工作中心资料收集等，一般实施顾问会提供静态数据收集表。在各个模块的基础资料录入后就可以进入业务的处理，也即业务并行阶段。并行的时间一般为三个月，可以根据企业的具体情况制订相应的并行计划。

11.4.11 正式运行

正式运行也叫作系统切换，是并行运行过程的后期。在并行业务进行结账处理后，确认了新的系统能够正确处理业务数据并输出满意的结果，新的业务流程运作也已经顺利进行，人员可以满足系统操作要求，从而决定停止原手工作业方式、停止原单一系统的运行，相关业务完全转入 ERP 系统的处理。正式运行要分系统模块、分步骤、分业务、分部门地逐步扩展，应根据企业的条件决定采取的步骤，可以各模块平行一次性实施，也可以先实施一两个模块，即分步切换运行。在这个阶段，所有最终用户必须在自己的工作岗位上使用终端或客户机操作，处于真正应用状态。

11.4.12 业绩考核

目前，采用较广泛的业绩考核方法是从工作质量和企业效益两个方面，定性和定量地评价 ERP 系统的运行效果。

定性评价是对企业管理水平、员工素质和企业效益的评价，可以从以下几个方面进行考察。

（1）企业各部门的整体观念、协同工作、责任界限、人员素质是否有所提高。

（2）管理人员是否真正从烦琐的事务解脱出来，把主要精力放在提高管理分析水平和研究管理中的实质性问题上。

（3）企业高层领导是否提高了决策水平和管理效率，是否能够及时掌握各部门的情况。

（4）企业的市场竞争力、应变力和对客户的服务质量是否有所提高。

（5）均衡生产率、资源利用率、资金周转率、产品合格率是否有所提高。

定量评价主要从以下几个方面展开。

（1）库存资金量。

（2）资金周转次数。

（3）库存盘点误差率。

（4）短缺件数量。

（5）生产率。

（6）加班工作量。

（7）采购费用。

（8）按期交货率。

（9）成本。

（10）利润。

11.5 ERP 实施方法论

实施方法论是一种正式且结构化的惯例或规范，它一般包括阶段/方法、活动/任务、输入/输出，而且由项目管理员正确使用后证明是有效的。ERP 经过近 20 年来的发展与实践，已经形成了一些比较成熟的实施方法论。但是国内外的管理环境不同，各公司的 ERP 软件产品不同，因而形成了不同的实施方法。目前主要分为按功能模块实施和按流程实施两种不同的实施方法。

按功能模块的实施方法是一种传统的实施方法，即一个功能模块实施完成以后，再实施另一个功能模块。例如，先实施库存管理，再实施销售管理，然后是生产管理、采购管理，最后实施财务管理。这种实施方法对于单个功能模块实施较容易，但具有实施周期长、集成度差、实施后期难度大等缺点。

按流程的实施方法就是在正式使用 ERP 系统之前，先梳理企业的业务流程，然后按梳理与规范的业务流程进行全面的实施。在梳理业务流程时考虑：哪些任务可由 ERP 的功能替代，哪些还需要保留手工处理；承担任务的不同部门之间的关系，以及 ERP 不同功能模块之间的关系；流程的优化和流程重组的要求等。这种实施方法具有与业务结合紧密、系统集成性好、实施周期短、便于 ERP 全面上线等优点，但 ERP 项目前期准备工作量较大。

11.5.1 SAP 实施方法与过程——ASAP

ASAP（accelerated SAP，加速的 SAP）是 SAP 公司为使 R/3 项目的实施更简单、更有效而创建的一套完整的快速实施方法。ASAP 优化了在实施过程中对时间、质量和资源的有效使用等方面的控制。它是一个包括了使项目得以成功实施的所有基本要素的完整的实施方法，主要包括 ASAP 路线图、SAP 工具包、SAP 技术支持和服务、SAP 培训和 SAP 参考模型。

1．ASAP 路线图

ASAP 路线图提供了面向过程的、清晰和简明项目计划，在实施 R/3 的整个过程中提供一步一步的指导。路线图共有五步，包括项目准备、业务蓝图、实现过程、最后准备、上线与技术支持。

第一步，项目准备。

（1）建立项目组织。

（2）确立项目日程安排。

（3）项目队伍培训。

（4）网络环境和硬件准备。

（5）项目启动。

第二步，业务蓝图。

（1）业务流程现状分析（组织结构、流程）。

（2）未来业务流程确定（组织结构、流程）。

（3）确定项目文档标准。

（4）SAP 系统安装。

（5）管理层批准业务蓝图。

第三步，实现过程。

（1）系统基本配置。

（2）项目组的高级培训。

（3）流程测试。

（4）设计接口和报表。

（5）系统测试确定与完善。

（6）外部接口及报表开发方案。

（7）建立用户权限和系统管理机制。

（8）准备最终用户培训。

第四步，最后准备。

（1）确定配置系统。

（2）最终用户培训。

（3）基本数据准备。

（4）初始数据的准备。

（5）上线计划设计。

第五步，上线与技术支持。

（1）系统上线。

（2）不间断的支持。

（3）持续的业务流程优化。

（4）项目评估及回顾。

2．SAP 工具包

正确的工具运用可以产生与众不同的效果。工具包指的是 ASAP 中用到的所有工具，包括 R/3 业务工程（R/3 business engineering）；一些其他软件产品，如 MS-Project；ASAP 的“估算师”（best estimator）工具使用户能精确测算实施中所需的资源、成本和时间；ASAP 的“实施助理”（implementation assistant）是一个关于“如何做”的指导书，可以伴随用户走过实施中的每一个阶段，包括调查表和项目计划。ASAP 还充分发挥了 R/3 企业设计的强大配置能力。在这个似乎无限大的工具箱里，有建模、实施、改进和建立技术文件等工具，利用公认的企业模型和行业模板将有效地加速企业的实施过程。

3．SAP 技术支持和服务

SAP 的技术支持和服务网络，对用户在实施和使用过程中可能出现的问题进行解答。用户将得到从项目开始到成功实施及其后续方面的支持，服务包括咨询和培训。SAP 提升了服务与支持的范围，即所有与 SAP 环境相关的服务。“早期预警”（early watch）、概念评估和启动检查是其中的一部分，可用来保证整体的品质，并让用户以主动的方式来调整 R/3 系统。

4．SAP 培训

SAP 的培训策略包含了对项目小组和最终用户的培训。一般来说，项目组的培训是混合了标准等级课程培训和现场培训，对最终用户的培训是由已受训的项目小组成员作为教员，将知识传授给最终用户。

5．SAP 参考模型

SAP 开发的 R/3 参考模型，以商业术语描述了 R/3 系统所支持的标准应用功能与业务过程。此信息帮助企业识别应用中可见的不同过程，以及应用之间的集成关系，因此企业能够运用 SAP 软件为自己获取最大利益。R/3 的参考模型集成在 R/3 的系统中。

11.5.2 Oracle 实施方法——PJM/AIM

Oracle Applications 实施方法论是一套建立整体解决方案的方法，主要由 AIM（应用系统实施方法论）和 PJM（整体项目管理方法论）等各自独立的方法论组成。这些方法论可以提高工作效率及项目实施质量。顾问在项目实施过程中，将用 Oracle Applications 实施方法论及实施工具来帮助企业实施，并将此方法论技术作为技术转移的一部分。

1．PJM——项目管理方法论

项目管理方法（PJM）的目标是提供一个主框架，使其能够对所有项目用一致的手段进行计划、评估、控制和跟踪。

2．AIM——应用系统实施方法论

AIM 是 Oracle 公司在全球经过多年的应用产品实施中而提炼出的结构化实施方法，它能满足用户的各种需求，从定义用户的实施方法、策略到新的系统上线运行，AIM 包含了所有不可缺少的实施步骤。因而尽可能地减少了用户的实施风险，以保证快速、高质量地实施 Oracle 应用系统。

AIM 分为 7 个阶段，包括建立实施策略、业务流程分析、设计解决方案、建立应用系统、文档编码、系统切换以及运行维护。

第一阶段：建立实施策略。

主要从商务和技术层面来计划项目的范围，并确定项目的目标。这一阶段的工作，包括建立由公司主要领导为首的项目实施领导小组和建立由各部门有关人员参加的项目实施小组，并开始对员工进行初步的业务管理观念和方法培训，具体制订企业实施应用管理的策略和目标。

第二阶段：业务流程分析。

主要是定义项目的内容，即对现行的管理进行仔细地回顾和描述，从而认识项目在业务和技术上的具体要求。一般在这个分阶段要编写一个项目定义分析报告，此报表可以更多地借助于 IPO 图的形式来描述目前的流程，并从中找出希望改进的地方，为下一步解决方案的设计创造条件。为此，需要对项目实施小组的成员进行比较系统的业务管理概念和 Oracle 系统软件功能层次的培训。

第三阶段：设计解决方案。

主要是对上阶段形成的业务分析流程，结合业务管理的基本概念和具体的软件功能，逐项进行回顾、分析，以便对目前每个管理业务流程提出解决方案。解决方案也许是直接可以套用 Oracle 应用系统中某些功能，也许是对现行管理流程做一些改进，还可能是对软件系统做一些必要的二次开发。这时一般应编写项目说明书之类的文档，作为一个里程碑，也可以作为建立系统的设计任务书。

第四阶段：建立应用系统。

本阶段需要根据前一阶段拟订的方案，对管理上（或组织上）需改进之处制订改进方案，包括调整分工、规范流程、统一方法、标准信息编码等。从软件来讲，系统初始化设计及二次开发工作可以开始进行。这样建立起一个符合企业管理思想的应用系统。此时大量基础数据的整理工作也将着手进行。

第五阶段：文档编码。

在建立应用系统的同时，除了必须对软件进行二次开发，按软件工程要求提供必需的文档以外，对管理中要改进的流程及方法等方面，也必须编写或修改原来的制度、职责、流程图。这时，系统一经建立起来，可着手对最终用户的主要应用进行培训。

第六阶段：系统切换。

在这个阶段，为了减少系统实施时的风险，各职能部门分别按照自己的日常业务活动，参照已文档化的流程，运行计算机系统进行测试，以证实系统是基本可行的。这时才开始正式向新系统输入数据，创建初态，定义参数，开始运行。为了保证切换的成功，这时项目领导小组要及时地发布许多指令，逐步地进行系统切换。一般来讲，能有一个新老系统并行的运行期间，风险可更小些。

第七阶段：运行维护。

在并行一段时间后，事实证明系统是安全、可靠、可行的，那么系统可以正式投入运行，并在运行中做好有关的记录和报告，并及时地发现运行中的问题，以便进行维护和提高。

11.5.3 用友实施方法

用友将其产品实施分为 5 个阶段，包括系统规划阶段、实施准备阶段、模拟运行及用户化阶段、系统切换运行阶段以及实施验收阶段。

第一阶段：产品实施的前期工作——系统规划阶段。

这个阶段非常重要，关系到产品实施的成败，但往往被实际操作所忽略。这个阶段的工作主要是：领导层、关键用户培训及信息管理系统业务流程、思想的培训，使企业的中上层领导干部掌握基本原理，理解信息管理系统，用信息管理系统的思想对企业现行管理的业务流程和存在问题进行评议和诊断，寻求解决方案，用书面形式明确预期目标，并规定评价实现目标的标准。要完成需求分析正式书面报告，做出正确决策。

在这一阶段通过调查，应能回答以下问题。

（1）产品实施的难点在哪里，能否解决，如何解决。

（2）实施的基本条件是否具备，还需要做哪些基础工作。

（3）对实施工作量和进度如何估计。

第二阶段：实施准备阶段，包括数据和各种参数的准备和设置。

这个阶段包括以下几个部分。

（1）制订产品实施进度计划，确定具体的实施方案。根据上个阶段的讨论、调研，确定一个内容详细、顺序合理、责任明确、进度积极的实施计划和可行性方案。明确了实施计划、确定了方案后，需要进行数据的准备。其中，有些静态数据可以在实施之前就着手准备和设置。

（2）数据准备。在运行信息管理系统前，要准备和录入一系列基础数据，这些数据是在运用系统之前没有或未明确规定的，故需要做大量分析研究的工作。包括一些产品、工艺、库存等信息，还包括了一些参数的设置，如系统安装调试所需信息、财务信息、需求信息等。在这个过程中，作为信息管理系统实施方来说，主要的责任是协助企业确定主数据的分类、字段的选择、提供资料搜集格式等，而具体的搜集和整理工作是由客户方完成的，实施顾问应当对整理工作的组织和计划提供帮助和经验分享，减少企业走的弯路，保证实施计划顺利进行。

（3）系统安装调试。在人员、基础数据已经准备好的基础上，就可以将系统安装到企业中，并进行一系列的调试活动。

（4）实施方案测试。这是对软件功能的原型测试，也称计算机模拟。由于信息管理系统是信息集成系统，所以在测试时，应当是全系统的测试，各个部门的人员都应该同时参与，这样才能理解各个数据、功能和流程之间相互的集成关系，找出不足的方面，及时调整实施方案，以便接下来进行用户化或二次开发。

（5）确定二次开发内容。开始二次开发调研，确定需求内容，制订二次开发、测试计划。

第三阶段：模拟运行及用户化。

在基本掌握软件功能的基础上，选择代表产品，将各种必要的数据录入系统，组织项目小组进行实战性模拟，对于实施方案中不合理的地方，提出解决方案，并及时进行调整。模拟工作可集中在机房进行。在完成必要的用户化工作，进入现场运行之前，要经过企业最高领导的审批和验收通过。

第四阶段：系统切换运行。

根据企业的条件来决定应采取的步骤，可以各模块平行一次性实施，也可以先实施一两个模块。在这个阶段，所有最终用户必须在自己的工作岗位上使用终端或客户机操作，处于真正应用状态，而不是集中于机房。如果手工管理与系统还有短时并行，可作为一种应用模拟看待，时间不宜过长。

第五阶段：实施验收。

项目实施进入正常状态后，要进行业绩评价，同时向支持部门提交相应文档，便于转接工作。

这些阶段是密切相关的，如果上一个阶段没有做好，绝不可操之过急进入下一个阶段。值得注意的是，在整个实施进程中，培训工作是贯彻始终的。前面只是对第一个阶段的领导层、关键用户培训做了介绍，而那些贯穿于实施准备、模拟运行及用户化、切换运行、新系统运行过程中的有关培训，如系统管理员的培训、最终用户的培训也都是十分重要的。因为员工才是系统的真正使用者，只有他们对产品及所要求的硬件环境有了一定的了解，才能够保证系统最终的顺利实施和应用。

课堂讨论题

1. ERP 实施的人员构成。
2. SAP、Oracle 及用友的 ERP 实施方法论的共性是什么？

思考题

1. ERP 实施的含义是什么？
2. 什么是信息分类？什么是信息编码？
3. 绘制 ERP 实施流程图。
4. 什么是 ERP 项目实施的三级组织？分别描述它们的构成以及作用。
5. ERP 培训主要对哪些层次人员进行？各层次人员的培训内容是什么？
6. 什么是实施方法论？有哪几种主要的实施方法论？
7. 如果你是 ERP 项目经理，你对项目实施如何安排？

第 12 章 ERP 实施案例

核心要点

- 项目准备
- 项目培训
- 业务调研
- 基础数据的整理
- 系统建立及测试
- 系统上线及切换运行
- 系统评估

学习目标

通过本章的学习，读者应该能够了解 ERP 项目的具体实施过程。

12.1 企业背景

12.1.1 企业概况

A 公司始建于 1954 年，从 1975 年开始生产橡胶塑料机械产品，该公司是我国机械工业的大型骨干企业和出品基地。产品销售额和利润额一直位居中国同行业的前列，产品不但在国内销售，还远销 50 多个国家和地区。

企业占地面积 20 万平方米，总资产 7 亿多元人民币，拥有加工、装配、铸造、电镀、热处理等主要生产车间。几十年来，A 公司为石油化工、农业、水利、电线电缆、建材等行业生产制造各种橡胶和塑料制品提供了各种大、中型生产加工设备，主要有橡胶及塑料密炼生产线、塑料挤出生产线、各种开炼机等近 120 个品种，400 多个规格。

12.1.2 信息化背景

A 公司在 1984 年成立了计算机中心，并根据企业各个职能部门的需求，分别开发了人事工资、材料定额、销售、库房等管理系统，经过公司员工的不断探索和努力，使公司在计算机应用方面积累了丰富的经验，培养了一支较高水平的专业队伍，同时也取得了一系列的应用成果。尽管 A 公司在信息化方面取得了不少成绩，但是企业在管理中还是存在一些问题，主要表现在以下方面。

1．“信息孤岛”问题

尽管企业开发了一些管理系统，但更大程度上仅仅是根据各部门自身的需求，把以前的手工业务用计算机来模拟实现。尽管部分部门的工作效率和工作质量有了一些提高，但企业整体效率并没有因此得到明显改善。大量的人、财、物力资源的投入，并没有获得预期的整体效果。随着企业规模的扩大，部门之间需协调的因素越来越多、越来越复杂，部门间的沟通难度加大，阻碍了跨部门业务流程的顺利进行。基于各种各样的原因，信息的准确性大打折扣。这将使高层管理人员无法及时准确地了解下面发生的事情，而高层的信息也不能很好地传递下去，无法为一线人员提供及时的应变响应信息，信息在企业中形成了一座座“信息孤岛”。

2．基础数据不够规范

各部门应用系统相对独立，没有形成集成的计算机信息系统以及规范化、标准化的基础管理数据，每个部门基本上是各做各的基础数据收集、整理及应用。

3．生产计划的制订不合理

由于受管理手段的制约，各类信息不能及时有效地传送到生产部门，因此在制订生产计划时缺少足够的信息支持。往往优先考虑生产的均衡性，而对计划的优化缺乏研究，对生产过程的掌握也不全面，及时控制和快速反应能力较弱。

4．管理成本高，管理人员工作量大

由于每月的生产计划和采购计划都依靠人工管理，这样一方面造成了计划人员的工作量非常大，同时也会因为很多不定因素的存在导致计划跟不上变化，造成仓库物料积压或者短缺，生产停工或加班加点。由于对物料缺乏分类管理，造成某些物料管理和采购成本的增加，生产部门和仓库部门将抽出更多的人力管理物料，因此又会产生一部分人力成本，管理人员的工作量加大。

5．产品的 BOM 管理能力有待加强

A 公司非常重视产品结构的调整，极其重视新产品开发，每年都有十余个新产品被开发生产。如果对新老产品的 BOM 不能进行有效的管理，就可能造成生产混乱、质量下降。

总之，由于以上问题的存在，使企业信息系统仍不能发挥整体作用，不能及时提供决策所需的信息。并由于内部的不统一和不协调，使得事前的计划及预测不准，事中的控制形同虚设，事后的反馈、分析和评价无法进行。

2004 年初，A 公司的高层管理人员意识到企业存在的这些问题，他们决定引进 ERP 平台，将一个个“信息孤岛”集成起来，保证数据的一致性，充分发挥企业信息系统的作用，迅速提高企业的生产效率和对市场需求的应变能力，满足当前以及未来战略性发展的需要。

2004 年 3 月，A 公司经过方方面面的调研，决定采用 X 公司开发的 ERP 平台，2004 年 4 月 3 日，X 公司的 5 位 ERP 顾问进驻了 A 公司，开始了项目准备阶段的工作。

12.2 项目准备

12.2.1 成立项目小组

基于 A 公司的组织结构，X 公司的 ERP 顾问与 A 公司相关人员探讨后，成立 ERP 项目小组，项目小组的组织结构如图 12-1 所示。

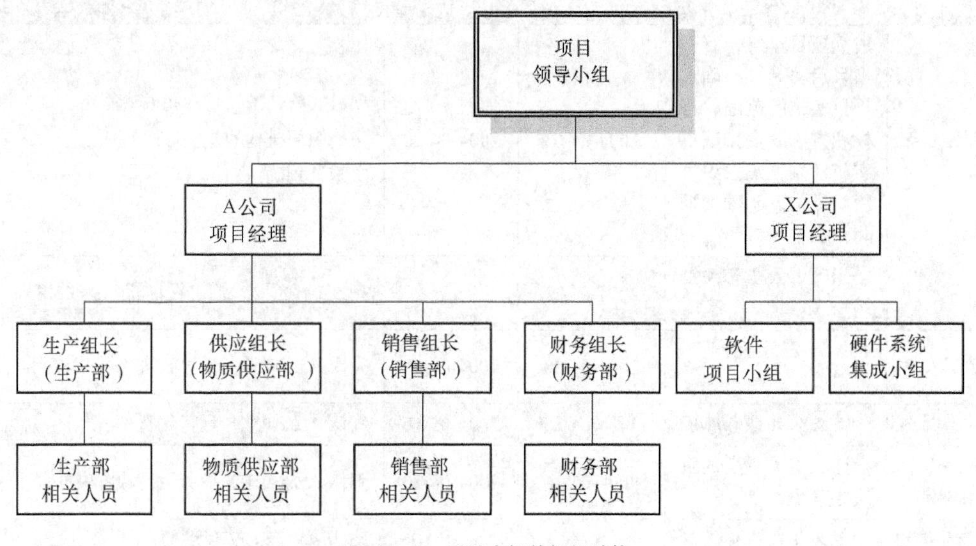

图 12-1　项目小组的组织结构

项目小组的详细描述如表 12-1 所示。

表 12-1　项目小组描述

成员	成员组成	任务描述	成员上级
项目领导小组	项目双方高层管理人员	制订项目实施计划和目标，确定人员组织结构，监督项目的运营，提供足够的权力支持，帮助解决实施中所遇到的困难，考评相关员工的工作绩效	
项目经理	A 公司中高层管理人员和 X 公司有经验的高级顾问	主要负责实施的具体工作，包括制订详细的日程保证实施计划的实现，负责业务流程的调研、分析和设计，监督各应用部门的工作进度，提交分阶段报告	项目领导小组
各业务组长	部门经理或骨干	按项目经理安排的任务工作。负责部门业务数据的采集、整理和导入，掌握与本部门业务相关系统功能的操作，并将知识和技术有效传授给本部门内部的其他员工	项目经理
各组成员	部门骨干	按业务组长的安排做一些具体工作	各业务组长

12.2.2　制订项目实施计划

项目小组根据企业具体情况，制订了该项目实施计划。

项目实施计划表如表 12-2 所示。

表 12-2　项目实施计划

阶段	主要任务	开始日期	完成日期	工作目标
项目准备	成立项目小组，召开项目启动大会，确定项目实施的范围、目标和方法，安排项目实施计划，建立项目组织机构，明确责任和分工	2004-04-03	2004-04-20	项目实施范围、目标和方法的确认 实施组织机构的建立 实施计划确认
项目培训	培训项目人员和关键用户	2004-04-21	2004-04-27	完成 A 公司项目人员和关键用户的培训
数据收集	收集 A 公司各种业务数据	2004-04-28	2004-09-20	完成 A 公司业务数据收集
业务调研	分析 A 公司业务现状	2004-04-25	2004-05-10	确认 A 公司业务运行现状
解决方案的制订	设计 A 公司业务的解决方案	2004-05-16	2004-08-20	确认 A 公司未来业务运行的解决方案
系统建立及测试	建立业务运行环境并进行测试	2004-08-20	2004-09-30	确认应用产品文档设置 完成业务运行环境的设置
系统上线	最终用户的培训，系统试运行并正式运行	2004-05-03	2004-12-20	完成系统试运行报告与确认 完成系统正式运行报告与确认
系统评估及验收		2004-12-22	2004-12-27	确认项目实施完成 完成项目验收与评估

12.2.3　项目实施的目标与范围

1．项目实施的目标

利用先进的信息技术，结合 A 公司的经营业务，建设 ERP 平台。通过此 ERP 平台，实现企业信息共享；完善经营体系；加强市场开拓；通过对信息更全面、更及时、更有效地运用，提高营销活动的有效性；提高库存控制的合理性及生产计划的适用性，从而改进企业整体管理水平和经营管理水平，提高企业竞争能力。

2．项目实施的范围

在 A 公司实施 ERP 应用产品中的系统管理、财务、采购、销售、库存、生产、车间管理等功能模块，通过了解企业的实际业务与需求后，制订各个业务流程的解决方案，然后通过 ERP 平台实现，使 ERP 平台能够满足企业实际的生产经营需要。

3．项目完成后效果

（1）减少库存成本，杜绝产生呆滞料的隐患，降低库存资金，资金周转次数提高。

（2）提高库存盘点的准确性。

（3）提高劳动生产率。

（4）降低采购费用。

（5）提高按期交货率，改善客户服务水平。

（6）降低成本。

（7）提高领导决策的及时性、针对性、正确性。

（8）增加企业的市场占有率及利润。

12.3 项目培训

在项目实施前，要对用户的中高层管理人员进行 ERP 原理培训，使他们认识到 ERP 对企业所起到的作用，同时通过对企业高层管理人员的培训，使他们认识到自身在 ERP 实施中的作用与重要性。在项目实施时，要对用户的相关人员进行系统和规范的产品培训，这是实施工作的重点之一。如果不重视产品培训工作，将会造成以后实施人员花费大量的时间和精力为用户讲解产品，而最终效果却并不明显的结果，因此我们必须加强对用户的产品培训，达到让用户了解软件产品，最终自己能够解决实施中的具体问题、并且能够自行进行产品培训的目的。

12.3.1 培训内容

X 公司的咨询顾问与 A 公司共同制订了如表 12-3 所示的培训内容。

表 12-3 项目培训内容

培训对象	培训内容	培训人员	培训时间
决策层	1. ERP 原理 2. 领导在 ERP 实施中的作用与重要性	X 公司实施顾问	实施前期
部门经理或骨干	1. ERP 原理 2. ERP 产品培训	X 公司实施顾问和相关技术人员	实施前期
最终用户	ERP 产品具体操作方法	X 公司的相关实施人员	实施中

12.3.2 课程时间安排

ERP 各模块的培训内容及时间如表 12-4 所示。

表 12-4 ERP 各模块的培训内容及时间表

模块	培训内容	培训学时/天
系统安装及系统管理	安装 ERP 产品、创建账套并设置相关的基础数据	2
财务管理	总账管理、报表管理、应收应付管理	3
销售	销售管理初始化、销售管理普通及特殊业务	1
采购	采购管理初始化、采购管理普通及特殊业务	1
库存	库存管理初始化、产成品出入库业务、调拨业务、盘点业务等	1
生产制造	生产制造初始化、物料清单、主生产计划、物料需求计划、生产作业计划与控制	4
合计		12

12.4 业务调研

成功的ERP实施离不开业务调研，通过调研分析，可以找出企业管理中存在的问题，提出解决这些问题的方案。通过业务调研可以确定ERP实施方向，为实施计划的制订、项目控制提供依据，为企业业务流程重组提供依据。

12.4.1 调研内容

（1）企业的组织结构。

（2）企业的业务流程。

（3）岗位职责的调研。

12.4.2 调研方式

（1）填写调查问卷。

（2）参考企业现有文档。

（3）企业人员主动描述。

（4）现场沟通问答。

12.4.3 调研过程

1．提交需求调研问卷

X公司针对A公司的具体情况，设计了一系列的需求调研问卷，由A公司的业务骨干填写。表12-5、表12-6和表12-7是需求调研问卷的范例。

表12-5 A公司组织机构的需求调研问卷

问卷内容
1. 描述公司的组织机构
2. 描述各部门的职责及负责人
3. 描述现行组织机构存在的问题
4. 对新系统的需求和建议

表12-6 销售部门的需求调研问卷

项目	问卷内容
一、组织结构	
	1. 描述销售部的组织结构、岗位职责及人员
	2. 描述销售部与相关部门的联系
二、客户管理	
	1. 对客户是否进行分类管理
	2. 对客户是否进行编码管理
三、业务流程	
	1. 描述现行销售业务流程
	2. 描述销售报价、销售订货、销售送货、销售收款、销售退货的具体业务流程
	3. 售价的计算方法
	4. 销售计划如何制订
	5. 客户折扣的计算方法
四、对新系统的需求和建议	

表 12-7 采购部门的需求调研问卷

一、组织结构 1. 描述采购部的组织结构、岗位职责及人员 2. 描述采购部门与相关部门的联系
二、供应商管理 1. 对供应商是否进行分类管理 2. 对供应商是否进行编码管理 三、业务流程 1. 描述现行采购业务流程 2. 描述采购询价、采购订货、采购收货、采购付款、销售退货等具体业务流程 3. 采购计划如何制订 四、对新系统的需求和建议

2．实施调研

A 公司与实施顾问制订了调研计划，如表 12-8 所示，并于 2004 年 4 月 25 日开始了需求调研工作。

表 12-8 调研计划

时间	调研内容	部门	调研对象
2004/4/25	组织结构	总经理办公室	王洋
2004/4/25	生产部分	生产部部长及业务骨干	赵子洋
		参观车间	张奇
2004/4/28 PM	供应	供应部部长及业务骨干	刘海东
	销售	销售部部长及业务骨干	高晓庆
	财务	财务部部长及业务骨干	袁立
2004/4/29	供应	供应部部长及业务骨干	张丽
	财务	财务部部长及业务骨干	孙玲
2004/5/5	销售	销售部部长及业务骨干	田园
2004/5/8	生产部分	生产部部长及业务骨干	赵红
	财务	财务部部长及业务骨干	王晓东

3．需求调研报告的撰写、讨论、确认

X 公司于 2004 年 5 月 9 日根据调研情况，撰写需求分析报告。经过双方对需求分析报告的共同讨论，A 公司各部门分别对需求调研报告进行了确认。下面是需求分析报告的部分内容，仅供参考。

（1）功能需求分析

使 A 公司的 ERP 系统，实现产、供、销、财务等信息的集成，使得企业各部门之间更加协调地展开工作，提高整体效率；并着重解决产品的成本核算、成本分析问题，加强库存管理。

（2）性能需求分析

在性能上，要求系统应具有下面几个方面。

① 系统安全性。

具有安全保密措施。全系统的数据可以共享，对不同的用户应赋予不同的存取权限及管理权限，与管理制度所规定的责、权、利保持一致，使系统具有完备的安全性、保密性。

② 系统可扩充性。

采用面向对象的设计和软件开发技术，遵循标准化、规范化原则，使得系统及各组成模块具有良好的通用性、兼容性、可移植性、可互操作性，便于系统自身的功能扩充升级、功能重组以及功能和结构的自我完善。

③ 具有较快的响应速度。

系统的数据量是非常之大的，因此，在考虑系统软硬件的配置和选型时，既要充分考虑到内存、磁盘及数据库的容量，还要考虑 CPU、缓存、I/O 通道及网络传输的速度，要留有充分余量，以免由于数据量剧增而严重降低系统性能。另外，通过体系结构的优化，合理分配 Cleint 与 Server 的计算负载及网上的数据传输量，以提高系统的总体性能。

④ 具有良好的性能价格比。

重视系统的实用性，提高投入/产出比。

（3）业务需求分析

以销售业务为例，此业务的需求报告如下。

① 岗位设置及职责。

技术支持科：负责售前、售中、售后的技术支持。

销售一部：负责产品的销售。

销售二部：负责产品的销售。

管理科：负责日常业务管理、合同管理、生产总计划的编排和下达、销售业绩的汇总、统计等工作。

② 销售管理业务流程。

销售管理业务流程，如图 12-2 所示。

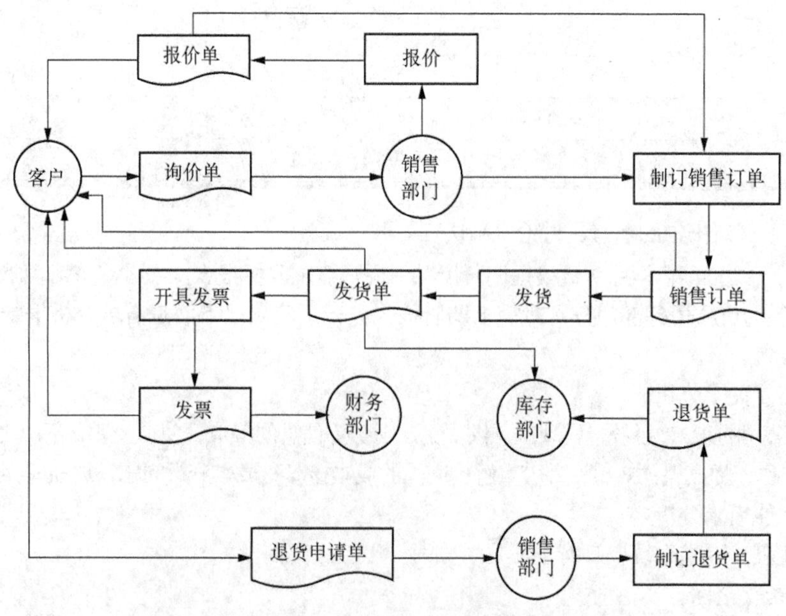

图 12-2　销售管理业务流程

③ 需求。

- 销售预测

要求能按照销售计划按月份进行预测。

- 销售计划

要求能制订销售计划，并按销售计划制订生产计划。

- 客户管理

a. 需要对客户进行编码管理。

b. 建立客户档案，并可以通过各种方式查阅和打印，以掌握客户信息，及时处理客户反馈的信息。

- 销售人员的管理

实现对销售人员业务活动的信息管理。

- 订单管理

销售相关人员可以对订单价格、客户信誉、交货日期等内容进行审核，并决定是否确认订单。

- 订单的状态跟踪

跟踪订单的执行情况，对过期尚未发货的订单，核查拖期原因。

- 发货管理

允许一张订单多次发货。

- 销售业务信息查询统计

a. 对销售业务活动中产生的信息，如报价、订货、发货、货款回收等，采用实时跟踪方式，以保证及时准确地查询到企业内外部的最新信息。

b. 对客户历史订货情况的统计查询等。

c. 根据各类产品的销售状况，以各种方式统计销售业绩。

12.5 基础数据的整理

数据的准确性决定了 ERP 项目的成败，因此企业在实施 ERP 过程中，要重视各类编码的制订和各类基础数据的收集及整理。基础数据的收集、整理关系到项目进度，完整和准确的数据是运用 MRP Ⅱ的先决条件，因此一定要确定相应的数据负责人，并根据项目总体计划明确责任和期限。

12.5.1 企业的编码体系

1. 编码种类

根据 A 公司的具体情况，X 公司与 A 公司共同编制了一套编码体系。此类编码体系共有 6 大类。

① 公司部门、人员编码。

② 客户、供应商编码。

③ 物料编码。

④ 财务编码。

⑤ 仓库编码。

⑥ 各种单据编码。

2．编码范例

现简单介绍公司部门编码。

部门编码采用 4 位数字码。部门编码表如表 12-9 所示。

表 12-9　部门编码表

部门	编码
财务部	01
会计科	051
成本科	052
……	……
供应部	02
计划科	0201
管理科	0202
……	……
……	……
销售部	03
……	……
……	……

12.5.2　基础数据的收集和整理

1．基础数据种类

① 公司部门、人员数据。

② 客户、供应商数据。

③ 物料数据。

④ 财务数据。

⑤ 仓库数据。

⑥ 产品 BOM 数据、工艺数据。

2. 数据收集

下面列举客户及物料项目需要准备的部分数据。

（1）客户数据

客户数据主要有客户分类编码、客户编码、客户名称、所属行业、邮政编码、地址、税号、开户银行、信用额度、信用期限等数据。

（2）物料数据

物料数据主要有物料编码、物料名称、规格型号、计量单位、税率、物料属性、计划单价、参考成本、最新成本等数据。

12.6 解决方案的制订

X 公司根据需求分析报告，制订了 A 公司 ERP 项目的总体方案。并在总体方案的基础上，制订 ERP 项目的详细解决方案。下面介绍 X 公司 ERP 项目的部分解决方案。

12.6.1 总体方案设计

ERP 系统大致分为供应链管理、生产管理、财务管理等子系统。

（1）财务管理子系统

主要实现以下业务功能：总账管理、应收账管理、应付账管理、现金管理、发票管理、工资管理、固定资产管理、成本核算、财务分析、财务报表等。

（2）供应链管理子系统

主要实现采购管理、销售管理及库存管理。

（3）生产制造子系统

主要实现基础数据管理、生产计划管理、车间管理等。

12.6.2 详细方案设计

1. ERP 子系统的功能划分

ERP 子系统从功能上划分为 3 个子系统：供应链管理子系统、生产管理子系统、财务管理子系统，其功能树展开如图 12-3 所示。

2. ERP 子系统功能详细设计

供应链管理子系统包括销售管理、采购管理，库存管理。以供应链管理子系统的销售管理模块为例，详细介绍设计子系统功能内容。

销售是企业经营活动的中心，是企业生产经营成果的实现过程，是企业的价值来源，因此企业经营得好坏在很大程度上是由产品的销售状况决定的。销售管理模块能够使企业及时掌握销售市场，把握销售走势，收集客户反馈信息，有效地进行市场需求预测。该模块从功能上可进一步划分为销售预测、销售计划制订、销售报价管理、销售订单管理、销售发货管理、销售开票、销售收款管理、客户管理、销售人员管理、销售统计分析等。

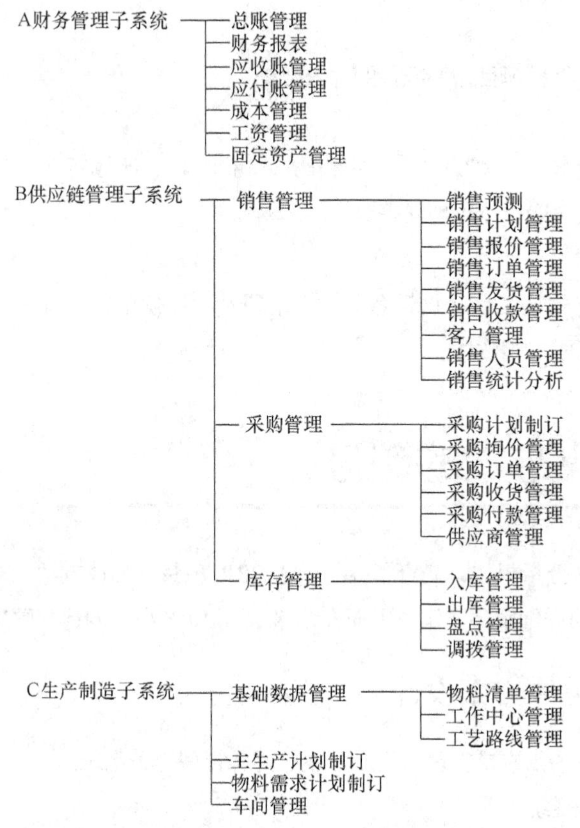

图 12-3　ERP 子系统功能树

下面介绍几个主要的功能设计。

（1）销售预测

销售预测可以减少生产的不均衡，也可减少库存量，并能提高交货的准时率。在 ERP 系统中提供历史数据查询功能，并可按不同的条件进行数据汇总，为预测提供参考数据。销售预测要由销售部负责，并随市场的变化做出相应的调整。

销售管理模块能记录销售的预测信息，并为主生产计划的制订提供参考数据。

（2）销售计划制订

销售计划是企业销售管理工作的首要环节，ERP 系统可以按照销售订单、市场预测情况和企业生产情况，对某一段时期内企业的销售品种、各品种的销售量与销售价格做出计划安排。ERP 系统中可以实现按月制订企业的销售计划，可以以某个地区、某类客户、某个销售部门、某个销售员为单元，制订企业年度计划、季度计划及月计划的销售金额和销售定额。企业在 ERP 系统中还可以查询销售计划的执行情况。

（3）销售订单管理

在确定客户有购买产品的需求后，经过双方协商，可签订销售订单。销售订单是由购销双方确认的客户要货过程产生的单据，是企业生产、发货和货款结算的依据。公司根据客户需求信息、公司报价信息、产品的相关信息制订销售订单；企业根据供货情况、产品定价情况和客户信用度来确认销售订单。

在 ERP 系统中，销售订单产生的方式有两种，一种是参照销售报价单生成，另一种是手工录入生成。销售订单具有修改、删除、审核、弃审、关闭、打开等功能。

根据客户提出的交货日期，销售人员在制订订单时，需要查询货物交货的可行性，即根据当前货物的现存量及供求情况，确定企业是否可以按时交货。

在制订销售订单时，还要检查客户的信用状况，以确定是否将货物销售给客户。

（4）销售发货管理

销售发货是企业执行与客户签订的销售订单，将产品发往客户的行为，是销售业务的执行阶段。发货处理模块用于满足企业的销售发货需求，它可以帮助企业在多种商业关系的环境中进行发货运转控制，及时掌握各类发货和退货信息。

销售发货管理产生的发货单是企业给客户发货的凭据，是销售发货业务的执行载体。根据发货单开据销售出库单，库存部门完成产品出库。

在 ERP 系统中，销售发货单产生的方式同样有两种，一种是参照销售订单生成，另一种是手工录入生成。销售发货单同样具有修改、删除、审核、弃审、关闭、打开等功能。

（5）客户管理

在 ERP 系统中，企业可以对客户进行分类管理，建立客户分类体系。可将客户按行业、地区等进行分类，设置客户分类后，根据不同的分类建立客户档案。

ERP 的系统还可以实现客户级别的设置和客户档案的设置。客户级别是客户细分的一种方法，可以按照客户给企业带来的销售收入多少，将客户细分为 VIP 客户、重要客户和普通客户。

（6）销售统计分析

销售统计分析管理应包括销售统计和销售分析。

销售统计主要是对各种市场已有的销售信息进行汇总统计分析，如可从各种产品的订单订货情况、订单收款情况、销售发货情况、销售计划完成情况、销售盈利情况统计分析，以及从地区、客户、销售员和销售方式等进行多角度多方位统计与分析。

销售分析主要包括如下分析。

① 销售增长分析：分析部门或货物的本期销售额比前期销售额的增长情况。

② 货物流向分析：按照客户、地区、行业等，分析在某时间段内销售货物的流向比例。

③ 市场分析：可以反映某时间段内销售员所负责的客户或地区，销售、回款、应收账款的比例情况。

在 ERP 系统中，通过业务数据可以进行销售统计和上述各种类型的销售分析，更好地指导企业的经营活动。

12.7 系统建立及测试

12.7.1 系统建立

A 公司的 ERP 系统的建立包括 ERP 系统的安装、ERP 系统的安装测试、ERP 系统的设置

3 部分工作。

1．ERP 系统的安装

ERP 系统的安装，与操作系统、网络环境、硬件环境以及企业的未来业务应用状况都有密切联系。正是由于 ERP 系统安装的复杂性，该项目由 A 公司和 X 公司各出两名技术人员来负责此项工作。

在 ERP 系统安装的时候，需要建立演示环境（DEMO）、测试环境和实际应用环境 3 种环境。其中，在演示环境中装载全面的典型数据，可以在系统功能培训中使用，减少设置的工作量。

同时，在 ERP 系统安装时，应尽可能地把软件已经发布的补丁（patch）打好，以减少顾问测试和修补系统的工作量。

2．ERP 系统的安装测试

ERP 系统安装测试的目的，是发现系统可能存在的故障（bug），并解决该故障，从而保证后续 ERP 系统正式设置的顺利进行。本项目的安装测试环节是先设置 ERP 系统的标准功能，再按照图 12-4 所示的测试步骤测试 ERP 系统运行情况。

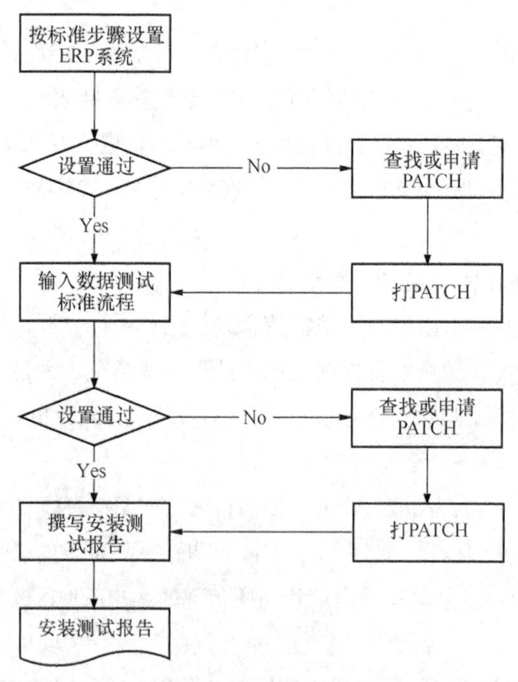

图 12-4　安装测试流程

3．ERP 系统的设置

ERP 系统的设置，主要是把完成的解决方案通过 ERP 系统的参数配置来实现。各个 ERP 系统都会有分模块的详细设置步骤，在设置的时候只要完全按照标准步骤来做，一般不会有什么问题。

值得注意的是，ERP 系统设置的组织构建是比较重要的环节，由项目经理指定一个人设置，其他人员配合，具体步骤为：负责相关模块的顾问先把设置的步骤写下来交给专门人员来设置，同时在旁协助；设置人员进行设置的时候，要指定专门人员记录。因为 ERP 系统的设置是相互关联的，如果有多人同时进行多个模块的设置，有可能一个模块涉及的参数会被正在设置另外模块的人员修改，造成相互之间的不协调。

12.7.2 系统测试

1．测试内容

A 公司的 ERP 系统测试主要分为单元测试、集成测试和系统测试 3 个部分。

单元测试：指在一个独立的业务单元中进行测试，例如：采购单元测试、销售单元测试等，旨在测试本模块单元解决方案的功能实现情况，暂时不考虑功能模块之间的协作。

集成测试：指模块和模块单元之间的测试。例如：生产计划集成测试，要涉及预测、销售计划、主生产计划、MRP 计划、采购计划、生产作业计划，完整地测试整个计划的流程。测试的重点是检查功能模块和功能模块之间的接口是否能正常运行，检查模块之间的协调性。

系统测试：是在集成测试完成后，还要把本项目二次开发完成的程序纳入到整个系统集成测试中来。在系统测试时重点检查以下问题。

（1）二次开发的处理程序、报表单据等能否在整个系统中顺利运行。

（2）详细解决方案是否还有漏洞和不完善的地方。

（3）是否还有必须打印的单据没有进行二次开发。

（4）报表能否及时有效反映信息，能否进行有效监控。

2．测试方法

本阶段的测试采用"会议室"的测试方法，把所有测试人员集中在一个大房间内进行测试，而不是在系统使用的现场测试。这种测试方法能够在短时间内发现问题，并及时解决问题。

尽管系统处于测试阶段，但需要使用"基础数据收集和整理"阶段完成的企业的真实、典型的数据，用这样的数据能增强系统测试的现实性。具体测试流程如图 12-5 所示。

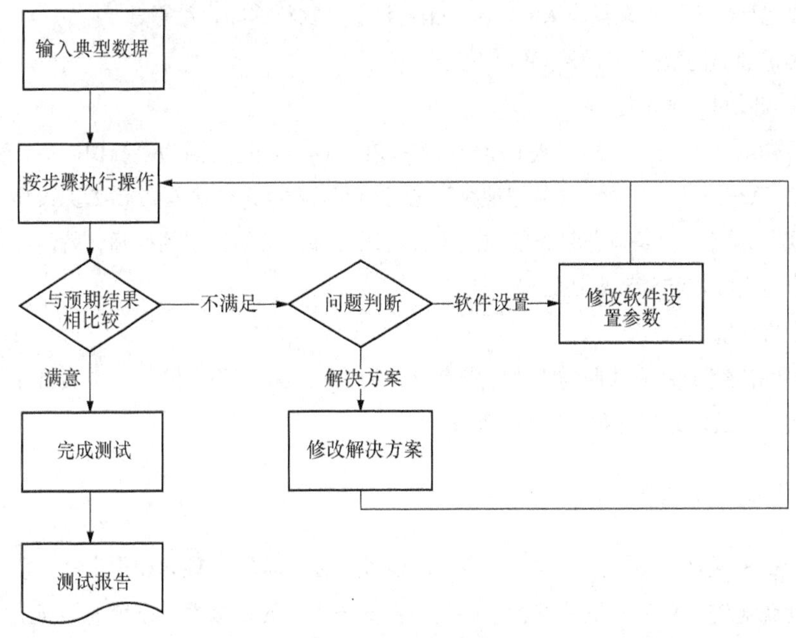

图 12-5 方案测试流程

12.8 系统上线

上线前的系统测试可能对 ERP 系统进行调整，也可能对解决方案进行调整。解决方案测试通过以后，就进入了 ERP 系统上线阶段。A 公司的 ERP 系统上线阶段的工作包括上线准备、切换上线两个部分。

12.8.1 上线准备

本项目上线前的准备工作包括最终用户的培训、初始数据的准备两个部分。

1．最终用户的培训

最终用户指的是系统切换运行后，每天需要操作系统的人员。前几个阶段，X 公司的咨询顾问对最终用户进行了 ERP 理念、ERP 软件功能简介等培训，同时在业务调研、流程优化讨论中与最终用户有了一些交流和探讨。但是，以前咨询顾问所接触的对象是各实施小组的成员、部门的业务骨干，大多数的最终用户还不了解如何操作系统，如何通过系统操作代替手工业务。最终用户熟练操作 ERP 系统以及熟悉 ERP 系统相应模块的工作流程，是系统切换运行成功的一大保证。

本项目在最终用户培训中应特别注意以下两点。

（1）全面用力，重点突破。在全面培训最终用户的时候，还要对某些用户进行重点培训。

（2）严格把关，培训通过才上岗。最终用户的培训要比前面的培训还要严格。要设计严格的上机考试，只有考试通过者才可以上岗。严格把关是上线切换成功的保证。

2．期初数据收集和整理

“基础数据收集整理”阶段收集的是静态数据，而本阶段的期初数据是一个动态数据。动态数据主要包括财务科目余额、采购订单、销售订单、物料的库存量等。

在收集基础期初数据时需要注意以下几点。

（1）安排时间，突击处理

本项目的期初数据收集和整理工作一般安排在双休日。这是因为系统切换后，所有的业务都在 ERP 系统中运行处理，必须把现有手工运行下的数据余额输入到 ERP 系统中，这样系统才能够实际运行。但是业务每天都在发生，所以要保证期初数据的准确，就需要安排专门的时间集中突击收集和整理期初数据。

（2）定义好统一格式

在短时间内突击完成数据的收集，没有统一的格式是根本不可能的。本项目先制订各种数据的格式，然后才开展各种数据的收集工作。

12.8.2 切换上线

系统切换上线是对前几个阶段工作成果的检验。在此阶段，顾问和用户都必须付出全部精力，稍有疏忽都会使项目遭受挫折，影响项目参与人员的积极性。系统的切换上线主要包括数据导入、系统切换运行两部分工作。

1．数据导入

数据导入主要包含静态数据的导入和动态数据的导入。数据导入一般有手工输入、直接导入、专用工具导入 3 种办法。表 12-10 介绍了 3 种数据导入方法。

表 12-10 数据导入方法列表

输入方法	描述	优点	缺点
手工输入	所有静态基础数据和期初动态数据均由手工逐条输入系统	对系统比较安全，即使有操作错误，可以及时更改。不会影响系统的稳定；可以加强操作人员对系统的熟练程度	工作量太大；输入过程比较枯燥，容易发生因操作错误而导致数据不准确
直接导入	将数据通过编写的接口直接导入底层数据表	运行速度极快，占用时间少	对底层数据结构不熟悉的话，会造成系统出错，影响系统稳定；需要安排专门的技术人员编写接口导入程序，需要付出一定的技术工作量
专用工具导入	采用专用导入工具将数据通过程序界面（form）自动导入系统	模拟手工从 form 输入，对系统和数据都比较安全；自动导入，几乎不会造成数据的输入错误；自动运行，占用时间少	比手工输入的工作量要少很多，但是仍需要占用一定时间；需要集中安排数台计算机同时工作，可能会影响其他相关工作

在本项目中，根据项目的实际情况和 3 种数据导入方法的优缺点，采用手工输入和直接导入相结合的方法来完成数据导入工作。

2．系统切换运行

ERP 系统切换涉及企业的各个业务部门，如销售、仓储、采购、生产计划、财务和车间生产等，强调部门之间的协作，一个环节卡壳可能会造成整个企业业务运作不顺畅，甚至无法进行。在系统切换时，必须考虑各种可能发生的情况，分工协作，及时监控各个功能模块的情况，发生问题迅速处理。

系统切换牵涉整个企业的业务运行，既不能影响正常的业务运行，又要在短时间内从原有系统（手工或其他信息系统）切换到现有系统操作，难度很大，操作不好会影响最终用户应用新系统的积极性。选择合适的时机可能会降低这方面的风险。

在本项目实施中，选取了“十一”长假期间。一方面，放长假期间，企业发生的业务量很小，可以让最终用户抽出时间，专心初期数据的收集整理和新系统的应用，同时部门间的协调也比较容易。另一方面，长假期间新系统应用也会得到领导层更多的关心。

同时，在系统切换的时候要考虑选择合适的切换策略，主要有分步切换（功能分步切换和产品分步切换）、并行切换和全面切换 3 种，如表 12-11 所示。

上述的几种切换策略，可以按照项目的具体情况选择。结合本项目的实际情况和 X 公司的项目经验，该项目采用全面切换的策略。因为双方认为，只要企业能够挺过最初的忙乱时期，严格按照新系统的流程来运行，阵痛的时间会比较短，企业很快会适应新系统下的运作，走向正轨。

表 12-11 系统切换策略列表

输入方法	描述	优点	缺点
功能分步切换	先切换部分系统功能，稳定后再逐步切换其他功能模块。通常是先财务、分销（采购、库存和销售）模块切换，再上制造模块	切换时间分散，工作量相对较小；便于及时发现问题解决问题；对系统（新、旧）比较安全，不会出现系统崩溃、无法挽救的风险	同时存在两套系统，业务操作人员工作量成倍增加；两套系统数据运算逻辑、口径等都不同，给系统间的数据核对带来很大麻烦；分步切换时间长，会严重影响用户的积极性
产品分步切换	功能模块全部切换。但系统只运行典型的一个或几个产成品；运行稳定后，再逐步把其他产成品输入系统运行	工作量相对较小；便于及时发现问题解决问题；对系统（新、旧）比较安全，不会出现系统崩溃、无法挽救的风险	同时存在两套系统，业务操作人员工作量成倍增加；两套系统数据运算逻辑、口径等都不同，给系统间的数据核对带来很大麻烦；分步切换时间长，会严重影响用户的积极性
并行切换	切换运行系统全部功能模块，但同时运行原有系统（或手工作业）；经过几个阶段的运行，两套系统的运行结果核对无误，再撤掉原有系统	便于及时发现问题解决问题；对系统（新、旧）比较安全，不会出现系统崩溃、无法挽救的风险	同时存在两套系统，业务操作人员工作量成倍增加；两套系统数据运算逻辑、口径等都不同，给系统间的数据核对带来很大麻烦；并行切换时间长，会严重影响用户的积极性
全面切换	直接撤掉原有系统，全面使用新系统的所有功能	切换时间短，用户工作量比前几种方式下小得多；无须两套系统间的数据核对；切断用户对旧系统的依赖，迅速熟悉新系统；短期内切换上线成功，会鼓舞用户的信心，增强系统实施成功的可能性	对系统集成测试的要求较高，测试的不完善会直接影响系统切换的效果；如果切换不慎，会造成系统崩溃，无法再获得期间数据；短期内用户和顾问的压力都比较大，需要做充分的准备

12.9 系统评估及验收

12.9.1 系统验收

项目的阶段验收就是指按照确定的项目实施范围、目标，完成一个阶段的工作，提交了工作成果报告，确认和验收完毕后再进行下一阶段的工作。这是项目验收的一种主要形式，和项目运行后的总验收构成了项目验收的全部内容。表 12-12 列出了本项目阶段成果及验收表。

表 12-12 阶段成果及验收表

实施阶段	完成日期	提交的文档	工作成果	验收方式
项目准备	2004-4-20	• 项目实施范围、目标和方法 • 项目实施组织机构 • 项目实施总体计划 • 项目环境需求	• 项目实施范围、目标和方法的确认 • 实施组织机构的建立 • 实施计划确认 • 建立实施项目环境	• X 公司项目经理确认 • A 公司项目经理签收 • A 公司总经理签收

续表

实施阶段	完成日期	提交的文档	工作成果	验收方式
项目准备	2004-4-20	• 项目质量计划 • 软件安装手册 • 系统管理员培训教材		
项目培训	2004-4-27	• 各模块功能培训教材 • 项目管理培训教材 • ERP 理念培训教材	• 完成 ERP 启动理念和基本功能准备 • 可以安排成员熟悉软件	• X 公司项目经理签收 • A 公司项目经理签收 • 考试通过
数据收集	2004-09-20	• A 公司基础数据采集表 • A 公司物料编码方案	• 完成基础数据收集 • 确定编码方案	• X 公司项目经理签收 • A 公司项目经理签收
业务调研	2004-05-05	• A 公司业务现状调查问答卷 • A 公司业务调研报告	• 完成 A 公司现行业务调研 • 确认 A 公司需求调查报告	• X 公司项目经理签收 • A 公司项目经理签收
解决方案的制订	2004-08-20	• A 公司业务流程分析和优化方案 • A 公司总体解决方案 • A 公司优化的职责、岗位、流程和考核 KPI • A 公司单据、报表配套方案 • A 公司详细解决方案	• 业务流程详细分析和优化 • 确认 A 公司未来业务运行的总体解决方案	• X 公司项目经理签收 • A 公司项目经理签收 • A 公司总经理签收
系统建立及测试	2004-09-30	• 应用产品设置文档 • 系统和方案测试报告文档	• 确认应用产品设置文档 • 完成业务运行环境的设置 • 完成软件安装、单元和集成测试 • 完成系统测试	• X 公司项目经理签收 • A 公司项目经理签收
系统上线	2004-12-20	• 产品用户手册 • A 公司动态业务数据采集表 • 切换申请	• 完成用户培训 • 完成动态数据收集、整理和导入 • 上线试运行	• X 公司项目经理签收 • A 公司项目经理签收 • A 公司总经理签收
系统评估及验收	2004-12-27	• 系统评估报告 • 项目验收报告	完成系统正式运行报告与项目验收	• X 公司项目经理签收 • A 公司项目经理签收 • A 公司总经理签收

12.9.2 系统评估

在系统切换运行两个月以后，对本项目系统的应用情况进行检查和评估，检查系统是否处于正常的运行状态。

本项目采用“系统验收大会”形式来进行系统评估和项目验收。大会除了负责实施的双方人员外，还邀请 X 咨询公司的领导、国内信息化的专家、机械制造领域的专家、企业主管部门的领导和专家等。评估和验收人员实地考察系统的运行情况后做出评估和验收结论。

采用什么标准来进行系统评估，目前并没有统一的标准。下面介绍一下业内流传最广的评估标准（O.Wight 的评估体系），随后再来看一下在该项目所使用的评估标准。

1．O. Wight 的评估体系

Oliver Wight 是 MRP Ⅱ的主要创始人之一，他对 MRP Ⅱ/ERP 系统实施效果的评价体系做了大量的研究。1976 年他提出 ABCD 等级评估办法，以后随着系统的不断发展，也不断做了一些修改。该评估体系包括战略规划、员工与团队精神、全面质量管理和持续改进、新产品开发、计划与控制 5 大部分，如表 12-13 至表 12-17 所示。尽管这个评估体系没有成为正式的工业标准，但是它影响巨大，成为 ERP 行业关于实施绩效评估的事实上的标准。

（1）战略规划的评估

表 12-13　战略规划评估表

级别	定性特征
A	战略规划的制订和维护是一个持续不断的过程，而且体现了客户至上的观点。战略规划驱动企业的决策和行为。各级员工都能清楚地表述企业的宗旨、远景规划和战略方向
B	战略规划的制订和维护是一个正规的过程，由高层和各级管理人员每年至少进行一次。根据战略规划做出企业的主要决策。企业员工对企业的宗旨和远景规划有基本的了解
C	战略规划的制订和维护工作不是经常进行的，但仍能指示企业运营的方向
D	没有明确的战略规划，或者在企业运营的过程中根本没有这项活动

（2）员工与团队精神的评估

表 12-14　人力资源评估表

级别	定性特征
A	相互信任、相互尊重、相互协作、敞开心扉相互交流以及高度的工作安全感是员工和企业之间关系的显著特点。员工对企业感到满意并为是其一员而感到骄傲
B	员工们信任企业的高层管理人员，并认为该企业是一个工作的好地方。工作小组发挥着有效的作用
C	主要采用传统的雇佣关系。企业的管理人员认为，人是一项重要的企业资源，但不认为是至关重要的资源
D	员工和企业的关系至多是中性的，有时是消极的

（3）全面质量管理和持续改进的评估

表 12-15　质量管理评估表

级别	定性特征
A	持续改进已成为企业员工、供应商和客户的一种共同的生活方式。质量的改进、成本的降低以及办事效率的提高加强了竞争的优势。企业有明确的革新战略
B	企业的大多数部门参加了全面质量管理和持续改进的过程，他们积极地与供应商和客户配合工作。企业在许多领域取得了本质的改善
C	全面质量管理和持续改进只在有限的领域中开展，某些部门的工作得到了改善
D	没有明确的全面质量管理和持续改进的活动。员工对全面质量管理和持续改进不关心

（4）新产品开发的评估

标 12-16　新产品开发评估表

级别	定性特征
A	企业的所有职能部门都积极参与和支持产品开发过程。产品需求来自于客户需求。产品开发的周期非常短，能满足需求，只要求极少的额外支持或不要求支持。内部和外部的供应商积极参与产品开发的过程
B	工程设计（或 R&D）以及企业其他职能部门参加了产品开发的过程。产品需求来自于客户需求。产品开发时间得到了减少
C	产品开发主要是工程设计或 R&D 部门的事情。产品开发按计划进行，但是，在制造和市场方面存在某些传统的问题。产品需要很大的支持才能满足性能、质量或运营目标。在生产过程中，内部或外部供应商的配合均不够完善。但是，在缩短产品开发时间方面已经取得了某些成绩
D	产品开发总是不能满足计划日期、性能、成本、质量或可靠性的目标。产品的开发需要高层的支持。几乎没有内部或外部的供应商参与这个过程

（5）计划和控制的评估

表 12-17　计划控制评估表

级别	定性特征
A	在整个企业范围内，从高层主管到最低层业务人员都有效地运用了计划和控制业务流程。这些应用在本企业的客户服务、生产率、库存、成本等方面取得了显著的改进
B	计划和控制业务流程已经得到高层管理者的支持，并被中层管理人员所接受和使用，在公司范围内产生明显可见的进步
C	计划和业务流程主要被用来作为一种物料采购方法，对库存管理有较大促进
D	计划和控制业务流程所提供的信息准确性差，并不被其使用者所理解，对实际经营管理过程帮助甚少

2．A 项目评估标准举例

在 A 项目中，主要参考了上述的 ABCD 评估标准，同时结合了项目本身的特点，增添了一些评估项目，如系统软件、硬件以及网络运行评估等。A 项目系统评估表验收表如表 12-18 所示。

表 12-18　A 项目系统评估验收表

评估项目	具体条目	内容	评价结果		
			A	B	C
软件运行	安装	系统安装完整，功能齐全，运行稳定	√		
	系统运行资源占用	占用资源 5%，内存 40%，硬盘 1%	√		
	模块运行	未发现系统错误		√	
	集成运行	正常		√	
	需求满足	基本满足目前需求		√	

续表

评估项目	具体条目		内容	评价结果		
				A	B	C
员工技能	操作人员	熟练操作	对照用户手册能熟练操作			√
		处理例外情况	目前还不能处理			√
	技术人员	二次开发	能迅速开发报表单据，程序开发较慢		√	
		数据库管理	能熟练数据库备份、起停，数据库优化不熟练			√
		系统用户管理	用户管理熟练	√		
		用户职责管理	用户职责管理熟练	√		
		系统安全管理	系统安全管理熟练	√		
	实施人员	系统设置	理解了设置参数的含义，未重新设置过系统		√	
		系统功能变更	可以通过参数配置来实现功能调整		√	
员工技能	领导	系统中处理业务	销售已经在系统中审批，其他还没有完全在系统中执行		√	
		查询报表	采购和库存已定期查询报表			√
		使用系统数据决策	目前是打印出来以供参考		√	
系统使用情况	库存	使用系统盘点	已盘点二次		√	
		采购订单入库	已实现按采购单入库	√		
		加工单入库	已实现按加工单自制品入库	√		
		加工单领料出库	已实现按加工单领料出库	√		
		销售发货单出库	已实现按销售订单发货单出库	√		
		库存数据准确度	盘点显示准确度达95%	√		
	采购	采购订单	所有采购都必须输入订单	√		
		采购价格清单	已经完成所有物料的价格清单	√		
		采购进度跟踪	使用系统进行采购订单跟踪	√		
		供应商履约情况	已按周、月打印履约情况报表	√		
		采购与生产的集成	主要物料需求直接来自生产计划		√	
		采购与库存集成	正常按采购单入库	√		
		采购审批	在系统中完成	√		
	销售	报价	报价已有参考		√	
		订单配置	已经完成了两个配置产品的订单		√	
		销售价格	价格管理比较实用		√	
		订单发货	正常运行	√		
		客户管理	所有客户档案都在系统中管理	√		
		售后服务	已在系统中完成5起售后服务处理		√	
		销售发票	功能满足需求	√		
		销售预测	已对两个重要产品类进行了预测		√	
		销售与生产的集成	功能可以使用		√	

续表

评估项目	具体条目		内容	评价结果		
				A	B	C
系统使用情况	生产	主生产计划	对3个产品类进行了主生产计划		√	
		MRP	目前对3个主要的产品类运行		√	
		车间计划	运行正常		√	
		采购计划	两个产品类的主要物料自动生成采购计划		√	
		车间生产反馈	正常运行		√	
		成本	成本数据目前仅做参考，有待进一步积累数据			√
		质量	采购和生产均已使用质量检验		√	
		BOM和工艺	主要产品和新品都进入系统，还有待进一步核准		√	
系统使用情况	财务	总账	已使用，功能够用，有待进一步熟练		√	
		应收	已使用，功能够用，有待进一步熟练		√	
		应付	已使用，功能够用，有待进一步熟练		√	
		固定资产	部分固定资产进入系统，新购固定资产进入系统			√
		现金	仅使用现金对账		√	
		财务报表	已完成三张法定报表		√	
		财务分析	使用部分功能		√	
		与其他模块的集成	与采购、库存、销售集成紧密，生产成本集成有待深入		√	
		对账	第一个月对账完成，更正了一些输入错误		√	
管理流程	流程运行		新流程运行正常，逐步开始熟悉		√	
	绩效考核		开始按照新标准考核，有待进一步完善		√	
总体改善	库存	库存数量逐步准确，其他部门可以及时了解库存情况。库存积压和库存短缺情况逐步减少		√		
	生产	计划对生产已经有了指导作用，车间排产还没有完全理顺			√	
	销售	可以了解库存量，报价和合同变更少了。订单和发票能匹配了。信用控制也开始发挥作用了			√	
	采购	对供应商的管理有了手段，对订单也有了及时的控制，短货情况减少了			√	
总体评价	经过一个月的运行，系统运行正常，基本业务均已使用系统。达到了系统设计的需求目标。仍有部分功能有待进一步深入使用，逐步提高。系统达到了验收目标，建议通过验收				√	

课堂讨论题

1. 针对案例进行系统调研和方案设计的综合演练。
2. 针对案例各实施环节，进行模拟创建用户账套的综合演练。

思考题

1. 实施 A 公司的系统，进行销售、采购、仓库、生产、财务方案设计，并展示您的实施计划和原型。
2. 实施 A 公司的系统，ERP 系统上线和测试工作包含哪些内容？
3. 按照 12.9 系统评估验收，评估您的实施方案。

第 4 篇

扩展篇

本篇主要内容包括：

- 业务流程重组
- 供应链管理
- 客户关系管理
- 精益生产
- 敏捷制造
- 约束理论
- 并行工程
- 计算机集成制造系统

第 13 章　业务流程重组

核心要点

- BPR 的含义
- BPR 的原则与过程
- ERP 与 BPR 的关系

学习目标

通过本章的学习，读者应该能够掌握 BPR 的含义、BPR 的原则与过程，了解 ERP 与 BPR 之间的关系。

13.1　业务流程重组的含义

ERP 在中国得到应用以来，许多公司投入巨额资金上马 ERP 项目却收效甚微。而也有一些公司成功实施而且充分利用了他们的 ERP 系统，这些企业的成功是由于他们遵循了一个简单的道理：首先要充分理解本公司的业务流程，进行简化、重组，然后才实现操作的自动化。这其中蕴含了一个重要的概念——业务流程重组（business process reengineering，BPR）。

13.1.1　业务流程重组的概念

业务流程重组（business process reengineering，BPR）最早是由美国的 Michael Hammer 和 Jame Champy 提出，并在 20 世纪 90 年代达到全盛的一种管理思想。它强调以业务流程为改造对象和中心，以关心客户的需求和满意度为目标，对现有的业务流程进行根本地再思考和彻底地再设计，利用先进的制造技术、信息技术以及现代化的管理手段，最大限度地实现技术上的功能继承和管理上的职能继承，以打破传统的职能型组织结构（function organization），建立全新的过程型组织结构（process-oriented organization），从而实现企业经营在成本、质量、服务和速度等方面的巨大改善。它的重组模式是：以作业流程为中心，打破金字塔状的组织结构，使企业能适应信息社会的高效率和快节奏，适合企业员工参与企业管理，实现企业内部上下左右的有效沟通，使企业具有较强的应变能力和较大的灵活性。

在这个定义中，“根本性”“彻底性”“显著性”和“流程”是应被关注的 4 个核心内容。

根本性是指业务流程重组关注的企业核心问题，如“为什么要做现在的工作”“为什么要用现在的方法做这份工作”“为什么必须是由我们而不是其他人来做这份工作”等。通过对这些问题的仔细思考，企业可能发现自己原有的业务流程是低效率的，甚至是错误的。

彻底性意味着弄清事情的来源和根本，对既定的现存事物不是进行简单的改变或调整修补，而是摒弃一切陈规陋习，及忽视一切既定的结构与过程，创造发明全新的工作方法；它是对企业进行重新构造，而不是对企业进行改良、增强或调整。

显著性意味着，业务流程重组追求的不是短期小幅度的业绩提升或略有改善、稍有好转等，进行重组就要使企业经营效益有显著的增长、极大的飞跃。经营效益的显著增长是 BPR 的标志与特点。

最后，业务流程重组关注的是企业的业务流程，一切重组工作全部是围绕业务流程展开的。业务流程是指一组共同为顾客创造价值而又相互关联的活动。哈佛商学院教授 Michael Porter 将企业的业务流程描绘成一个价值链（value chain），他认为，由于经济全球化的加速，导致企业的竞争不是发生在企业与企业之间，而是发生在企业的价值链之间。企业只有对各自价值链的每个环节（业务流程）实行有效管理，才可能在竞争中获得优势。

13.1.2 案例分析：北美福特汽车公司财会部的付款业务流程重组

北美福特汽车公司财会部，如何再造其应付账款业务流程，以减少其管理费用，是 BPR 最经典的案例之一。福特汽车公司是美国三大汽车巨头之一，但是到了 20 世纪 80 年代初，福特像许多美国大企业一样，面临着日本竞争对手的挑战，正想方设法削减管理费和各种行政开支。

北美福特汽车公司 2/3 的汽车部件需要从外部供应商购进，为此需要有相当多的雇员从事应付账款管理工作，当时，公司财会部有 500 多名员工，负责审核并签发供应商供货账单的应付款项。按照传统观念，这么大一家汽车公司，业务量如此之大，有 500 多个员工处理应付账款是合情合理的。

促使福特公司认真考虑“应付账款”工作的是日本马自达汽车公司。这是一家福特公司占股 22%的参股公司，有 5 位职员负责应付账款工作。尽管两个公司在规模上存在一定的差距，但按公司规模进行数据调整后，福特公司仍多雇佣了 5 倍的员工，5∶500 这个比例让福特公司的经理再也无法泰然处之了。福特公司决定，对与应付账款相关的整个业务流程进行彻底重组。进行业务重组之前，管理人员计划通过业务流程重组和应用计算机系统，将员工裁减到最多不超过 400 人，实现裁员 20%的目标。

福特汽车公司原付款流程是：财会部门接收采购部门送来的采购订单副本、仓库的验货单和供应商的发票，然后将三张票据放在一起进行核对，查看其中的 14 项数据是否相符，核对相符后，财会部门才予以付款。财会部门要花费大量的时间核对三张单据上 14 项数据是否相符。原付款业务处理流程如图 13-1 所示。

第一，采购部门向供应商发出订单，并将订单的副本送往应付款部门；第二，供应商发货，福特的验收部门收检，并将验收报告送到财会部；第三，供应商同时将产品发票送至财会部。

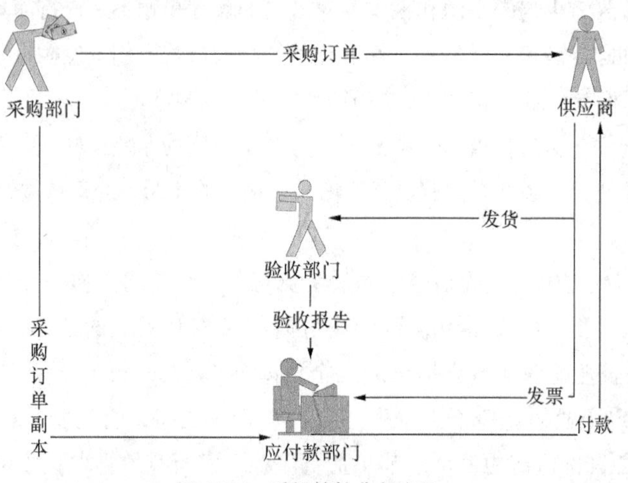

图 13-1　重组前的业务流程

针对上述流程进行重组后，财会部门不再需要发票；需要核实的数据项减为 3 项：零件部名称、数量和供应商代码；采购部门和仓库分别将采购订单和收货确认信息输入到计算机系统后，由计算机进行电子数据匹配。重组之后的业务流程如图 13-2 所示。

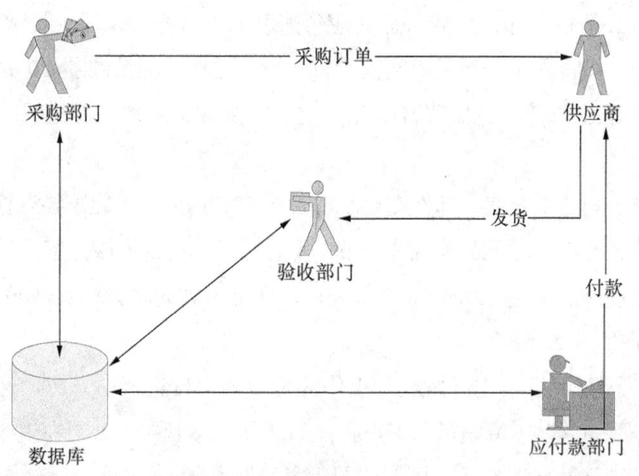

图 13-2　重组后的业务流程

新的流程中包含两个工作步骤：第一，采购部门发出订单，同时将订单内容输入联机数据库；第二，供应商发货，验收部门核查来货是否与数据库中的内容相符合，如果符合就收货，并在终端上按键通知数据库，计算机会自动生成付款单据。

业务流程重组的结果是：①以往财会部需在订单、验收报告和发票中核查 14 项内容，而如今只需检查 3 项（零件名称、数量和供货商代码）；②有 125 位员工负责应付账款工作，财会部门减少了 75%的人力资源，而不是计划的 20%；③简化了物料管理工作，提高了准确性。企业流程重组就是要从习惯遵守的规则上找突破口。在这方面，福特是一个典型的例子。

13.2 实施业务流程重组的原则与过程

13.2.1 实施 BPR 的原则

BPR 是一种先进的管理思想和理论，企业实施 ERP，需要充分理解这一管理思想。为了确保实施的成功率，在实施的过程中还要掌握一定的方法和原则。一般来说，企业实施业务流程重组，主要遵循以下一些原则。

（1）实施 BPR 需要从面向职能管理到面向业务流程管理的转变。

BPR 强调面向业务流程的管理，企业需要将业务的审核与决策点定位于业务流程执行的地方，缩短信息沟通的渠道和时间，从而提高对顾客和市场的反应速度，提高客户的满意度，同时降低管理成本。

（2）BPR 的实施不追求局部最优，而注重整体流程最优。

BPR 要求企业首先理顺和优化自己的业务流程，它强调业务流程的每一个环节上的活动尽可能实现最大效益，尽量减少无效的或不增值的活动。并从整体流程最优（而不是局部最优）的目标，设计和优化流程中的各项活动，消除本位主义和利益分散主义。

（3）消除无谓的中层“领导”，建立扁平化组织。

BPR 要求企业先设计自己的业务流程，然后根据设计好的业务流程建立组织结构，去除无谓的中层“领导”。这不单单降低了管理费用和成本，同时也提高了企业的运作效率，加速了企业对市场的反应速度。

（4）BPR 要求充分发挥每个员工在整个业务流程中的作用。

BPR 要求一定的授权，将决策关键点置于业务流程执行处，这就要求业务处理流程上的人员具备一定的素质，并强调团队与沟通协作精神。

（5）面向企业的供应链整合业务流程。

随着全球化经济化的到来，现在企业的竞争不再是企业与企业的竞争，而是一个企业的供应链与另一个企业供应链间的竞争，这要求企业在实施 BPR 时不仅要考虑企业内部的业务处理流程，还要对客户、零售商、分销商、企业自身与供应商一起组成的整个供应链的业务流程进行重新设计。

（6）利用先进的信息技术手段协调分散与集中的矛盾。

在设计和优化企业的业务流程时，要尽可能利用信息技术手段实现信息的一次处理与共享使用机制，将串行工作流程改造为并行工作流程，协调分散与集中之间的矛盾。

13.2.2 BPR 的过程

企业业务流程再造要求企业上上下下必须彻底改变原有的思想观念，重新构造企业的管理流程和管理组织。这种彻底性的改变必须遵循科学的方法，同时与企业实际、市场情况相结合。业务流程再造应该分阶段不断改进、不断提升，是一个螺旋式上升的过程。成功的 BPR 实施可以分为 6 个步骤。

（1）分析现状，建立企业愿景和战略目标

① 评估企业现状。

② 分析企业需要在哪些方面改变。

③ 实施 BPR 后的情况如何，是否符合企业愿景与战略目标。

④ 由高层、中层到底层发动员工，理解 BPR，支持 BPR。

（2）设立流程重组部门，确定业务流程重组的方向

① 建立实施工作组，确定工作组的职责和任务。

② 挑选人员：公司选派一名高层领导负责管理项目的实施，同时聘请一位 BPR 专家参与管理，吸收高层管理人员，并要求其投入 20%～50%的时间与精力参与实施。

③ 选择实施 BPR 有代表性的试点单位。

（3）理解现有流程，识别流程关键环节与瓶颈

① 确定核心流程。

② 寻找潜在的实施支持者。

③ 为业务流程建立模型。

④ 评估当前企业战略、顾客需求。

⑤ 识别流程瓶颈与不合理之处。

（4）制订业务流程整合方案

① 确定流程改进余地最大的部分。

② 确定对公司战略和顾客需求起重要作用的关键流程。

③ 基于企业未来战略，规划企业新流程目标。

④ 比较新旧流程，认识实施重组的障碍与所需资源要素。

⑤ 采取头脑风暴、专家咨询等方法形成系统整合方案。

⑥ 为新的流程建模，产生系统的蓝图。

（5）蓝图实施与变革管理

① 制订实施策略与具体计划。

② 组建新的组织机构，设定员工任务与职责。

③ 新流程与新技术的培训。

④ 分阶段控制与动态调整。

⑤ 评估新流程的绩效。

（6）企业文化的塑造与持续改进

持续改进应被称为公司企业文化的一个重要部分。在 BPR 过程中应注意，BPR 不仅仅是工作方式的改变，不仅要关注任务与过程，也要关注人，防止人们热情耗尽；借助企业建模技术与方法论，处理复杂问题，集成流程、信息等，借助过程建模工具对过程进行建档，实现过程的知识管理；跟踪 BPR 项目实施进展情况，激励体系应包括流程改进的目标与指标。不能将 BPR 视作包治百病的“魔方”；在彻底的重新设计后，导致人员精简时，应注意防止大量宝贵经验的流失。表 13-1 列出了 248 家企业在业务重组工程的不同阶段所开展的工作。

表 13-1　248 家企业在业务重组工程的不同阶段所开展的工作

阶段	相关活动
计划和启动	• 识别准备变革的关键业务并评估如果不进行变革产生的结果 • 识别重组的关键流程 • 任命高级主管并成立专门委员会 • 获得高层经理人员对业务重组项目的支持 • 准备一份项目计划书：定义项目范围，确定可以量化的目标，精心挑选实施方法设计详细的项目进度计划 • 与高层经理人员在项目的目标和范围上取得一致 • 精心挑选业务重组小组 • 精心挑选咨询顾问或外部专家 • 排除会议干扰 • 向小组主管传达项目目标，并开始与（企业）组织进行沟通 • 训练业务重组小组 • 开始（业务）变更管理行动并有一个精心准备的沟通（交流）计划
调查研究及发现	• 对其他公司进行基础性的研究 • 通过与客户面谈，核心小组识别当前需求及未来需求 • 与雇员及经理人员交流，以了解业务实际并通过头脑风暴法获得业务变更的灵感 • 研究相关著作及杂志，以了解行业发展趋势并寻找最佳实践方法 • 在一个较高的层次记录“As-Is”流程及相关数据，寻找差距 • 回顾技术改造及可选项 • 与委员会主管及关键的高级经理交流 • 深入现场或参加学术交流 • 从外部专家和咨询顾问获取有用的信息
设计	• 创新设想（头脑风暴法，灵机一动），创造性思维 • 进行“如果……那么……”设想，吸取其他公司的成功经验 • 由该领域专家形成 3～5 个模型，吸收不同模型的长处形成综合模型 • 建立理想的流程场景 • 定义新的流程模型并用流程图描述这些流程 • 设计与新流程适应的组织结构模型 • 定义技术需求，选择能够支持新流程的平台 • 将短期成果与长期效益分开
审批	• 代价与收益分析报告，明确投资回报 • 对客户及雇员影响的评估，对竞争地位变化的评估 • 为高级经理人准备实际案例 • 争取评估会，以向委员会和高级经理人展示并获得批准（项目实施）
实施	• 业务流程及组织模型的详细设计，详细定义新的任务角色 • 开发支撑系统 • 实施导航方案及小范围的实验 • 与员工就新的方案进行沟通，制订并实施变更管理计划 • 制订阶段性实施计划并实施 • 制订新业务流程和系统的培训计划并对员工进行培训
后续工作	• 定义关键的衡量标准以进行周期性地评估 • 评估新流程的效果 • 对新流程实施持续改进方案 • 向委员会和高层经理人员发表最终报告，以获得许可

13.3 ERP 与 BPR 的关系

企业实施业务流程重组和应用 ERP 系统，本是毫无关联的两件事，一是关注管理思想，一是关注技术手段。BPR 的提出是管理领域的最新成果，其本身与 ERP 系统的应用并没有直接的关联关系。早期的 ERP 或者是 MRP II 实施时也没有进行过业务流程重组。ERP 实施未必一定要进行 BPR，但两者从不同的方向推动企业管理水平的提升，而最终发展的结果是两者紧密结合，互为促进。同理，进行 BPR 也可以不采用 ERP 系统实施，但是在通常的 BPR 项目中，信息系统作为一个重要手段起到了一种催化剂的作用；在 BPR 实施过程中，不考虑信息系统的应用一般难以达到对管理业绩的预期改善目标。

第一，ERP 软件的实施背景要求企业进行相应的业务流程重组。ERP 实施通常耗资巨大，动辄上百万甚至上千万，是一项涉及企业从高层领导至低层业务人员各个方面的系统工程。对于这样一个庞大的项目，企业内部人员大多不具备 ERP 的实施经验，对 ERP 所蕴含的管理思想没有足够的认识；并且企业内部人员往往忽略或未意识到企业中存在的问题，对企业的需求不能清晰地定义和描述，所以在这种情况下，必须有相关的管理咨询人员的帮助，来进行企业业务流程的优化与重组，才能够顺利的推进 ERP。可见，没有 BPR，就无法发挥 ERP 系统的先进性与科学性。

第二，ERP 软件的功能实现要求企业必须进行一定的业务流程重组。ERP 软件的应用改变了我们传统的经营管理方式，产品内部蕴含着各种先进的、科学的管理模式与管理流程，具体通过各种参数的不同配置来满足不同企业的需求。它将企业的经营管理活动按照其功能分为了制造、分销、财务以及人力资源管理等几大模块，它们的功能实现无疑要求企业对原有的组织、机构、人员设置、工作流程进行重新的安排，以保证 ERP 功能的实现。

第三，ERP 软件的应用要求企业实施业务流程重组。从根本上来讲，企业应用 ERP 的目的在于改善企业经营管理，提高企业经济效益。这样的一个最终目的就必然要求企业能够借助于 ERP 在企业中的实施应用，不断地优化它的业务流程，使整个经营活动更加符合科学管理的要求。因为对任何企业来说，在它现有的业务流程中都会存在着一些不合理的地方，如果不能够首先对这些不合理的流程进行彻底改造，而仅仅是盲目地讲原有的业务流程通过 ERP 软件的实施进行自动化转变，则 ERP 实施的效果可想而知。因为利用 ERP 系统使复杂或者不产生价值的流程自动化并不能提高生产力或提高业绩，只会导致低效的流程和浪费。

表 13-2 从 3 个角度列出了 BPR 与 ERP 的关系。

表 13-2　从不同角度看 BPR 与 ERP 的关系

不同角度	BPR 与 ERP 的关系
从业务流程看 BPR 与 ERP 的关系	• BPR 侧重企业的业务流程，但在业务流程重组的过程中必然牵连到其他流程 • ERP 侧重企业的信息流程，而信息流本来就是其他 4 种流程的反映 • BPR 必须借助信息技术，ERP 只有在有效的 BPR 中才能取得成功

续表

不同角度	BPR 与 ERP 的关系
从目标看 BPR 与 ERP 的关系	• ERP 和 BPR 的目标都是为了使企业的经营效益（或者说绩效标准）有明显的改善 • ERP 和 BPR 目标的一致性决定了二者同时实施的可能性，也决定了二者相辅相成的关系 • ERP 和 BPR 的提出是当今市场竞争日益加剧的必然结果
从实施过程看 BPR 与 ERP 的关系	• ERP 和 BPR 的实施都是一种系统工程 • ERP 和 BPR 的实施都要求企业高层领导的参与 • ERP 和 BPR 的实施虽然有各自的实施方法学，但二者有许多共通之处 • ERP 的实施要求企业管理工作的规范化、业务流程的合理化、系统运行的集成化 • BPR 的实施要靠信息技术简化业务流程，并且其实施过程越来越需要工作流管理系统、动态企业建模等 ERP 中的工具的支持

综上所述，实施 ERP 本身就融合了业务流程重组理论，BPR 与 ERP 实施的集成应用带有一定的必然性。通过将 BPR 和 ERP 实施的集成，既减少了 BPR 单独实施中的盲目性，也为 ERP 实施带来了指导理念，同时也将整个实施周期大大缩短，从而使整个项目取得成功的概率大大提高。

13.4 BPR 的方法

我们将各种 BPR 方法分为两大类。

（1）系统化改造法——辨析理解现有流程，系统地在现有流程基础上创建提供所需产出的新流程。

（2）全新设计法——从根本上重新考虑产品或服务的提供方式，零起点设计新流程。

一般来说，系统化改造方式最常用于短期绩效改进，而全新设计方式则被公司用于开拓中长期的竞争新途径。虽然初期也会有显著的改善，但系统化改造更强调随着时间推移不断地大量渐进变革。全新设计则是激进大变的同义语，目标流程往往同过去联系不大。因此，这种方式通常能够带来绩效的飞跃式进步。但是取得这种进步的风险很大。

1．系统化改造

这种方式的优点在于，改变可以逐渐地一点一点地积累实现，因此能够迅速取得收效，并且风险较低，对正常运营干扰小。缺点是仍然以现有流程为基础，创新流程虽然不是不可能，但与全新设计方式相比，更不大容易实现。不过，当在大范围基础上应用时，这种渐进方式的确能够产生显著的步进式绩效改善，此种情形我们称之为“大规模渐进改善”。许多欧洲汽车配件厂商转向为本田、丰田、日产等公司供货后，通过在企业中引入 HT 方法，生产率和质量都取得了很大改观。这些公司多数经历的都是大规模渐进改善，通过实行上百个小变革，积累而成显著的绩效改善。这些公司不仅改进了绩效，而且通过坚持持续改进的思想，保持了不自满、不丧失竞争锐气的态度。

2．全新设计

这种方式的优点是抛开现有流程中所隐含的全部假设，从根本上重新思考企业开展业务的方式。这种方式提供了绩效飞跃的可能性，使得所求结果成倍地改变。为了使目标得到几倍甚至几十倍的改进，必须以完全不同的方式做事。“全新设计”将从目标开始，逐步倒推，设计能够达到要求的流程。除了得到全新的流程外，这种方式还会带来改变产品的结果。

组织采取“全新设计”方式的原因，可能是由于企业认为已经到达“转折点”状态，也可能是由于他们先前采取系统化改造方式的再造努力未能成功地取得显著的绩效改善。全新设计方式的主要缺点是实现所要求的组织变革即便不是不可能，也会是相当困难的。总的来说，这种方式的风险高，组织经历的痛苦深，对正常运行干扰大。许多采用过这种方式的组织发现，实施阶段最大的问题是新流程与现有流程的差别非常之大，使得工人难以适应。如果没做好认真仔细的准备或者管理部门不够坚定，工人可能会拒绝使用新方法。有时公司可能还会决定建立新的部门或经营机构，而不是在现有组织内进行变革。

新流程设计好以后，对实施前后的流程还都可以遵循持续改进的原则，用系统化改造方法进行改善，从而获得收效。上述“新开场地”做法的特点体现在对持续改善的应诺上。

13.4.1 系统化改造现有流程

从理论上讲，所有组织的最终目的都应该是它的一切活动都要以某种方式为顾客“增加价值”。重新设计现有流程的重点就是消除非增值活动和调整核心增值活动，其基本规律可以概括为用ESIA代表的4个字：

（1）清除（eliminate）；

（2）简化（simply）；

（3）整合（integrate）；

（4）自动化（automate）。

1．清除非增值活动

在那些刚刚引入流程观念的地方，经常会发现大量的非增值活动。工作方法是年复一年地逐渐演化而来的，在职能分割的环境下，很少有人能看到浪费的存在。以下是可能存在非增值活动的环节：

（1）过量生产/过度供应；

（2）等待时间；

（3）运输、转移和移动；

（4）加工处理；

（5）库存与文牍；

（6）缺陷、故障与返工；

（7）重复任务；

（8）信息格式宣排或转换；

（9）检验、监视和控制；

（10）协调。

对于流程的每一点，团队都应该考察它对服务任务有什么贡献。通过分析，团队往往会吃惊地发现，流程的不增值步骤以及想当然应该存在的步骤的数目竟会如此多之。清除非增值活动是所有系统化改造的首要目标。如何消除或最小化这些活动，同时不会给流程带来负面影响，是重新设计要解决的主要问题。

2．简化必要活动

在尽可能清除了非必要性任务之后，对于剩下的活动应该进行简化。搜寻过分复杂活动可以从具有下述特点的领域中开始，如表 13-3 所示。

表 13-3　企业中可简化的复杂活动

复杂活动	简化原则
表格	重新设计表格，使之易于填写，不易出错
程序	简化某些行政工作的程序
沟通	重新设计沟通语言，尽量简单明了
技术	保证技术适合于所执行的任务是绝对必要的。低技术能解决问题的地方一定不要用高技术
流	确保所有流程都自然流畅有序
流程	通过找出何时流程开始面对不同的产品或市场，可以对流程进行简化和调整。按照顾客群分割流程，形成最适用于特定顾客群的活动分支，可以使每个具体情况下的流程都更为简单
问题区域	向你的员工、顾客以及你的供应商请教他们看到存在什么问题。通常存在问题意味着有些事物过分复杂或没有想透，因此是进一步简化的机会

3．任务整合

经过简化的任务应该进行整合，使其流畅、连贯，以满足顾客需求，实现服务任务。如表 13-4 所示。

表 13-4　整合简化的任务

任务	整合原则
工作	有时把几项工作合而为一是可能的。赋权一个人完成一系列简单任务，而不是将这些任务分别交给几个人，可以大大加快组织里的韧流和信息流速度
团队	合并专家，组成团队是合并任务逻辑上的延伸。团队可以完成单个成员无法承担的系列活动
顾客	顾客整合可以从两个主要的层次上考虑：单个顾客的整合和顾客组织的整合
供应商	通过消除组织和供应商之间那些不必要的官僚手续，可以极大地提高效率

4．流程任务自动化

信息技术可能会成为加速流程和提高顾客服务质量的强大工具。如果用基础扎实的流程，信息技术能够大大增强它的能力。但是如果流程存在问题，那么自动化只会使事情变得更糟。因此，要在做好对流程任务的清除、简化和整合基础上应用自动化是十分重要的。进入自动化阶段后，可能还会需要返回前面的阶段，进一步清除、简化或整合流程。在有些情况下，流程某些部分的自动化在开始就能预见到。许多以电话为基础的业务都要依靠信息技术向服务员工提供必要的顾客和产品细节，以便能够准确快速地完成服务。显然，在这些流程的再造过程中，IT 技术将是重要的被考虑因素。以下是实施自动化时首要考虑的工作。

（1）脏活、难活、险活。

（2）乏味工作。

（3）数据采集。

（4）数据传送工作。

（5）数据分析。

取得了对流程的理解之后，最好依次针对 ESIA 的每个方面列出有可能改进的内容清单。鼓励任何人提出任何问题，而不限定建议的范围，甚至允许对流程存在的必要性和流程对企业的贡献提出质疑。

13.4.2 全新设计新流程

从根本上说，全新设计就是要回答下述基本问题。

（1）什么是我们要满足的需求，都是谁的需求。

（2）为什么我们要满足这些需求，这个目标同组织的战略一致吗。

（3）何处需要我们提供满足需求的服务，顾客家里、商业区里，还是别的地方。

（4）何时需要我们满足这些需求，我们在什么时间范围经营。

（5）如何实现上述各项任务，需要什么流程，谁来运营这些流程，有哪些增强流程和人员绩效的技术机会。

由于负责设计新流程的人员多半来自现有组织，因此进行流程、人员及技术的设计时，在充分理解服务任务的基础上，团队的创造性和创新性就尤其重要了。

下面是几个关键的问题。

（1）作为竞争对手应该怎么做。

（2）理想的流程应该是什么样的。

（3）如果新建一个组织，应该是什么样的。

企业可以采取以下步骤来进行流程的全新设计。

步骤一：从高层次理解现有流程。

这里没有必要像系统化改造方式那样了解所有细节，但是必须找出所有核心流程，通常会有 6～8 个核心流程。在结束这一阶段之前，应该分析每个流程的关键步骤。这个阶段的工作还包括对现有流程的产出结果的分析。

步骤二：标杆瞄准、集思广益和奇思幻想。

这是一个有乐趣的阶段，也是十分重要的阶段。标杆瞄准在前面曾经讨论过，它对于发现不同的工作方式非常有用，但是要注意不能以此作为工作的终结。集思广益和奇思幻想，特别是从顾客的角度出发的思考，是产生新思路的好途径。不要过快地放弃提出的各种思路，对于那些潜力很大的，应该进行深入研究。

步骤三：流程设计。

在这一阶段，要对集思广益出来的流程思路的细节进行探讨。由于不以现有流程设计为基础，这些思路可能真的是“全新设计”。流程设计是个反复迭代的过程，流程、人员和技术的考虑都要经过多次检讨。在将思路转变成设计的过程中，非常重要的是要坚持“全新设计”的立场，对“服务任务”进行深入到一定细节的考虑，对人力资源能力进行包括新的工作方式的考虑，以及对技术能力和标杆瞄准进行考虑，以确保不会回到传统的做事方式。所有这些考虑一方面构成对设计者的约束，另一方面也是对新的可能性的提示。虽然最后一轮迭代时，设计必须满足这些约束，但是，在设计过程中对它们进行充分的检讨和在允许情况下的舍弃是至关重要的。

步骤四：检验。

新流程设计出来之后，应该通过模拟它在现实中的运行，对设计进行检验。这里并不是说任何一个可能的意外事件都可以用来宣告流程失效，只要流程能够处理好大多数事例，这些意外事件完全可以作为特例单独处理。流程图是一个描述新流程的理想手段，且可以用来辅助流程的整体建造。应该在这个新流程上应用 ESIA 规则，以便保证在它是有效、高效、应变意义下提供所需结果的最佳选择，而不仅是描绘现有流程的工具。

课堂讨论题

1. 如何理解 BRP 的“根本性”“彻底性”“显著性”和“流程”？
2. ERP 与 BRP 的关系如何?

思考题

1. 什么是 BPR?
2. BPR 的实施步骤是什么?
3. BPR 的设计有哪几种方法？各自有何特点?

第14章　供应链管理

核心要点

- 供应链的概念
- 供应链管理的概念
- 供应链管理的主要思想

学习目标

通过本章的学习，读者应该能够掌握供应链及供应链管理的概念，了解供应链管理的主要思想及意义。

14.1　什么是供应链和供应链管理

14.1.1　什么是供应链

由于现代经济全球化的到来，市场竞争出现了白热化状况，客户需求多样化，各种企业均意识到成本降低的最大出路是要寻求供应商、制造商、客户成本的共同降低，只有这样，产品价格才会下降，市场竞争力才会增强，企业才有出路。从上游供应商到下游客户，他们共同的愿望是加强相互之间的联系，组成链接关系，将从上游到下游所有各接触点上的供应商、制造商、分销商、零售商、消费者组成一条功能网链的结构模型，以便更好地控制信息流、物流、资金流和商业流。

从以上发展过程可以了解供应链的基本概念，即在产品加工和流通过程中，供应商、制造商、分销商、零售商和消费者组成的功能网络结构模式称为供应链（supply chain），如图14-1所示。

供应链又称需求链，因为它是企业之间为满足消费者的需求而进行的业务上的联合。上游为其下游供应物料，下游对上游产生物流需求。

供应链还被称为增值链，这是因为从原材料加工，产品流通，直至产品送到消费者手中的过程，这根链延伸至供应商的供应商、客户的客户，各相关企业可以提供附加的增值产品和增值服务，为供应链增加了价值。例如物料经过包装外观美化而增加了价值。在价值链中，关键活动是安排价值群体中的角色，然后由不同的经济角色来创造价值。

供应链的发展经历了初期的单纯企业内部供应链，发展为集成供应链，其包含企业内部供应链，以及围绕核心企业包括上游供应商的供应商、下游客户的客户的供应链。

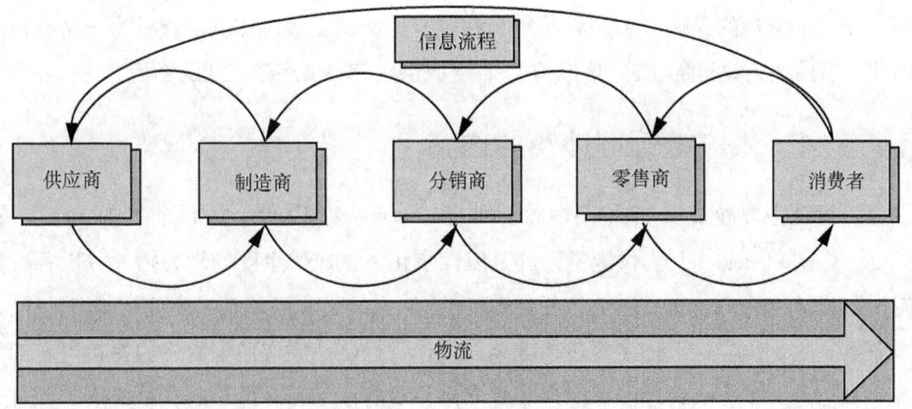

图 14-1 供应链

14.1.2 供应链的流通过程

供应链中存在 4 种流程，分别是物流、商流、信息流和资金流。

1．物流

物流的流通过程是发送货物的程序，起点为供应商而终点为消费者。在物流的流通过程中，要做到时间短而成本低。这是一种单向流。

2．商流

商流是交易的流通过程，它是接受订货、签订合同等的程序。在商流的流通过程中，要求流通形式多元化。这是在供应商与消费者之间的双向流。

3．信息流

信息流是商品信息及交易信息的流通过程，它是一个从订货至发货信息流通的程序。在信息流的流通过程中，要能建立一个完备的信息系统。这是在供应商与消费者之间的双向流。

4．资金流

资金流是货币的流通过程，是资金回收的程序。在资金流的流通过程中，要求资金流畅通无阻。这是消费者至供应商的单向流。

14.1.3 什么是供应链管理

供应链管理就是指对整个供应链系统进行计划、协调、操作、控制和优化的各种活动和过程，其目标是要将顾客所需要的正确的产品（right product），能够在正确的时间（right time），按照正确的数量（right quantity）、正确的质量（right quality）和正确的状态（right status）送到正确的地点（right place），即“6R”，并使总成本最小。

现代的供应链管理要对供应商、制造商、分销商、零售商到客户所构成网络中的物流、信息流、资金流进行管理，计划和协调与这三流相关的所有活动，使其成为一个无缝的过程。有效的供应链管理要求面对市场迅速协调供应链上各节点企业的所有活动，提高产品或服务的质量、提高客户满意程度并降低成本。

由此可见，现代供应链管理是一种集成的管理思想和方法，它把供应链上的各个企业连接起来，使它们分担的采购、生产和销售等各项职能协调发展，使供应链成为一个有机的整体。由此，以前在企业与企业之间的竞争，将变成供应链与供应链之间的竞争。

14.1.4 供应链管理涉及的内容

供应链管理主要涉及 4 个主要内容：供应（supply）、生产计划（schedule plan）、物流（logistics）、需求（demand）。供应链管理是以同步化、集成化生产计划为指导，以各种技术为支持，尤其以 Internet/Intranet 为依托，围绕供应、生产作业、物流（主要指制造过程）、满足需求来实施的。供应链管理主要包括计划、合作，控制从供应商到用户的物料（零部件和成品等）和信息。供应链管理的目标在于提高用户服务水平和降低总的交易成本，并且寻求两个目标之间的平衡（这两个目标往往有冲突）。

在以上供应链管理的 4 个主要内容的基础上，我们可以将供应链管理细分为职能领域和辅助领域。职能领域主要包括产品工程、产品技术保证、采购、生产控制、库存控制、仓储管理、分销管理。而辅助领域主要包括客户服务、制造、设计工程、会计核算、人力资源、市场营销。由此可见，供应链管理关心的并不仅仅是物料实体在供应链中的流动，除了企业内部与企业之间的运输问题和实物分销以外，供应链管理还包括以下主要内容。

（1）战略性供应商和用户合作伙伴关系管理。

（2）供应链产品需求预测和计划。

（3）供应链的设计（全球节点企业、资源、设备等的评价、选择和定位）。

（4）企业内部与企业之间物料供应与需求管理。

（5）基于供应链管理的产品设计与制造管理，生产集成化计划、跟踪和控制。

（6）基于供应链的用户服务和物流（运输、库存、包装等）管理。

（7）企业间资金流管理（汇率、成本等问题）。

（8）基于 Internet/Intranet 的供应链交互信息管理等。

14.2 供应链管理的主要特点

供应链管理是一种先进的管理理念，它的先进性体现在是以顾客和最终消费者为经营导向，以满足顾客和消费者的最终期望来生产和供应。除此之外，供应链管理还有以下几个特点。

第一，供应链管理把所有节点企业看作一个整体，实现全过程的战略管理。传统的管理模式往往以企业的职能部门为基础，但由于各企业之间以及企业内部职能部门之间的性质、目标不同，造成相互的矛盾和利益冲突，各企业之间以及企业内部职能部门之间无法完全发挥其职能效率，因而很难实现整体目标。

供应链是由供应商、制造商、分销商、销售商、客户和服务商组成的网状结构。链中各环节不是彼此分割的，而是环环相扣的一个有机整体。供应链管理把物流、信息流、资金流、业务流和价值流的管理贯穿于供应链的全过程。它覆盖了整个物流，从原材料和零部件的采购与供应、产品制造、运输与仓储到销售各种职能领域。它要求各节点企业之间实现信息共享、风险共担、利益共存，并从战略的高度认识供应链管理的重要性和必要性，从而真正实现整体的有效管理。

第二，供应链管理是一种集成化的管理模式。供应链管理的关键是采用集成的思想和方法，它是一种从供应商开始，经由制造商、分销商、零售商，直到最终客户的全要素、全过程的集成化管理模式，是一种新的管理策略。它把不同的企业集成起来以增加整个供应链的效率，注重的是企业之间的合作，以达到全局最优。

第三，供应链管理提出了全新的库存观念。传统的库存思想认为：库存是维系生产与销售的必要措施，是一种必要的成本。供应链管理使企业与其上下游企业之间在不同的市场环境下实现了库存的转移，降低了企业的库存成本。这也要求供应链上的各个企业成员建立战略合作关系，通过快速反应降低库存总成本。

第四，供应链管理以最终客户为中心，这也是供应链管理的经营导向。无论构成供应链的节点的企业数量多少，也无论供应链节点企业的类型、层次有多少，供应链的形成都是以客户和最终消费者的需求为导向的。正是由于有了客户和最终消费者的需求，才有了供应链的存在，而且，也只有让客户和最终消费者的需求得到满足，才能有供应链的更大发展。

通过对供应链管理的概念与特点的分析，我们可以知道：相对于旧的依赖自然资源、资金和新产品技术的传统管理模式，以最终客户为中心，将客户服务、客户满意、客户成功作为管理出发点的供应链管理的确具有多方面的优势。但是由于供应链是一种网状结构，一旦某一局部出现问题，会马上扩散到全局，所以在供应链管理的运作过程中就要求各个企业成员对市场信息的收集与反馈要及时、准确，以做到快速反应，降低企业损失。而要做到这些，供应链管理还要有先进的信息系统和强大的信息技术作为支撑。

14.3 供应链管理的 8 大管理原理

1．资源横向集成原理

资源横向集成原理揭示的是新经济形势下的一种新思维。该原理认为：在经济全球化迅速发展的今天，企业仅靠原有的管理模式和自己有限的资源，已经不能满足快速变化的市场对企业所提出的要求。企业必须放弃传统的基于纵向思维的管理模式，朝着新型的基于横向思维的管理模式转变。企业必须横向集成外部相关企业的资源，形成“强强联合，优势互补”的战略联盟，结成利益共同体去参与市场竞争，以实现提高服务质量的同时降低成本，快速响应顾客需求的同时给予顾客更多选择的目的。

不同的思维方式对应着不同的管理模式以及不同的企业发展战略。纵向思维对应的是“纵向一体化”的管理模式，企业的发展战略是纵向扩展；横向思维对应的是“横向一体化”的管理模式，企业的发展战略是横向联盟。该原理强调的是优势资源的横向集成，即供应链各节点企业均以其能够产生竞争优势的资源来参与供应链的资源集成，在供应链中以其优势业务的完成来参与供应链的整体运作。

2．系统原理

系统原理认为，供应链是一个系统，是由相互作用、相互依赖的若干组成部分结合而成的具有特定功能的有机整体。供应链是围绕核心企业，通过对信息流、物流、资金流的控制，把供应商、制造商、分销商、零售商直到最终用户连成一个整体的功能网链结构模式。

供应链的系统特征第一体现在其整体功能上，这一整体功能是组成供应链的任一成员企业都不具有的特定功能，是供应链合作伙伴间的功能集成，而不是简单叠加。供应链系统的整体功能集中表现在供应链的综合竞争能力上，这种综合竞争能力也是任何一个单独的供应链成员企业都不具有的。第二，供应链的系统特征体现在其目的性上。供应链系统有着明确的目的，这就是在复杂多变的竞争环境下，以最低的成本、最快的速度、最好的质量为用户提供最满意的产品和服务，通过不断提高用户的满意度来赢得市场。这一目的也是供应链各成员企业的共同目的。第三，其特征体现在供应链合作伙伴间的密切关系上，这种关系是基于共同利益的合作伙伴关系，供应链系统目的的实现，受益的不只是一家企业，而是一个企业群体。因此，各成员企业均应具有局部利益服从整体利益的系统观念。第四，体现在供应链系统的环境适应性上。在经济全球化迅速发展的今天，企业面对的是一个迅速变化的买方市场，这要求企业能对不断变化的市场做出快速反应，不断地开发出符合用户需求的、定制的“个体化产品”去占领市场以赢得竞争。新型供应链（有别于传统的局部供应链）以及供应链管理就是为了适应这一新的竞争环境而产生的。第五，体现在供应链系统的层次性上，供应链各成员企业分别自成系统，同时也是供应链系统的组成部分；供应链是一个系统，同时也是它所从属的更大系统的组成部分。从系统层次性的角度来理解，相对于传统的基于单个企业的管理模式而言，供应链管理是一种针对更大系统（企业群）的管理模式。

3．多赢互惠原理

多赢互惠原理认为，供应链是相关企业为了适应新的竞争环境而组成的一个利益共同体，其密切合作是建立在共同利益的基础之上，供应链各成员企业之间是通过一种协商机制，谋求一种多赢互惠的目标。供应链管理改变了企业的竞争方式，将企业之间的竞争转变为供应链之间的竞争，强调核心企业通过与供应链中的上下游企业之间建立战略伙伴关系，以强强联合的方式，使每个企业都发挥各自的优势，在价值增值链上达到多赢互惠的效果。

供应链管理在许多方面都体现了多赢互惠的思想。例如，供应链中的“需求放大效应”使得上游企业所获得的需求信息与实际消费市场中的顾客需求信息存在很大的偏差，上游企业不得不维持比下游企业更高的库存水平。需求放大效应是需求信息扭曲的结果，供应链企业之间的高库存现象会给供应链的系统运作带来许多问题，不符合供应链系统整体最优的原则。为了解决这一问题，近年来在国外出现了一种新的供应链库存管理方法——供应商管理用户库存（VMI），这种库存管理策略打破了传统的各自为政的库存管理模式，体现了供应链的集成化管理思想，其结果是降低了供应链整体的库存成本，提高了供应链的整体效益，实现了供应链合作企业间的多赢互惠。再如，在供应链相邻节点企业之间，传统的供需关系是以价格驱动的竞争关系，而在供应链管理环境下，则是一种合作性的双赢关系。

4．合作共享原理

合作共享原理具有两层含义，一是合作，二是共享。合作原理认为：由于任何企业所拥有的资源都是有限的，企业不可能在所有的业务领域都获得竞争优势，因而要想在竞争中获胜，企业就必须将有限的资源集中在核心业务上。与此同时，企业必须与全球范围内在某一方面具有竞争优势的相关企业建立紧密的战略合作关系，将本企业中的非核心业务交由合作企业来完成，充分发挥各自独特的竞争优势，从而提高供应链系统整体的竞争能力。共享原理认为：实施供应链合作关系意味着管理思想与方法的共享、资源的共享、市场机会的共享、信息的共享、先进技术的共享以及风险的共担。

信息共享是实现供应链管理的基础，准确可靠的信息可以帮助企业做出正确的决策。供应链的协调运行建立在各个节点企业高质量的信息传递与共享的基础之上，信息技术的应用有效地推动了供应链管理的发展，它可以节省时间和提高企业信息交换的准确性，减少了在复杂、重复工作中的人为错误，因而减少了由于失误而导致的时间浪费和经济损失，提高了供应链管理的运行效率。共享信息的增加对供应链管理是非常重要的。由于可以做到共享信息，供应链上任何节点的企业都能及时地掌握到市场的需求信息和整个供应链的运行情况，每个环节的物流信息都能透明地与其他环节进行交流与共享，从而避免了需求信息的失真现象，消除了需求信息的扭曲放大效应。

5．需求驱动原理

需求驱动原理认为：供应链的形成、存在、重构，都是基于一定的市场需求而发生的，并且在供应链的运作过程中，用户的需求是供应链中信息流、产品/服务流、资金流运作的驱动源。在供应链管理模式下，供应链的运作是以订单驱动方式进行的，商品采购订单是在用户需求订单的驱动下产生的，然后商品采购订单驱动产品制造订单，产品制造订单又驱动原材料（零部件）采购订单，原材料（零部件）采购订单再驱动供应商。这种逐级驱动的订单驱动模式，使供应链系统得以准时响应用户的需求，从而降低了库存成本，提高了物流的速度和库存周转率。

基于需求驱动原理的供应链运作模式是一种逆向拉动运作模式，与传统的推动式运作模式有着本质的区别。推动式运作模式以制造商为中心，驱动力来源于制造商，而拉动式运作模式是以用户为中心，驱动力来源于最终用户。两种不同的运作模式分别适用于不同的市场环境，有着不同的运作效果。不同的运作模式反映了不同的经营理念，由推动式运作模式向拉动式运作模式的转变，反映的是企业所处环境的巨变和管理者思想认识上的重大转变，反映的是经营理念从“以生产为中心”向“以顾客为中心”的转变。

6．快速响应原理

快速响应原理认为：在全球经济一体化的大背景下，随着市场竞争的不断加剧，经济活动的节奏也越来越快，用户在时间方面的要求也越来越高。用户不但要求企业要按时交货，而且要求的交货期越来越短。因此，企业必须能对不断变化的市场做出快速反应，必须要有很强的产品开发能力和快速组织产品生产的能力，源源不断地开发出满足用户多样化需求的、定制的“个性化产品”去占领市场，以赢得竞争。

在当前的市场环境里，一切都要求能够快速响应用户需求，而要达到这一目的，仅靠一个企业的努力是不够的。供应链具有灵活快速响应市场的能力，通过各节点企业业务流程的快速组合，加快了对用户需求变化的反应速度。供应链管理强调准时，即准时采购、准时生产、准时配送，强调供应商的选择应少而精，强调信息技术应用等，均体现了快速响应用户需求的思想。

7．同步运作原理

同步运作原理认为：供应链是由不同企业组成的功能网络，其成员企业之间的合作关系存在着多种类型，供应链系统运行业绩的好坏取决于供应链合作伙伴关系是否和谐，只有和谐而协调的关系才能发挥最佳的效能。供应链管理的关键就在于供应链上各节点企业之间的联合与合作，以及相互之间在各方面良好的协调。

供应链的同步化运作，要求供应链各成员企业之间通过同步化的生产计划来解决生产的同步化问题，只有供应链各成员企业之间以及企业内部各部门之间保持步调一致时，供应链的同步化运作才能实现。供应链形成的准时生产系统，要求上游企业准时为下游企业提供必需的原材料（零部件），如果供应链中任何一个企业不能准时交货，都会导致供应链系统的不稳定或者运作的中断，导致供应链系统对用户的响应能力下降，因此保持供应链各成员企业之间生产节奏的一致性是非常重要的。

协调是供应链管理的核心内容之一。信息的准确无误、畅通无阻，是实现供应链系统同步化运作的关键。要实现供应链系统的同步化运作，需要建立一种供应链的协调机制，使信息能够畅通地在供应链中传递，从而减少因信息失真而导致的过量生产和过量库存，使整个供应链系统的运作能够与顾客的需求步调一致，同步化响应市场需求的变化。

8．动态重构原理

动态重构原理认为：供应链是动态的、可重构的。供应链是在一定的时期内针对某一市场机会，为了适应某一市场需求而形成的，具有一定的生命周期。当市场环境和用户需求发生较大的变化时，围绕着核心企业的供应链必须能够快速响应，能够进行动态快速重构。

市场机遇、合作伙伴选择、核心资源集成、业务流程重组以及敏捷性等是供应链动态重构的主要因素。从发展趋势来看，组建基于供应链的虚拟企业将是供应链动态快速重构的核心内容。

14.4 供应链管理的意义

供应链管理具有以下意义。

（1）供应链管理能减少从原材料供应商供应到销售终端的物流流通时间。

供应链上的企业通过对消费者需求做出快速反应，实现供应链各环节即时出售、即时生产（JIT）、即时供应，也就是在需求信息获取和随后所做出的反应尽量接近实时及最终用户，将消费者需求的消费前置时间降低到最低限度。要实现这一点，必须通过供应链的企业共享信息，全方位对上下游市场信息做出快速反应，共同对外营造一种群体氛围，将消费者所需要的产品按需求生产出来，并及时送到消费者手中。

（2）供应链管理可减少社会库存，降低成本。

供应链通过整体合作和协调，在加快物流速度的同时，也减少了各个环节上的库存量，避免了许多不必要的库存成本的消耗。如果没有供应链上的集成化管理，链上的企业就会只管理它自己的库存，以这种方式来防备由于链中其他组织的独立行动而给本组织带来的不确定性。由于在一条链上的各个界面都存在不确定因素，又缺乏必要的沟通和合作，所以需要重复的库存。而在供应链的集成化管理中，较少的库存会带来减少资金占用量、削减库存管理费用的结果，从而降低成本。另外，供应链的形成消除了非供应链合作关系中上下游之间的成本转嫁，从整体意义上降低了各自的成本，使得企业将更多的周转资金用于产品的研制和市场开发等，以保证企业获得长期发展。

（3）供应链管理可提高产品质量。

供应链中每一个被选择的伙伴对某项技术和某种产品拥有核心能力，其产品设计、生产工艺、质量处于同行业领先地位。供应链管理就是借助网络技术，使分布在不同地区的供应链合作伙伴，在较大区域范围内进行组装集成制造（OEM 方式）或系统集成，使制造出质量近乎完美的产品成为可能。如果构成产品的零部件由一个厂家生产，或由一些专业化程度不高的厂家生产，则产品总体质量很难得到保证。

（4）供应链管理可使企业组织简化，提高管理效率。

供应链管理的实施需要 Intranet/Extranet 的技术作为支撑，才能保证供应链中的企业实时获取和处理外界信息及链上信息，使企业最高领导人可以通过供应链中的企业内部网络随时了解下情，而基层人员也可以通过网络知道企业有关指令和公司情况。因此，企业的许多中间协调、传送指令管理机构就可削减，企业管理组织机构可由金字塔型向扁平型方向发展。组织结构简化，层次减少，使企业对信息反应更快，管理更为有效，有效地避免传统企业机构臃肿，人浮于事的现象，适应现代企业管理的发展趋势。

（5）供应链可以从经营战略上加强企业的竞争优势。

当今的市场竞争日益激烈，企业面临的竞争对手可能不只是一个经营单位，而是一些相互关联的群体，仅靠企业自身的资源不可能有效地参与市场竞争，还必须把经营过程中的有关各方如供应商、制造商、分销网络、客户纳入一个紧密的供应链中，才能有效地安排企业的产、供、销活动，满足企业利用当今社会一切市场资源进行生产经营的需求，以期进一步提高效率和在市场上获得竞争优势。

课堂讨论题

1. 供应链管理对于企业的好处是什么？
2. 供应链管理的主要原理是什么？

思考题

1. 什么是供应链？
2. 什么是供应链管理？
3. 供应链管理涉及哪些内容？
4. 供应链的流通过程中存在哪些流？

第 15 章　客户关系管理

核心要点

- CRM 的含义
- CRM 与 ERP 的集成
- CRM 的体系结构

学习目标

通过本章的学习，读者应该能够掌握 CRM 的含义、CRM 体系结构，了解 ERP 与 CRM 的集成。

15.1　客户关系管理的内涵

不同的供应商、咨询公司和客户公司对 CRM 的定义各抒已见，他们从自身的角度以及对 CRM 的自我理解来给 CRM 下定义，尽管定义都不相同，但不管从营销学还是从管理学的角度，都强调以客户为中心的思想。因此我们可以认为客户关系管理以客户需求为出发点，将不同需求的客户进行分类分析，并根据不同客户群需求的不同提供合适的服务，并根据这种需要来优化企业的组织机构，不断改善企业的相关流程和资源配置，同时配备适当的信息系统，以深化与客户的关系。

要想深刻地理解客户关系管理的思想，需要在 3 个不同层面上来全面理解客户关系管理的内涵。

首先，客户关系管理是一种管理理念。在传统的管理理念中，企业的资产包括了人才、设备、厂房和资本等，这种传统的划分资产的理念是封闭式的，缺乏客户的参与和主导，而把对客户的开发、维护和服务视为企业的成本和支出。客户关系管理要求企业从以“产品”为中心全面转向以“客户”为中心，需要企业将客户视为企业最重要的资源和资产，并通过完善的客户服务和深入的客户分析来满足客户的需求，实现客户价值最大化。这是一种对传统管理理念的颠覆。树立“客户是企业资产”的理念，是企业向以客户为中心的商业模式转化的关键。

其次，客户关系管理是一个整合了管理思想、业务流程、人员及信息技术的系统。客户关系管理的目的就是要整合企业的所有资源，动用企业的一切资源，收集客户的数据和信息，并对其进行分析，通过对这些信息的分析和管理来发展与客户的关系，从而使企业可以提供更加快捷、便利和周到的服务，提高客户满意度，进而发展客户的忠诚度，帮助企业建立核心竞争力，形成在激烈市场竞争中持久的竞争力，并由此使企业能够最大化它所取得的客户关系总价值。

最后，客户关系管理也是体现“以客户为中心”理念的一套软硬件系统。客户关系管理应用系统综合应用了数据库和数据仓库技术、OLAP、数据挖掘技术、互联网技术、B/S 体系、网络通信、多媒体等信息产业的最新发展成果。企业正是利用了信息科技的发展，实现了大量客户数据的采集和分析，从而为企业相关信息需求人员提供个性化的客户资料，使企业和客户良性互动，快速响应客户需求并提供高效的服务。所以说，先进的信息技术是客户关系管理应用的基石。

15.2 ERP 与 CRM 的集成

在 ERP 系统中，采购、库存、销售等各项功能组成了后台的企业内部管理。然而，随着企业由以产品为中心向以客户为中心的转变，CRM 出现了。CRM 系统中的营销、销售、服务与支持三大功能属于企业前端办公自动化的内容，也属于企业内部管理。它们和 ERP 的关系如图 15-1 所示。

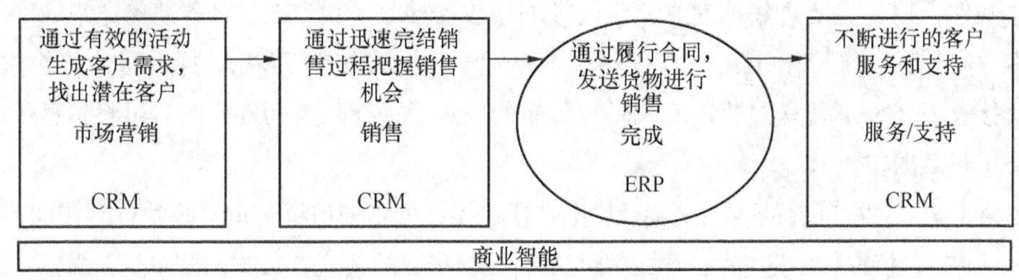

图 15-1 ERP 与 CRM 的集成

从图 15-1 中可以看出：在前端的是 CRM 丰富多彩的营销管理功能，接着是具有 CRM 多种渠道方式的销售管理功能，然后是将 CRM 所产生的销售订单输入至 ERP 销售订单模块、销售管理及应收账等模块，最后还有 CRM 所提供的对客户的服务与支持管理功能。

CRM 提供了从识别客户、生成有需求的客户，到销售结束、订单产生以及售后服务的完整信息的生成，使企业营销、销售、服务与支持的非自动化的业务流程实现了自动化，使各环节中离散的流程变为汇总和协调的流程。但是，如果没有 ERP 系统各项功能的后台支持，CRM 将无法发挥其作用。因为如果生产速度太慢，原材料采购不到或者没有库存，即使有了大批订单也无法准时交货，CRM 也就无能为力了。所以，只有将 CRM 与 ERP 的财务、库存、生产、采购等模块无缝地集成，才能真正发挥 CRM 的作用。

ERP 与 CRM 的集成使客户的需求得到满足，留住了现有客户和潜在客户。在这个过程中，CRM 提供了具体执行的框架，而 ERP 则提供了资源的应用及其实际的操作，CRM 从盈利方面，ERP 从成本方面，共同为提升企业的效益做出了贡献。

ERP 与 CRM 从以下两方面集成。

1．数据的同步更新

CRM 的专长是营销、销售、服务与支持功能，它是以前端互动方式来实现的。在前端 CRM 将所采集来的数据向后台传送，如销售订单及服务需求数据要由前端传递至后台 ERP 中。因此，在这两个系统之间就产生了前端数据库必须要与后台数据库中的数据保持一致性，一旦前端 CRM 的数据发生变化，后台 ERP 的数据也应进行同步更新，而这种情况一般是发生在 CRM 的销售订单、客户服务功能与 ERP 销售、财务等功能之间的数据交换中，还有就是与供应链系列模块的数据交换中。

除了由前端向后台传递数据外，也可用后台的 ERP 数据库直接接收从网上传递过来的数据，企业的各个合作伙伴可以通过浏览器进行数据的查找。当然，这样一来 ERP 与 CRM 就必定要集成在一起了。

为了保证 ERP 与 CRM 数据的同步更新，当一个系统数据更新之后，另一个系统必须也要进行更新，而且必须尽快地进行更新，不然的话，两个系统中的同一项信息就会不一致。在着手完成一笔销售业务时，首先由 ERP 系统将销售报价、客户信息等传递给 CRM，然后销售订单数据由 CRM 系统传递给 ERP 系统，ERP 系统接着开始对销售订单进行登录、计算等各项处理，处理结束后应该立即将处理结果传递给 CRM 系统，以免前端所看到的仍然是处理之前的销售订单信息。

实现 ERP 与 CRM 系统之间的数据同步更新的方法是需要在 CRM 与 ERP 接口之间使用一个中间件，以便将两者集成起来。中间件的接收器接收了由 ERP 服务期传送来的产品报价、客户信息等，存入中间件，然后再将信息传递至 CRM 中进行数据转换。同时，当中间件接收器接收了 CRM 传送过来的有关销售订单的信息后，存入中间件，然后再将信息传送至 ERP 中进行数据转换。

如果不想通过中间件的方法来实现以上转换过程，可以采用将 CRM 模块嵌套在 ERP 之中，由 ERP 直接取数，这也是一种前端与后台无缝集成的模式，数据的同步更新当然是毫无问题的了，因为它们是在一套系统中运行的。

2．业务流程的集成

ERP 与 CRM 之间存在着相互支持和依赖的关系。ERP 为 CRM 中的数据库或数据仓库提供了丰富的数据，而 CRM 的分析结果和对市场的预测给 ERP 提供了决策依据。CRM 从客户关系方面增加了销售，ERP 从生产流程方面降低了成本，而这一切的最终目的是使企业得到较高的利润。

CRM 与 ERP 相比，在客户关系方面有所突破，CRM 帮助企业更好地利用一切围绕着客户的资源，并将这些资源集中用于客户，增加了销售额，降低了销售成本，提高了企业的效益。而通过 ERP 与 CRM 的集成，将使以上的效果更为显著。

ERP 和 CRM 可以分享共同的技术组件、工具和商业规则，简化系统存储和写作。ERP 和 CRM 之间有不少集成点，它们涉及了财务、销售订单、采购、库存各个方面，使企业能够在不同的系统之间进行数据分析工作，从而达到商务智能的功能。

由于客户智能和多种渠道的出现、Internet 的迅速发展，CRM 为企业引进了新的思想和新的模式，再加上与 ERP 的集成，必然会给企业带来新的商机。

15.3 CRM 的体系结构

CRM 的体系结构如图 15-2 所示。

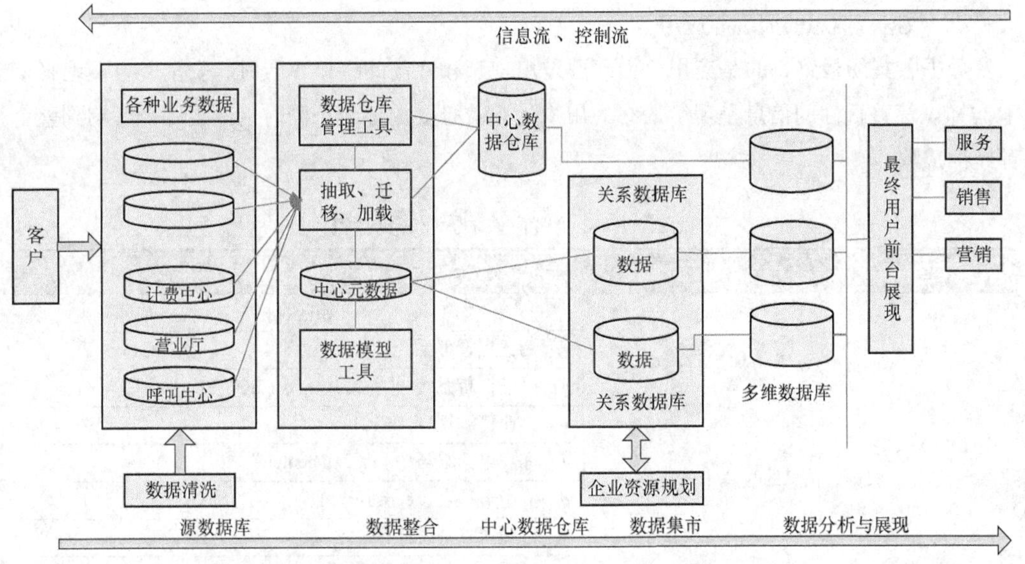

图 15-2　CRM 的体系结构

在该体系结构中，最初的运营数据（企业与客户间已发生的业务处理记录）是从客户“接触点”收集的。这些运营数据，连同遗留下来的内部客户数据和外来的市场数据经过整合和变换，装入数据仓库。然后，OLAP（联机处理分析）工具和数据挖掘等技术被用来从数据中分析和提取相关规律、模式或趋势。最后，利用报表工具如 Web-enabled 动态报表系统和企业信息系统等，使有关客户信息和知识在整个企业内得到有效的流转和共享。这些信息和知识将转化为企业的战略和战术行动，用于提高在所有渠道上同客户交互的有效性和针对性，把适当的产品和服务，通过适当的渠道，在适当的时候，提供给适当的客户。

15.4　CRM 的 4 个步骤

CRM 分为以下 4 个步骤，如表 15-1 所示。

1．数据、信息的收集

知识是通过数据（data）与信息（infomation）的收集与整理而来，因此第一个重要的课题便是如何实时、全面、便利地收集客户相关的数据。否则片面性的信息可能无法包含所有的服务需求，延迟的信息可能延误商机，不便利的数据收集方式也可能使成果大打折扣。

2．数据、信息的存储与积累

数据的存储，关系到后续数据使用的便利性，因此如何适当的、安全的存储也是一个重要的步骤。适当的存储方式，能让后续的数据处理速度加快；而安全的数据监控方式，才可保障商业的机密。

3．数据、信息的吸收与整理

整理各种数据与信息，萃取其中精华并且将其制度化，同时找出不易理解的隐藏知识等，都是提高企业竞争力与提供主动关系营销的首要课题。

4．数据、信息的展现与应用

数据收集的最终目的是应用，因此通过用户亲和性高的接口，实时、安全、方便地将信息与知识等整合性的信息呈现给最终的用户是非常必要的环节，同时这个程序也影响到整个系统的成败。

表 15-1　4 个客户关系管理的步骤表

管理客户关系管理相关知识资产的步骤	可以运用的信息技术和方法
数据、信息的收集	数据收集
	• 销售点管理系统（Pos）
	• 电子订货系统/电子数据交换（EOS/EDI）
	• 企业资源规划（ERP）
	• 客户电话服务中心（call center）
	• 信用卡核发（card issue）
	• 市场调查与统计
	• 因特网客户行为收集
	• 传真自动处理系统
	• 柜员机
数据、信息的存储和积累	数据存储（data storage）
	• 数据库（database）
	• 数据仓库（data warehouse）
	• 数据市场（data market）
	• 知识库（knowledge base）
	• 模型库（model base）
数据、信息的吸收与整理	数据挖掘（data mining）
	• 统计（statistics）
	• 学习机制（machine learning）
	• 决策数（decision tree）
数据、信息的展现与应用	数据的展现（data visualization）
	• 主管信息系统（EIS）
	• 在线实时分析系统（OLAP）
	• 报表系统（reporting）
	• 随机查询（ad hoc query）
	• 决策支持系统（DSS）
	• 战略信息系统（SIS）
	• 网络客户互动系统（Web-based customer interaction）

15.5　案例：戴尔计算机——建立紧密的客户关系

1984 年，还是美国得州大学一年级学生的 Micheal Dell 以 1 000 美元的资本，成立了戴尔计算机公司（Dell Computer）。戴尔计算机凭着“直接将消费者所需的计算机销售给消费者”的简单信念，销售额在 10 年内突破 20 亿美元，1999 年已达到 253 亿美元，并成为全球重要的计算机公司之一。

戴尔计算机的企业核心价值与商业模式被称为“直接经营模式”。所谓的直接经营模式，就是完全以客户为导向，依照客户所需要的规格组装计算机，并将计算机直接销售给客户，而不通过传统的经销商渠道销售。这种模式的好处是可以让客户买到合适的计算机，而且省去了经销商转手的利润，让价格更具有竞争力。更重要的是，通过整合价值链上的多余区块，市场供需信息的流通将更加快速与真实，使交易成本大幅下降，让厂商与消费者都能获得更多的好处。

一个以面向客户为宗旨的企业策略，虽然可以简单地描述为：如何以最低的成本为客户提供真正满意的产品与服务，但其实际策略内容则大有学问。如果回归到交易的本质来看，任何一项交易虽然是商品或服务，但真正交易的是存在于交易双方头脑中的信息。交易双方究竟想要什么、有什么限制条件、担心或疑虑的事情是什么等信息，如果不能交换并顺利解决，则交易是无法完成的。因此我们可以说，一个面向客户的企业策略就是一套以客户为中心，能够顺利而低成本地收集那些原本掌握在客户手中的信息，加以处理、解决，以完成交易，并且能让客户再度光临的策略模块。

下面介绍戴尔计算机的面向客户策略。

在 20 世纪 80 年代早期，个人电脑产业还是一个新诞生的产业，个人电脑的用户界面实在不怎么友好，一般人也认为它的内部原理并不好懂，因此必须通过地区经销商销售，导致价格昂贵。戴尔公司由于曾经组装并升级过计算机，了解经销商的利润空间很大，但却没有提供多少附加值，因此决定将计算机直接销售给消费者，省去付给经销商的利润，并将这个利润返还给消费者。这个直接销售的策略促使戴尔计算机将客户放在整个企业策略的核心位置，我们可以将这个策略分成两个领域：一个是“信息的交换”，另一个是“行为限制的交换”。

1．信息的交换

戴尔计算机的核心目标是给客户提供真正需要的产品，因此如何收集客户的需求信息成为首要任务。为了详实地收集客户信息，戴尔计算机采用了以下策略。

（1）以客户而不是产品来进行市场划分

相对于一般企业常以产品线来划分不同的市场，戴尔计算机很早就以不同的客户群体作为市场划分的目标。由于不同的客户对产品和服务必然有不同的需求，因此戴尔计算机以“客户需要的计算机功能”以及“如何使用计算机”作为划分的基础，并以不同的销售团队与沟通方式服务不同的市场。在 1994 年以前，戴尔将客户划分为“大型客户”和“小型客户”。到了 1997 年以后，大型客户已进一步划分为全球性企业客户、大型企业、中型企业、联邦政府、州政府与地方政府、教育机构，而小型客户则衍生为小型企业与一般消费者。以客户作为市场划分的基础，让戴尔计算机可以更接近客户的需求，因而可以掌握关键信息，有效预测未来市场的需求，而准确的预测正是电子产业降低营运成本的关键所在。

（2）在产品研发过程中纳入客户的知识

为了给客户提供真正需要的产品，戴尔计算机直接开口问消费者究竟需要什么。通过网络、电话以及业务人员面对面的沟通，不仅可以认识客户，也能了解他们的需求与喜好。由于客户需要的是符合其需求且易于使用的产品，而不是技术先进或包含太多功能的产品，因此戴尔计算机让客户在新产品研发阶段就能加入提供意见的行列，并认真地考虑他们的意见，以免生产出叫好不叫座的产品，不仅延误商机，甚至可能危及公司的生存。

（3）让客户常在我心，而不是时时挂念竞争者

在竞争激烈的商场中，任何一个好点子都很容易被抄袭，因此时时注意竞争对手的一举一动并没有太大的意义，真正重要的是回归到客户的身上。由于戴尔计算机的策略是直接与客户接触，因此只要真正将客户放在策略的核心，就可以随时收集到真正的客户信息，而不至于与客户脱节。由于戴尔计算机要求其业务人员花费大量的时间与客户相处，因此常能获得许多有用的信息，例如客户会要求戴尔在出厂的产品上贴上订购公司的财产标签，这些看似零碎的小事汇集起来，就成为戴尔计算机为竞争对手建立的产业竞争障碍。这种直接从客户口中了解其需求的方法，比公司内部所做的评估报告有用多了。

（4）毫不迟疑地导入电子商务

将 Internet 导入商业领域的应用，是 20 世纪末人类交易行为史上最重要的里程碑之一。由于认识到互联网在品牌营销以及客户服务工作中的威力，戴尔计算机在 1994 年推出了 www.dell.com 网站。起初这个网站的内容正如当时大多数的企业网站一样，主要提供公司、产品简介及技术资源信息，但其中的客户服务电子信箱却收到了"客户希望在网上可以获得不同计算机组装规格的报价并直接在线上订购"的信息。因此，戴尔计算机在一年后就推出了在线组装的服务，让客户可以在网上直接选择所需的计算机规格，并在获得报价后即可直接订购。

此外，针对企业客户，www.dell.com 还推出了根据各公司需要量身打造的"戴尔项级网页"，企业内部员工可以利用密码进入其公司的专属网页，在线选择他所需要的计算机规格或服务，再统一采购。这样一来，企业可以在线管理他们所订购的产品、计算机资产以及各种服务内容。很明显，互联网已经成为戴尔直接销售模式的强大工具，它不只是销售渠道的一个分支，更成为戴尔与客户之间交换信息的有力渠道。

当戴尔计算机推出在线订购方案后，立即获得了广大客户的响应，其在线销售额在 1996 年底就已经达到每天 100 万美元，同时每周上网浏览的人次超过 200 万。由于互联网上电子交易的庞大潜力，戴尔计算机在 2000 年 9 月宣布将推出一个称为 www.dellmarketplace.com 的 B2B 电子交易市场，提供一个不同商品买卖双方直接交易的场所。

（5）建立虚拟整合组织

为了实现更精确和更快速的信息交换，戴尔计算机将其积累多年的数据库开放，与客户及供货商分享这些信息。例如客户可以链接到戴尔的生产线上，了解其订购产品的组装或运送进度；而供货商也可以通过链接了解现有的库存信息，以准备何时及如何供货的问题。通过这种处理信息的新视野，在实质上消除了供应链上、下游与最终客户之间的界线，让各种信息得以快速流通，在产品交期与新产品的研发上更为准确。此外，让客户可以直接查询其订购产品的生产进度，就好像是请客户作为戴尔生产线上的监督人员一样，其效果可能比来自内部的监督更好，成本也更低。

2．行为限制的交换

由于戴尔计算机强调的是将产品直接销售给客户，而不是通过各地区的经销商销售，因此它必须解决客户心中无法面对经销店面所产生的疑虑，特别是个人电脑这种价格较高，又需要软硬件等特殊知识的商品，消费者可能担心开机程序设置不好，或许是关心如何送修、退货的问题。

客户满意是完成交易的基础，一个以客户为中心的企业策略，光是努力收集客户信息并列入决策参考是不够的，它还必须解决客户的疑虑，这就是经济学中所说的“限制条件的交换”。如果卖方能够认识到买方的疑虑所在，并主动提出某些交易条件，就能降低买方的疑虑而提高交易完成的概率。戴尔显然对客户的疑虑了然于胸，而且也知道这些问题是“直接销售模式”所必须解决的问题，因此它在企业经营的过程中提出了几项限制条件，以取得客户的信任，最重要的有下列几项。

（1）提出30天退款保证

戴尔计算机非常清楚，消费者很难从口袋中掏出4 000美元去向一家没有实体店面的计算机公司购买计算机，因此戴尔计算机从一开始就在广告单上提出“30天内不满意可退款”的保证条款。这项保证让客户愿意先订购产品，等货品送到以后再打开试用，而不会因为无法先行试用而打退堂鼓。

（2）提供上门维修服务

由于个人电脑的功能强大，牵扯的技术知识众多，由此使用中经常会有或大或小的问题发生。特别是一些较大型的企业，他们采购的计算机品种众多，这些计算机或服务器等设备彼此连接或整合的工作并不简单，因此戴尔计算机提出了“上门维修”的服务，而不是让用户自己抱着出问题的计算机回到公司来维修。对于美国波音公司这一类的大客户，戴尔计算机还会派出一批工程师常驻波音公司，以协助客户解决各种技术支持问题。

（3）对客户资料绝对保密

自从电子商务如火如荼地开展以来，网络隐私权的问题就一直是大众讨论的焦点，对各种企业或个人信息安全性的关切度不在话下。由于来自网站上的交易已成为戴尔计算机营销的主要渠道，因此其电子数据库中已建立了大量的客户资料，其中包括客户的一般性资料以及各项采购、产品配置等信息。如果不能有效地解决客户担心这些资料是否可能外泄的疑虑，在线交易势必遭遇瓶颈。

虽然在某些案例里，客户会允许企业在事先告知的情况下出售其资料，但是为了得到客户的完全信任，戴尔计算机的策略与立场均十分明确，那就是绝对不会出售客户的资料。

直接销售模式是一个直接诉诸最终客户的经营模式，因此必须把客户放在经营策略的核心位置。戴尔计算机的成功并非只是把“客户至上”挂在嘴边，而是通过设身处地的着想与实际的沟通，去了解客户究竟想要什么，再将组织结构与企业精神完全聚焦于“以实现客户满意为首要任务”，历经长期努力才获得的成果。

课堂讨论题

如何理解CRM是一种管理思想？

思考题

1. CRM的体系结构是什么？
2. CRM同ERP是如何集成的？

第 16 章　其他相关问题

核心要点

- 精益生产
- 敏捷制造
- 约束理论
- 并行工程
- 计算机执行制造系统

学习目标

通过本章的学习，读者应该能够了解精益生产的基本含义、特点，敏捷制造的概念及主要特征，约束理论的概念及主要步骤，并行工程的概念及特点，计算机执行制造系统的概念及系统构成。

16.1　精益生产

16.1.1　精益生产的基本含义

谈到生产管理，不能不提到精益生产（lean production）和它的起源：丰田生产系统（Toyota production system）。第二次世界大战后，日本经济百废待举，日本政府制订了“国民收入倍增计划”，把汽车工业作为重点发展的战略性产业，组织产业界人士前往汽车强国美国考察。当时福特公司在底特律的轿车厂每天能生产 7 000 辆轿车，比日本丰田公司一年的产量还要多。但是来自丰田公司的代表考察了美国这个厂之后，在考察报告中却写道：“那里的生产体制还有改进的可能”。丰田的人员所指的是工厂里的各种浪费，包括：残次品，超过需求的超量生产，闲置的商品库存，不必要的工序，人员的不必要调动，商品的不必要运输，各种等待等。正是这些浪费的存在，使得他们看到了“改进的可能”。

丰田公司的丰田英二和大野耐一等人进行了一系列的探索和实验，根据日本的国情，提出了一系列改进生产的方法包括及时制生产、全面质量管理、并行工程，逐步创立了独特的多品种、小批量、高质量、低消耗的生产方式。这些方法经过 30 多年的实践，形成了完整的“丰田生产方式”，帮助汽车工业的“后来者”日本超过了汽车强国美国，产量达到 1 300 万辆，占到世界汽车总量的 30%以上。

丰田生产方式反映了日本在重复性生产过程中的管理思想，其指导思想是：通过生产过程整体优化，改进技术，理顺各种流（flow），杜绝超量生产，消除无效劳动与浪费，充分、有效地利用各种资源，降低成本，改善质量，达到用最少的投入实现最大产出的目的。

精益生产（lean production，LP）是美国麻省理工学院多位国际汽车计划组织（IMVP）的专家，对日本“丰田 JIT（just in time）生产方式”的赞誉之称，精，即少而精，不投入多余的生产要素，只是在适当的时间生产必要数量的市场急需产品（或下道工序急需的产品）；益，即所有经营活动都要有益有效，具有经济性。精益生产是当前工业界最佳的生产组织体系和方式之一。

16.1.2 精益生产的特点

1．拉动式准时化生产

以最终用户的需求为生产起点，强调物流平衡，追求零库存，要求上一道工序加工完的零件立即可以进入下一道工序。

组织生产线依靠一种称为“看板”的形式，即由看板传递下道工序需求的信息（看板的形式不限，关键在于能够传递信息）。生产中的节拍可由人工干预、控制，但重在保证生产中的韧流平衡（对于每一道工序来说，即保证对后退工序供应的准时化）。由于采用拉动式生产，生产中的计划与调度实质上是由各个生产单元自己完成的，在形式上不采用集中计划，但操作过程中生产单元之间的协调则极为必要。

2．全面质量管理

强调质量是生产出来而非检验出来的，由生产中的质量管理来保证最终质量。生产过程中对质量的检验与控制，在每一道工序都进行。重在培养每位员工的质量意识，在每一道工序进行时注意质量的检测与控制，保证能及时发现质量问题。如果在生产过程中发现质量问题，根据情况，可以立即停止生产，直至解决问题，从而保证不出现对不合格品的无效加工。对于出现的质量问题，一般是组织相关的技术与生产人员作为一个小组，一起协作，尽快解决。

3．团队工作法

团队工作法（team work）是指每位员工在工作中不仅是执行上级的命令，更重要的是积极地参与，起到决策与辅助决策的作用。组织团队的原则并不完全按行政组织来划分，而主要根据业务的关系来划分。对团队成员强调一专多能，要求能够比较熟悉团队内其他工作人员的工作，能保证工作协调顺利进行。团队人员工作业绩的评定受团队内部评价的影响（这与日本独特的人事制度关系较大），团队工作的基本氛围是信任，以一种长期的监督控制为主，而避免对每一步工作的稽核，提高工作效率。团队的组织是变动的，针对不同的事物，建立不同的团队，同一个人可能属于不同的团队。

4．并行工程

并行工程（concurrent engineering）是指在产品的设计开发期间，将概念设计、结构设计、工艺设计、最终需求等结合起来，保证以最快的速度按要求的质量完成。各项工作由与此相关的项目小组完成，进程中，小组成员各自安排自身的工作，但可以定期或随时反馈信息并对出现的问题协调解决。依据适当的信息系统工具，反馈与协调整个项目的进行。利用现代 CIM 技术，在产品的研制与开发期间，辅助项目进程的并行化。

16.1.3 精益思想（lean thinking）与五项原则

精益思想要求企业找到最佳的方法确定提供给顾客的价值，明确每一项产品的价值流，使产品从最初的概念至到达顾客能够流动顺畅，让顾客成为生产的拉动者，在生产管理中精益求精、尽善尽美。价值、价值流、流动、拉动和尽善尽美的概念进一步发展成为应用于产品开发、制造、采购和服务顾客各个方面的精益方法（lean techniques）。

精益的五项原则如下。

1．价值观（value）

精益思想认为企业产品（服务）的价值只能由最终用户来确定，价值也只有满足特定用户需求才有存在的意义。精益思想重新定义了价值观与现代企业原则，它同传统的制造思想，即主观高效率地大量制造既定产品向用户推销，是完全对立的。

2．价值流（value stream）

价值流是指从原材料到成品赋予价值的全部活动。识别价值流是实行精益思想的起步点，并按照最终用户的立场寻求全过程的整体最佳。精益思想的企业价值创造过程包括：从概念到投产的设计过程；从定货到送货的信息过程；从原材料到产品的转换过程；全生命周期的支持和服务过程。

3．流动（flow）

精益思想要求创造价值的各个活动（步骤）流动起来，强调的是“动”。传统观念是“分工和大量才能高效率”，但是精益思想却认为成批、大批量生产经常意味着等待和停滞。精益将所有的停滞作为企业的浪费。

精益思想号召“所有的人都必须和部门化的、批量生产的思想做斗争，因为如果产品按照从原材料到成品的过程连续生产的话，我们的工作几乎总能完成得更为精确有效”。

4．拉动（pull）

“拉动”的本质含义是让用户按需要拉动生产，而不是把用户不太想要的产品强行推给用户。拉动生产通过正确的价值观念和压缩提前期，保证用户在要求的时间得到需要的产品。实现了拉动生产的企业具备当用户需要时就能立即设计、计划和制造出用户真正需要的产品的能力，最后实现抛开预测，直接按用户的实际需要进行生产。

实现拉动的方法是实行 JIT 生产和单件流（one-piece flow）。JIT 和单件流的实现必须对原有的制造流程做彻底的改造。流动和拉动将使产品开发周期、定货周期、生产周期降低 50%～90%。

5．尽善尽美（perfection）

精益思想定义企业的基本目标是：用尽善尽美的价值创造过程，为用户提供尽善尽美的价值。James P. Womack 阐述精益制造的目标是“通过尽善尽美的价值创造过程（包括设计、制造和对产品或服务整个生命周期的支持）为用户提供尽善尽美的价值”。精益制造的“尽善尽美”有 3 个含义：用户满意、无差错生产和企业自身的持续改进。

16.1.4 精益生产与ERP的关系

1．矛盾的关系

ERP系统针对的是MRP模式，正因为如此，ERP的实施往往也伴随着复杂的物料订单、低效的工作流以及不必要的数据收集。精益生产旨在提高效率，消灭产品积压，使得生产与顾客需求同步，而不追求长期的预测，这样，ERP系统往往和生产车间的需求存在着不可调和的矛盾。

正因为如此，专家们对于ERP和精益方法能否在同一企业共存的争论非常激烈。有些专家认为这两个概念可以共存，而另一些专家则认为它们是矛盾的。精益的理念强调生产过程的持续改进，而ERP则强调规划。并且，ERP让企业跟踪工厂中每项活动以及每件物料的价格，产生了许多无附加值的活动，这跟精益理念是背道而驰的。精益生产要求经营活动做出重大改变，以便让生产更加迅速、流畅，但这可能跟ERP系统的结构格格不入。

为此，已经实施ERP的厂商和ERP供应商正在进行着不同方向的努力。一些投资巨型ERP系统的企业正在试图让两者在车间互相配合，而ERP的供应商开始开发出一些支持精益方法的模块或附加组件，这些模块提供了流动线路设计、将日产出率跟需求同步化的数学模型、迅速处理生产线设计变动的能力以及图形方法表的功能。

2．相辅相成的关系

精益生产采用准时生产、零库存、一个流生产及自动化等先进的生产管理手段，来提高企业的管理水平。通过精益生产洗礼的企业，制造的累计前置时间会有大幅度的减少，那么ERP对销售预测的需求时间可以延后，而且更准确；而采购前置时间若得以减少，不但销售预测时间可以延后，对客户的临时订单也可以有更佳的反应速度，可以及时变更采购的内容与数量。因此精益生产可以协助企业大幅度地减少ERP的复杂度。美国有研究指出：精益生产可以降低ERP的复杂度达75%～90%。

当然在生产中前置时间不可能真的是零，制造批量也不可能真的是一，市场需求随时都在发生变化，而产、供、销等职能复杂的工作之间仍然需要紧密的集成，因而ERP的协助也仍是不可或缺的。同时经过精益改造的企业发现，精益生产是没有办法一步到位的，精益的改善是永无止境的。精益生产按需拉动生产的运作方式，关键的一点是各供应商能够实现"精益"供货，即按照需要，小批量及时供货。要使整个供应链均实现"精益"，其过程应该是很漫长和艰巨的。不管企业进行精益改造的程度如何，只要存在采购周期长的原材料，就需要依赖基于推式的ERP来进行物料需求计划运算，计算合理的采购提前期和采购单，以保证生产的正常运营。所以说ERP与精益是相辅相成的。

16.2 敏捷制造

16.2.1 什么是敏捷制造

敏捷制造（agile manufacturing）这一概念是1991年美国国防部为解决国防制造能力问题

而委托美国里海（Lehigh）大学亚柯卡（Iacocca）研究所，拟订的一个同时体现工业界和国防部共同利益的中长期制造技术规划框架。它包括以下特征。

（1）敏捷制造是信息时代最有竞争力的生产模式。

它在全球化的市场竞争中能以最短的交货期、最经济的方式，按用户需求生产出用户满意的具有竞争力的产品。

（2）敏捷制造具有灵活的动态组织机构。

它能以最快的速度，把企业内部和外部不同企业的优势力量集中在一起，形成具有快速响应能力的动态联盟。在企业内部，它将多级管理模式变为扁平结构的管理方式，把更多的决策权下放到项目组；在企业外部，它将企业之间的竞争变为协作，通过高速网络通信，充分调动、利用分布在世界各地的各种资源，所以能保证迅速、经济地生产出有竞争力的产品。

（3）敏捷制造采用了先进制造技术。

敏捷制造一方面要“快”，另一方面要“准”，其核心就在于快速地生产出准确满足用户需求的产品。因此，敏捷制造必须在其各个制造环节都采用先进制造技术，如柔性制造、计算机辅助管理、企业经营过程重构、计算机辅助质量保证、产品数据管理以及产品数据交换标准等技术。

（4）敏捷制造必须建立开放的基础结构。

因为敏捷制造要把世界范围内的优势力量集成在一起，所以敏捷制造企业必须采取开放结构，只有这样，才能把企业的生产经营活动与市场和合作伙伴紧密联系起来，使企业能在一体化的电子商业环境中生存。

（5）敏捷制造既适合军品生产，也适合民品生产。

16.2.2 敏捷制造的内涵

敏捷制造模式的创立人认为，随着生活水平的日趋提高，对产品的需求和评价标准从质量、价格、功能转变为最短交货期、最大客户满意、资源保护和污染控制等方面，是一种继大量生产时代后的制造产品、分配产品和提供服务的新的制造模式。它强调将许多柔性的、先进的、实用的制造技术，高素质的劳动者以及企业之间和企业内部灵活的管理三者有机地结合起来，对顾客需求的产品和服务驱动的市场，迅速做出快速响应。

一个具备敏捷制造能力的企业应该具备多种能力，其敏捷制造能力主要包括企业间的虚拟协作能力、高度制造柔性能力、快速制造能力和快速反应能力。这种敏捷性在不同的层次上，又有其各自的内涵。

敏捷制造在企业策略层次上主要体现为：企业或公司针对竞争规则变化、新竞争对手出现、国家政策法规的变动以及社会形态的变化等能做出快速反应的能力。

敏捷制造在企业日常运作层次上主要体现为：企业能够对影响其日常运作变化的问题能快速做出反应的能力，如用户对产品规格、售后服务的需求、供货时间的要求、产品质量出现的问题、设备出现故障等问题。

16.2.3 敏捷制造企业的主要特征

敏捷制造的目标是企业能够快速响应市场的变化，根据市场需求，能够在最短时间内开发制造出满足市场需求的高质量的产品。因此，具备敏捷制造能力的企业具有如下特点。

1．高度柔性

柔性主要是指制造柔性和组织管理柔性。制造柔性主要是指企业能够针对市场的需求迅速转产，转产后能够实现多品种、变批量产品的快速制造。组织柔性主要是指企业淡化宝塔型的管理模式，更强调扁平式管理即权利下放，项目组具有一定的决策能力。充分发挥每个人的主观能动性，随时发现问题，随时解决。

2．先进的技术系统

敏捷制造企业应具有领先的技术手段和掌握这些技术的人员，还应具有可快速重组的、柔性的但并不强调完全自动化的加工设备，以及一套行之有效的质量保证体系，使设计制造出来的产品达到社会用户都满意的程度。

3．高素质人员

敏捷制造的一个显著特征就是以其对机会的迅速反应能力来参与激烈的市场竞争，这不仅是无思想的计算机所不能担负的工作，而且也不是思想僵化、被动接受指令的职工或一般模式中偏重于技术的工程师们所能应付得了的，它需要具有“创造性思维”的全面发展的敏捷型劳动者才能够胜任。

拥有高素质劳动力的企业，与拥有普通劳动力的企业相比，高素质劳动力能够充分发挥主动性和创造性，积极有效地掌握信息和新技术；高素质劳动力得到授权后，能自己组织和管理项目，在各个层次上做出适当的决策；高素质劳动力具有协作精神，在动态联盟中能与各种人员保持良好的合作关系。

4．用户的参与

传统的制造过程是收集用户的要求，由制造者进行设计，或者由制造者预测市场需求，再将“自以为是”的产品推向市场。在这种模式下，用户是被动地接受。否则，就要定做，不仅花费高，所需时间也长。在敏捷制造模式下，用户参与产品的设计过程，根据自己的喜好提出设计要求，而且整个设计制造过程对用户都是透明的，甚至连销售服务方面都有用户的参与。

16.3 约束理论（TOC）

16.3.1 约束理论的概念

TOC 是英文 theory of constraint 的首字母缩写，中文译作“约束理论”。简单来讲，TOC 就是关于进行改进和如何最好地实施这些改进的管理理念和管理原则，可以帮助企业识别出在实现目标的过程中存在着哪些制约因素——TOC 称之为“约束”，并进一步指出如何实施必要的改进来一一消除这些约束，从而更有效地实现企业目标。此过程由三部分组成，结构如图 16-1 所示。

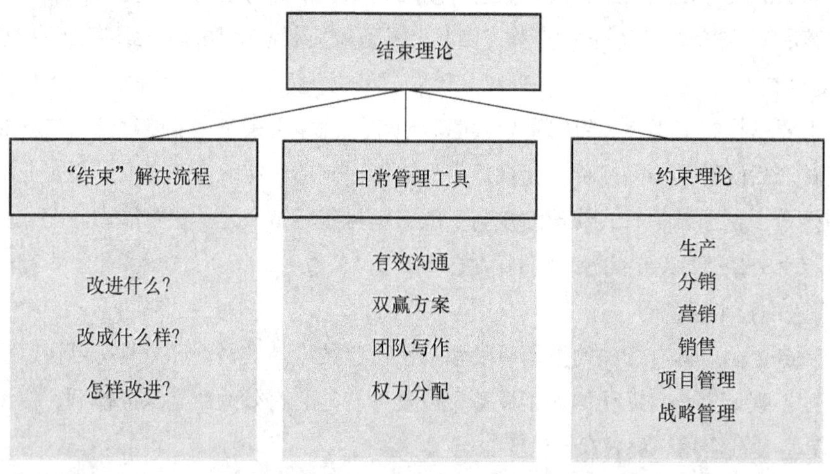

图 16-1　TOC 的组成结构

一套解决约束的流程，用来逻辑地、系统地回答以下为任何企业改进过程所必然提出的 3 个问题：改进什么？（What to change？）改成什么样子？（What to change to？）以及怎样使改进得以实现？（How to cause the change？）

一套日常管理工具。可用来大大提高管理效能，例如：如何有效沟通、如何双赢地解决冲突、如何团队协作、如何进行权利分配等。这些日常管理的顺利开展，是成功解决约束的必备条件和基础性工作。鉴于这方面的内容在其他管理理论中也多有涉及，本文则不再过多展开论述，而把重点放在 TOC 理论不同于其他理论的方面。

把 TOC 应用到具体领域的具有创新性的实证方案。这些领域涉及生产、分销、营销和销售、项目管理和企业方向的设定等。

16.3.2　TOC 的形成历史和发展现状

约束理论根植于 OPT（原指最优生产时刻表：optimized production timetables，后指最优生产技术：optimized production technology）。OPT 是 Goldratt 博士和其他 3 个以色列籍合作者创立的，他们在 1979 年下半年把它带到美国，成立了 Creative Output 公司。在接下去的 7 年中，OPT 有关软件得到发展，同时 OPT 管理理念和规则（如“鼓—缓冲器—绳子”的计划、控制系统）成熟起来。Creative Output 公司的发展几起几落，后关闭。OPT 的软件所有权转让给一家名为 Scheduling Technology Group 的英国公司。1986 年后半年，Goldratt 博士和 Robert E.Fox 共同创立 Goldratt 研究机构，经过 10 年，发展演进出我们今天所知的 TOC。

TOC 首先是作为一种制造管理理念出现。《The Goal》《The Race》这两本最初介绍 TOC 的书，引起了读者的广泛兴趣和实施这套理念的热情。TOC 最初被人们理解为对制造业进行管理、解决瓶颈问题的方法，后来几经改进，发展出以“产销率、库存、运行费”为基础的指标体系，逐渐形成一种面向增加产销率而不是传统的面向减少成本的管理理论和工具，并最终覆盖到企业管理的所有职能方面（注：产销率指单位时间内企业获取的利润额，是 TOC

对企业目标实现程度的关键度量标准，下文有更进一步介绍)。1991 年，当更多的人开始知道和了解 TOC 的时候，TOC 又发展出用来逻辑化、系统化解决问题的“思维过程”(thinking process，TP)。所以，今天的 TOC，就像当年的 OPT 在管理理念和软件两个方面共同发展一样，它既是面向产销率的管理理念，又是一系列的思维工具。

16.3.3 TOC 五大核心步骤

第一步，找出系统中存在哪些约束。

企业要增加产销率的话，一般会在以下方面想办法。

原料(materials)：即增加生产过程的原材料投入。

能力(capacity)：如果由于某种生产资源不足而导致市场需求无法被满足，就要考虑增加这种资源。

市场(market)：如果由于市场需求不足而导致市场能力过剩，就要考虑开拓市场需求。

政策(policy)：找出企业内部和外部约束产销率的各种政策规定。

第二步，寻找突破(exploit)这些约束的办法。

此时要给出解决第一步中所提出的种种问题的具体办法，从而实现产销率的增加。例如，若某种原材料是约束，就要设法确保原材料的及时供应和充分利用；若市场需求是约束，就要给出进一步扩大市场需求的具体办法；若某种内部市场资源是约束，就意味着要采取一系列措施来保证这个环节始终高效率生产。当我们要突破某台瓶颈设备利用率不高这个约束时，要采取的行动包括如下。

设置时间缓冲。多用于单件小批生产类型。即在瓶颈设备紧前工序的完工时间与瓶颈设备的开工时间之间设置一段缓冲时间，以保障瓶颈设备的开工时间不受前面工序生产率波动和发生故障的影响。缓冲时间的设置，与前面非瓶颈工序波动的幅度和故障出现的概率，及企业排除故障恢复正常生产的能力有关。

在制品缓冲。多用于成批生产类型。其位置与数量确定的原则与方法如下。

(1)在瓶颈设备前设置质检环节。

(2)统计瓶颈设备的产出废品率。

(3)找出出废品的原因并将其根除。

(4)对返修或返工的方法进行研究改进。

第三步，使企业的所有其他活动服从于第二步中提出的各种措施。

这样，才可以实现系统其他部分与约束部分同步，从而充分利用约束部分的生产能力。正是这一点，使得 TOC 不单单是一种制造理念，而是一种管理理念或经营理念，可以应用于营销、采购、生产、财务等企业经营各方面的协调。为简明起见，我们还是以一个生产过程内部协调为例：如果流水线上的一台机器是约束，那么可以在适当的地方设置时间缓冲，来保证流水线上其他生产环节对这台机器的供给能够满足这台机器的生产需要。而目前很多企业正是对这点不明确，即要按照约束环节的生产节拍来协调整个生产流程的工作。在一般情况下，如果那些非约束环节追求百分之百的利用率的话，将给企业带来的不是利润，而是更多的在制品、约束环节更多的等待时间和其他种种浪费。而现在的事实是，一些企业恰恰正在追求这些非约束环节的百分之百利用。

第四步，具体实施第二步中提出的措施，使第一步中找出的约束环节不再是企业的约束。

例如，工厂的一台机器是约束，就要缩短设备调整和操作时间、改进流程、加班、增加操作人员、增加机器等。

第五步，谨防人的惰性成为系统的约束。

当你突破一个约束以后，一定要重新回到第一步，开始新的循环。就像一根链条一样，你改进了其中最薄弱的一环，但又会有下一个环成为最薄弱的。千万要记住，今天的解决方案就是明天的问题所在。也许你为了突破这个约束采取了一些很好的措施，可一旦约束转移到其他环节，这些措施对于新的约束可能无能为力。

16.3.4 应用约束理论的主要优势

1. 增加收入

假设市场需求存在，那么通过去除显著约束，提高产量，公司将可能获得更多的利润。

2. 降低单位产量的成本

如果某公司内部有许多流程或者部门的产能没有被完全释放，那么与这些流程或者部门相关的固定成本就没有被充分利用。当由于去除主要约束导致公司总体产量上升时，它将影响到绝大部分的固定成本，由此单位产出的固定成本就会降低。

当然在这些显著约束的背后还有很多隐性的成本，例如处理约束造成的消极影响所花费的时间成本，以及约束上游生产环节过量生产造成的浪费。

3. 按时交货

通常当公司某部分存在显著约束，并且这种显著约束无法像公司其他部分一样可预测或可控制的话，那么此约束本身就是无法按时交货的根本原因。同样，去除显著约束将使交货时间预测更准确，并更好地保证按时交货。

4. 以能够产生最佳回报的方式安排管理时间

通过关注显著约束，至少可以在短时期内，管理时间将更多地被分配到能够产生巨大积极影响的方面。

16.4 并行工程（CE）

16.4.1 并行工程的理论

1. 并行工程的产生背景

1986 年，美国国防工程系统首次提出了“并行工程”的概念，其初衷是为了改进国防武器和军用产品的生产，缩短生产周期，降低成本。由于该方法的有效性，不久，各国的企业界和学术界都纷纷研究它，并行工程方法也从军用品生产领域扩展到民用品生产领域。

2. 并行工程的概念

关于并行工程有很多定义，至今较为公认的是 1986 年美国国防分析研究所在其《R-338 研究报告》中提出的定义:"并行工程是对产品及其相关过程(包括制造过程和支持过程)进行并行一体化设计一种系统化的工作模式。这种工作模式力图使开发者们从一开始就考虑到产品全生命周期(从概念形成到产品报废)中的所有因素,包括质量、成本、进度和用户需求"。

简要地来讲,并行工程即 concurrent engineering,简称 CE,是集成地、并行地设计产品及其零部件和相关各种过程(包括制造过程和相关过程)的一种系统方法。换句话说,就是融合公司的一切资源,在设计新产品时,就前瞻性地考虑和设计与产品的全生命周期有关的过程,在设计阶段就预见到产品的制造、装配、质量检测、可靠性、成本等各种因素。

16.4.2 并行工程的特征

1. 并行交叉

并行工程强调产品设计、工艺过程设计、生产技术准备、采购、生产等种种活动并行交叉进行。并行交叉有两种形式:一是按部件并行交叉,即将一个产品分成若干个部件,使各部件能并行交叉进行设计开发;二是对每单个部件,可以使其产品设计、工艺过程设计、生产技术准备、采购、生产等各种活动尽最大可能并行交叉进行。需要注意的是,并行工程强调各种活动并行交叉,并不是也不可能违反产品开发过程必要的逻辑顺序和规律,不能取消或越过任何一个必经的阶段,而是在充分细分各种活动的基础上,找出各自活动之间的逻辑关系,将可以并行交叉的尽量并行交叉进行。

2. 尽早开始工作

正因为强调各活动之间的并行交叉,以及为了争取时间,并行工程强调人们要学会在信息不完备情况下就开始工作。因为根据传统观点,人们认为只有等到所有产品设计图纸全部完成以后才能进行工艺设计工作,所有工艺设计图完成后才能进行生产技术准备和采购,生产技术准备和采购完成后才能进行生产。正因为并行工程强调将各有关活动细化后进行并行交叉,因此很多工作要在我们传统上认为信息不完备的情况下进行。

16.4.3 并行工程本质特点

1. 并行工程强调面向过程(process-oriented)和面向对象(object-oriented)

一个新产品从概念构思到生产出来是一个完整的过程(process)。传统的串行工程方法是基于两百多年前英国政治经济学家亚当·斯密的劳动分工理论。该理论认为分工越细,工作效率越高。因此串行方法是把整个产品开发全过程细分为很多步骤,每个部门和个人都只做其中的一部分工作,而且是相对独立进行的,工作做完以后把结果交给下一部门。西方把这种方式称为"抛过墙法"(throw over the wall),他们的工作是以职能和分工任务为中心的,不一定存在完整的、统一的产品概念。而并行工程则强调人员要面向整个过程或产品对象,因此它特别强调设计人员在设计时不仅要考虑设计,还要考虑这种设计的工艺性、可制造性、可生产性、可维修性等,工艺部门的人也要同样考虑其他过程,设计某个部件时要考虑与其他部件之间的配合。所以整个开发工作都是要着眼于整个过程(process)和产品目标(product object)。从串行到并行,是观念上的很大转变。

2．并行工程强调系统集成与整体优化

在传统串行工程中，对各部门工作的评价，往往是看交给它的那一份工作任务完成得是否出色。就设计而言，主要是看设计工作是否新颖，是否有创造性，产品是否有优良的性能；对其他部门也是看他的那一份工作是否完成出色。而并行工程则强调系统集成与整体优化，它并不完全追求单个部门、局部过程和单个部件的最优，而是追求全局优化，追求产品整体的竞争能力。对产品而言，这种竞争能力就是由产品的 TQCS 综合指标——交货期（time）、质量（quality）、价格（cost）和服务（service）。在不同情况下，侧重点不同。在现阶段，交货期可能是关键因素，也可能有时是质量，有时是价格，有时是它们中的几个综合指标。对每一个产品而言，企业都对它有一个竞争目标的合理定位，因此并行工程应围绕这个目标来进行整个产品的开发活动。只要达到整体优化和全局目标，并不追求每个部门的工作最优。因此对整个工作的评价是根据整体优化结果来评价的。

16.4.4 并行工程在先进制造技术中的地位与作用

并行工程在先进制造技术中具有承上启下的作用，这主要体现在以下两个方面。

第一，并行工程是在 CAD、CAM、CAPP 等技术支持下，将原来分别进行的工作在时间和空间上进行交叉、重叠，充分利用了原有技术，并吸收了当前迅速发展的计算机技术、信息技术的优秀成果，使其成为先进制造技术中的基础。

第二，在并行工程中为了达到并行的目的，必须建立高度集成的主模型，通过它来实现不同部门人员的协同工作；为了达到产品的一次设计成功，减少反复，并行工程在许多部分应用了仿真技术；主模型的建立、局部仿真的应用等都包含在虚拟制造技术中，可以说并行工程的发展为虚拟制造技术的诞生创造了条件，虚拟制造技术将以并行工程为基础，并行工程的进一步发展方向是虚拟制造（virtual manufacturing）。所谓虚拟制造又叫拟实制造，它利用信息技术、仿真技术、计算机技术对现实制造活动中的人、物、信息及制造过程进行全面的仿真，以发现制造中可能出现的问题，在产品实际生产前就采取预防措施，从而达到产品一次性制造成功，来达到降低成本、缩短产品开发周期、增强产品竞争力的目的。

16.4.5 并行工程的实施

1．并行工程的实施方法

并行工程方法的实质就是要求产品开发人员与其他人员共同工作，在设计阶段就考虑产品整个生命周期中，从概念形成到产品报废处理的所有因素，包括质量、成本、进度计划和用户的要求。从上述定义可以看出，要想开展并行工程，必须从如下几个方面来努力。

（1）团队工作方式。

并行工程在设计一开始，就应该把产品整个生命周期所涉及的人员都集中起来，确定产品性能，对产品的设计方案进行全面的评估，集中众人的智慧，得到一个优化的结果。

（2）技术平台。

实施并行工程，必须有相应的技术支持，才能完成基于计算机网络的并行工程。技术平台包括下面几部分。

① 一个完整的公共数据库，它必须集成并行设计所需要的诸方面的知识、信息和数据，并且以统一的形式加以表达。

② 一个支持各方面人员并行工作，甚至异地工作的计算机网络系统，它可以实时、在线地在各个设计人员之间沟通信息、发现并调解冲突。

③ 一套切合实际的计算机仿真模型和软件，它可以由一个设计方案预测、推断产品的制造及使用过程，发现隐藏的阻碍并行工程实施的问题。

（3）对设计过程进行并行管理。

并不是说有了专家和技术平台，就自然而然地产生效益，还要对这个并行过程进行有效地管理。由于每个专业人士受其专业知识的限制，往往对产品的某一个方面的因素考虑得较多，而忽视了产品的整体指标，因此要确定一个全面的设计方案，需要各专家多次的交流、沟通和协商。

（4）强调设计过程的系统性。

（5）基于网络进行快速反馈。

2．并行工程的实施效益

（1）缩短产品投放市场的时间

并行工程技术的主要作用就是可以大大缩短产品开发和生产准备时间。据报道，由于实施了并行工程的虚拟产品开发策略，福特公司和克莱斯勒公司将他们新型汽车的开发周期由36个月缩短至24个月。设计和试制周期仅为原来的50%。

（2）降低成本

并行工程可在3个方面降低成本。其一，它可以将错误限制在设计阶段。其二，并行工程强调“一次达到目的”。其三，产品的寿命循环价格降低了。

（3）提高质量

采用并行工程技术，尽可能将所有质量问题消灭在设计阶段，使所设计的产品便于制造，易于维护。这就为质量的“零缺陷”提供了基础。

（4）增强功能的实用性

由于并行工程在设计过程中，同时有销售人员参加，有时甚至还包括顾客，紧贴市场趋势，反映用户需求，提高了产品的可靠性和实用性，增强了企业的市场竞争能力。

16.5 计算机集成制造系统（CIMS）

16.5.1 CIMS的概念

CIM直译为计算机集成制造（computer integrated manufacturing），也有人称为计算机综合制造、计算机集成生产。它的概念是在1974年由美国学者Joseph Harrington针对企业所面临的激烈市场竞争形势而提出的组织企业的一种哲理，它含有两个基本观点。

（1）系统的观点。企业的各个环节，即从市场分析、产品设计、加工制造、经营管理到售后服务的全部生产活动是一个不可分割的整体，要紧密连接，统一考虑。

（2）信息化的观点。整个生产过程实质上是一个数据的采集、传递和加工处理的过程，最终形成的产品可以看作是数据的物质表现。

CIMS 把以往企业相互分离的计算机技术（如 CAD、CAM、MRP Ⅱ等）通过计算机网络有机地结合起来，构成一个完整的整体，并综合运用现代管理技术、制造技术、信息技术和自动化技术等，将企业生产经营全过程中的人员、技术和管理及生产过程的物资流、管理过程的信息流集成起来，进行有效地控制与运行，以适应竞争模式下的市场对生产和管理过程提出的高质量、高速度、高灵活性和低成本的要求。

现在，CIMS 已经改变为“现代集成制造（contemporary integrated manufacturing）与现代集成制造系统（contemporary integrated manufacturing system）”。它已在广度与深度上拓展了原 CIM/CIMS 的内涵。其中，“现代”的含义是计算机化、信息化、智能化。“集成”有更广泛的内容，它包括：信息集成、过程集成及企业间集成三个阶段的集成优化；企业活动中三要素及三流的集成优化；CIMS 有关技术的集成优化及各类人员的集成优化等。CIMS 不仅仅把技术系统和经营生产系统集成在一起，而且把人（人的思想、理念及智能）也集成在一起，使整个企业的工作流、物流和信息流都保持通畅和相互有机联系，所以，CIMS 是人、经营和技术三者集成的产物。

16.5.2 CIMS 的构成

CIMS 通常是由管理信息系统、产品设计与制造工程设计自动化系统、制造自动化（柔性自动化）系统、质量保证系统、计算机网络和数据库系统 6 个部分有机地集成起来的。所以一般说 CIMS 是由 4 个功能分系统和两个支撑分系统组成。但是，这并不意味着实践中任何一个企业、工程实施 CIMS 都必须实现这 6 个分系统，而应根据具体需求、条件，在 CIM 思想指导下分情况实施。下面对此 6 个分系统做一简要介绍，如图 16-2 所示。

1．管理信息系统

它是以 ERP 为核心，包括预测、经营决策、各级生产计划、生产技术准备、销售、供应、财务、成本、设备、工具、人力资源等管理信息功能，通过信息的集成，达到缩短产品生产周期、降低流动资金占用、提高企业应变能力的目的。

2．产品设计与制造工程设计自动化系统

它用于计算机辅助产品设计、制造准备及产品性能测试等阶段的工作，即通常所说的 CAD/CAPP/CAM 系统，目的是使产品开发活动更高效、更优质、更自动地进行。

3．制造自动化系统或柔性制造系统

它是 CIMS 中信息流和物料流的结合点，是 CIMS 最终产生经济效益的聚集地，可以由数控机床、加工中心、清洗机、测量机、运输小车、立体仓库、多级分布式控制（管理）计算机等设备及相应支持软件组成。根据产品的工程技术信息、车间层的加工指令，完成对零件毛坯加工的作业调度及制造，使产品制造活动优化，周期短，成本低，柔性高。

4．质量保证系统

质量保证系统包括质量决策、质量检测和数据采集、质量评价、质量控制与跟踪功能。系统保证从产品设计、制造、检验到售后服务的整个过程，以实现产品的高质量、低成本、提高企业竞争力为目的。

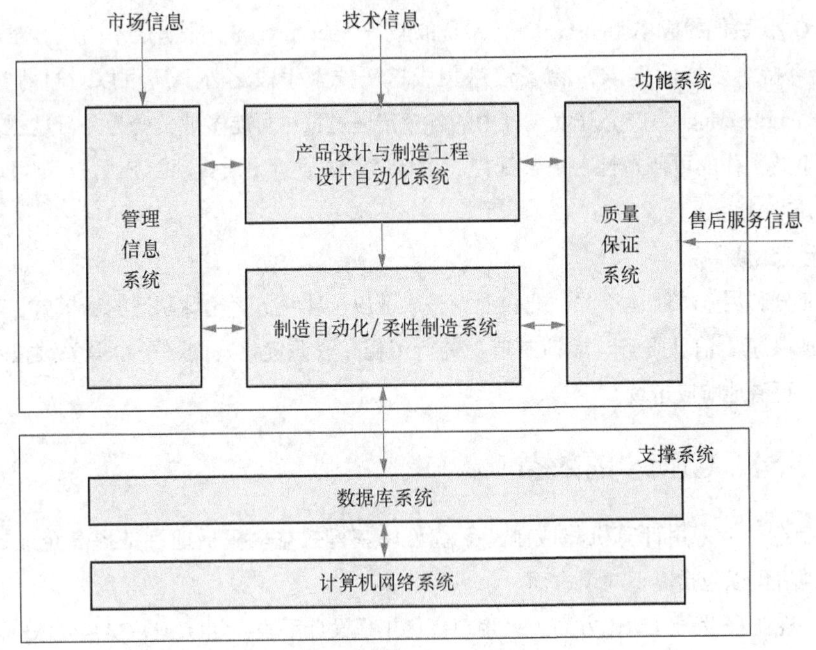

图 16-2 CIMS 的基本构成

5．计算机网络系统

它是支持 CIMS 各个分系统的开放型网络通信系统。采用国际标准和工业标准规定的网络协议，可以实现异种机互联、异构局部网络和多种网络的互联。以分布为手段，满足各应用分系统对网络支持服务的不同需求，支持资源共享、分布处理、分布数据库、分层递阶和实时控制。

6．数据库系统

它是支持 CIMS 各分系统，覆盖企业全部信息的数据库系统。它在逻辑上是统一的，在物理上可以是分布的全局数据管理系统，以实现企业数据共享和信息集成。

16.5.3 CIMS 的关键技术

1．信息集成

针对设计、管理和加工制造中大量存在的自动化孤岛，实现信息正确、高效共享和交换，是改善企业技术和管理水平必须首先解决的问题。信息集成的主要内容有企业建模、系统设计方法、软件工具和规范。没有企业的模型就很难科学地分析和综合企业的各部分的功能关系、信息关系以至动态关系。企业建模及设计方法解决了一个制造企业的物流、信息流、价值流（如资金流）、决策流的关系，这是企业信息集成的基础。

异构环境下的信息集成。所谓异构就是指系统中包含了不同的操作系统、控制系统、数据库和软件。如果各部分的信息不能自动地交换，则很难保证信息传送和交换的效率和质量。异构信息集成主要解决下面 3 个问题：不同通信协议的共存及向 ISO/OSI 的过渡；不同数据库的相互访问；不同商用应用软件之间的接口。

2．过程集成

企业为了提高 T、Q、C、S，即以最快的上市速度（time to market，T），最好的质量

（quality，Q），最低的成本（cost，C），最优的服务（service，S）来满足不同顾客对产品的需求和企业可持续发展的要求，除了信息集成这一技术手段之外，还可以对过程进行重构（process reengineering）。产品开发设计中的各个传递过程尽可能多地转变为并行过程，在设计时考虑到下游工作的可制造性、可装配性，设计时考虑质量（质量功能分配），则可以减少反复，缩短开发时间。

3．企业集成

为了充分利用全球制造资源，把企业调整成适应全球经济、全球制造的新模式，CIMS 必须解决资源共享、信息服务、虚拟制造、并行工程、资源优化、网络平台等关键技术，以更快、更好、更省地响应市场。

16.5.4　CIMS 的效益

一个制造企业采用计算机集成制造系统可以获得效益。概括地讲是提高企业的整体效率。具体地讲可以包括以下 3 个方面。

第一，在工程设计自动化方面，采用现代化工程设计手段，如 CAD/CAPP/CAM，可提高产品的研制与生产能力，便于开发技术含量高和结构复杂的产品，保证产品设计质量，缩短产品设计与工艺设计周期，从而加速产品更新换代速度，满足用户的需要。

第二，在加工制造上，FMS、柔性制造单元（FMC）或分布式数控（DNC）的应用可提高制造过程的柔性与质量，提高设备利用率，缩短产品制造周期，增强生产能力。

第三，在经营管理上，使企业的经营决策与生产管理科学化。在市场竞争中，可保证产品报价的快速、准确、及时；在生产过程中，可有效地解决生产“瓶颈”，减少在制品；在库存控制方面，可使库存减少到最低水平，减少制造过程所占用的资金，减少仓库面积，从而可有效地降低生产成本，加速企业的资金周转。

总之，计算机集成制造系统通过计算机、网络和数据库将企业的产品设计、加工制造、经营管理等方面的所有活动有效地集成起来，这样有利于信息及时、准确地交换，保证数据的一致性，提高产品质量，缩短产品开发周期，提高生产效率，最终带来更多的效益。

课堂讨论题

查找实施了“精益生产”“敏捷制造”“并行工程”“约束理论”“CIMS”的企业的相关资料，谈谈这些先进制造技术对企业发挥了什么作用？

思考题

1. 精益生产的五项原则是什么？
2. 什么是敏捷制造？
3. 约束理论的五大核心步骤？
4. 并行工程有哪些特点？
5. CIMS 是由哪些系统构成的？

参考文献

[1] Zhao L, Sun F Q, Ren J C, et al. Optimal preview control for a class of continuous time-invariant descriptor systems [J]. Optimal Control Applications and Methods, 2015.

[2] Luo X G, Kwong C K, Tang J F, et al. QFD-based product planning with consumer choice analysis[J]. Systems Man & Cybernetics Systems IEEE Transactions on, 2014, 45（3）：454-461.

[3] Sun F Q, Li R X, Zhao X Y. Big data era for small and medium-sized enterprise E-commerce outsourcing problem research. Scientific Journal of E-Business, 2015，4（2）：10-17.

[4] 原慧琳，孙福权，汪定伟．基于双值设计结构矩阵的流程优化方法．系统工程理论与实践，2014，34（4）：854-860.

[5] Cheng X, Sun F Q. Design and Research on E-Commerce-Oriented Dynamic Information Drive Model. Advanced Materials Research Vols, 2012, 452-453：991-996.

[6] 刘超，孙福权，程勖．基于云计算的物流服务平台的安全研究．电脑知识与技术，2012，8（9）.

[7] 于茜，孙福权，程勖．基于物联网的城市突发事件智能处理系统．辽宁工程技术大学学报：自然科学版，2012，31（3）.

[8] 赵斐，刘学娟．基于延迟时间理论的带关键部件复杂系统的预防性维修模型[J]．工业工程与管理，2016，21（2）：100-107.

[9] 赵斐，刘学娟．两部件可修复系统预防性维修的策略模型[J]．统计与决策，2016（2）：52-55.

[10] Zhao F, Wang W B, Peng R. Delay-time-based preventive maintenance modelling for a production plant: a case study in a steel mill [J]. Journal of the Operational Research Society, 2015, 66（1）：2015-2024.

[11] 刘学娟，赵斐．多产品生产计划与设备维修整合优化模型[J]．工业工程与管理，2015，20 （4）：23-28.

[12] 王文彬，赵斐，彭锐．基于三阶段故障过程的多重点检策略优化模型[J]．系统工程理论与实践，2014, 34（1）：223-232.

[13] 曹庆奎，杜恒，赵斐．基于 Shapley 值法和信息熵的再制造闭环供应链利润分配研究[J]．河北工程大学学报（社会科学版），2011，28（1）：1-3.

[14] Wang W B，Zhao F，Peng R. A preventive maintenance model with a two-level inspection policy based on a three-stage failure process [J]. Reliability Engineering & System Safety, 2014, 121：207-220.

[15] 汪定伟．电子商务中的建模与优化[M]．北京：科学出版社，2008.

[16] 汪定伟．智能优化方法[M]．北京：高等教育出版社，2007.

[17] 汪定伟．敏捷制造的 ERP 及其决策优化[M]．北京：机械工业出版社，2003.

[18] 罗鸿. ERP原理 · 设计 · 实施[M]. 北京：电子工业出版社，2002.

[19] 陈启申. ERP——从内部集成起步[M]. 北京：电子工业出版社，2004.

[20] 傅德彬，鲁晓莹，刘强. ERP实施宝典[M]. 北京：国防工业出版社，2004.

[21] 程控，革扬. MRP Ⅱ/ERP原理与应用[M]. 北京：清华大学出版社，2002.

[22] 用友软件股份有限公司. ERP供应链管理系统应用专家实验教程[M]. 北京：中国物资出版社，2003.

[23] 陈庄，杨立星，刘永梅，毛华扬. ERP原理与应用教程[M]. 北京：电子工业出版社，2003.

[24] 刘伯莹，周玉清，刘伯钧. MRP Ⅱ/ERP原理与实施[M]. 天津：天津大学出版社，2002.

[25] 薛华成. 管理信息系统（第3版）[M]. 北京：清华大学出版社，2002.

[26] 李健，王颖纯，苑清敏，李国刚. 企业资源计划（ERP）及其应用[M]. 北京：电子工业出版社，2004.

[27] 汪国章，桂海进. ERP原理、实施与案例[M]. 北京：电子工业出版社，2003.

[28] 邝孔武，王晓敏. 信息系统分析与设计（第2版）[M]. 北京：清华大学出版社，2002.

[29] 邓超. 企业资源规划系统（ERP）规范应用指南[M]. 北京：电子工业出版社，2003.

[30] 胡彬. ERP项目管理与实施[M]. 北京：电子工业出版社，2004.